रामायणदर्शनम्

रामायण सतकोटि अपारा

रामायणदर्शनम्

रामायण सतकोटि अपारा

डॉ. राजेश श्रीवास्तव

ESTD.-1986

वाणी प्रकाशन | अयोध्या शोध संस्थान

सजिल्द प्रथम संस्करण : 2023

वाणी प्रकाशन
4695, 21-ए, दरियागंज, नयी दिल्ली 110 002
फ़ोन : +91 11 23273167, 23275710

शाखाएँ
अशोक राजपथ, पटना 800 004, बिहार
कॉफ़ी हाउस कैम्पस, महात्मा गांधी मार्ग, इलाहाबाद 211 001, उत्तर प्रदेश
महात्मा गांधी अन्तरराष्ट्रीय हिन्दी विश्वविद्यालय, वर्धा 442 001, महाराष्ट्र
36/ए, शेक्सपीयर सरणी, रानी बिरला गर्ल्स कॉलेज के पास, कोलकाता 700 017, प. बंगाल
sales@vaniprakashan.in
vaniprakashan@gmail.com

In Association with

ESTD.-1986
Ayodhya Shodh Sansthan
presents

Ramayandarshanam
by Dr. Rajesh Srivastava

ISBN : 978-93-5775-927-4
Religion/Culture

मूल्य : ₹ 3000

आर.के. ऑफ़सेट, शाहदरा, दिल्ली-110 032 में मुद्रित

वाणी प्रकाशन का लोगो मक़बूल फ़िदा हुसेन की कूची से

अनुक्रम

'श्रीराम: शरणं समस्तजगतां...'

भारतीय साहित्येतिहास में रामकथा के संदर्भ लगभग ढाई हजार वर्ष से भी अधिक पुराने मिलते हैं जहां हर शताब्दी में कोई-न-कोई रामकथा अपने ढंग से लिपिबद्ध हुई। भारत के अलावा विश्व के अनेक ऐसे देश हैं जहां रामायण को किसी-ना-किसी रूप में पढ़ा, सुना और गुना जाता है। सम्राट अकबर, जहांगीर और शाहजहां जैसे मुगल शासकों ने भी वाल्मीकि रामायण का उर्दू में अनुवाद कराया था। प्रसिद्ध जर्मन विद्वान फादर कामिल बुल्के 1935 में बेल्जियम से भारत आये जिन्होंने सर्वप्रथम प्रामाणिक शोध एवं सर्वेक्षण कर रामकथा पर ग्रन्थ की रचना की जो आगे आने वाले अनेक विद्वानों के लिए मार्गदर्शक एवं मील का पत्थर साबित हुई। प्रो. फादर कामिल बुल्के के शोध के अनुसार पूरी दुनिया में चार सौ से भी अधिक रामकथाएं विद्यमान हैं ।

यह सर्वविदित मत है कि प्रभु श्रीराम के जीवन पर सबसे पहला ग्रंथ महर्षि वाल्मीकि द्वारा लिखी गई रामायण है जबकि राम का पहली बार उल्लेख वाल्मीकि ने अपने ग्रंथ में किया था। वेदों में राम का नाम एक-दो स्थानों पर मिलता है। ऋग्वेद में एक स्थान पर राम के नाम का उल्लेख मिलता है। ऐतिहासिक साक्ष्यों के अनुसार रामकथा का सबसे पहला उल्लेख 'दशरथ जातक' में मिलता है जो ईसा से लगभग 400 वर्ष पूर्व लिखा गया था। दशरथ जातक एवं वाल्मीकि रामायण से प्रारम्भ रामकथा पर साहित्य लेखन की परम्परा गोस्वामी तुलसीदास जी की रामचरितमानस तथा उनके बाद कई अन्य रचनाकारों ने रामकथा पर कार्य किया। आवश्यकता इस बात की है कि ऐसे सभी ग्रन्थों को संकलित कर एक स्थान पर उनका संक्षिप्त विवरण रखा जाये। यही नहीं, रामकथा का वैविध्य एवं वैषिष्ट्य वैसे भी हम सभी को बहुविध आकर्षित एवं प्रभावित करता है। इस दृष्टि से रामकथा पर उपलब्ध साहित्य को एक जगह संगृहीत करना आवश्यक है।

ऐसे सभी रामकथा साहित्य को संकलित कर प्रकाश में लाने का कार्य मध्य प्रदेश शासन के धर्मार्थ कार्य विभाग में कार्यरत डॉ. राजेश श्रीवास्तव ने प्रारम्भ किया है जो वैश्विक रामायण के अग्रणी अध्येता हैं। डॉ० श्रीवास्तव की 'रामायणदर्शनम्' विषयक इस पुस्तक में सौ से भी अधिक रामायण ग्रंथों का परिचय पाठकों के लिए अभिनव अनुभव होगा। विद्वान लेखक ने अत्यन्त परिश्रम से यह संकलन तैयार किया है जिसे आप सुधी पाठकों एवं जिज्ञासुओं के समक्ष संस्थान द्वारा प्रस्तुत किया जा रहा है। आपकी सम्मतियां एवं विचार इस ग्रंथ को और प्रभावी बनायेंगे, अतएव उनकी प्रतीक्षा भी रहेगी।

डॉ. लवकुश द्विवेदी

निदेशक अयोध्या शोध संस्थान, संस्कृति विभाग, उ.प्र. शासन, लखनऊ

अपनी बात

बहुत सुंदर-सी कथा है– एक बढ़ई के पास बहुत सुंदर-सी आरी थी। उसकी मूठ भी इतनी सुंदर कि एक बार देखने से मन न भरे। किसी ने पूछा - यह कितनी पुरानी है ? बढ़ई ने कहा - यह तो बहुत पुरानी है। मेरे दादा-परदादा के समय की। लेकिन इसकी ब्लैड कई बार बदलनी पड़ी है और मूठ भी बदली है। किंतु आरी वही है। रामायण की कथा भी उस आरी के समान ही है। युग परिस्थिति भाषा संस्कृति और विचारों की विविधता में रामकथा ने भी अपने स्वरुप को अनेक बार बदला है। सबके अपने अपने मापदण्ड हैं जिसके अनुरूप सारा संसार अलग अलग रामकथाओं का सृजन और अनुप्रयोग करता रहता है। वास्तव में रामायण एक दर्पण है। इस दर्पण में देखने वाले को अपनी ही छबि दिखाई देती है। जो भी उसके निकट से गुजरता है प्रभावित हुए बिना नहीं रहता। विविधता की समरसता और एकात्म का समदर्शन इसकी अभीष्ट पूंजी है। सबने राम को अपनी रुचि अनुरूप गुना और गढ़ा। हजारों वर्ष हुए नित रामकथा का विस्तार हुआ। धर्म, दर्शन और कथाएं बदलती रहीं किंतु रामायण नहीं बदली।

रामायण कितनी ? इसी जिज्ञासा और रामरुचि ने मुझे विविध रामायणों के अध्ययन के लिए प्रेरित किया। मुझे स्मरण आता है- ई. 2011 में दिल्ली विश्वविद्यालय ने बी.ए. ऑनर्स के पाठ्यक्रम में सम्मिलित रामकथा विषयक एक निबंध को अपने पाठ्यक्रम से हटाया था। जब पाठयक्रम में था तब उसकी चर्चा नहीं थी किंतु हटाने पर यह निबंध विवाद और चर्चा में आ गया। हुआ यूँ कि अंतरराष्ट्रीय स्तर पर ख्याति प्राप्त विद्वान ए.के. रामानुजन ने रामायण पर एक शोध पत्र लिखा। उसका आरंभ और शीर्षक सबको आकर्षित करने वाला था—Three Hundred Ramayanas : Five Examples and Three Thoughts on Translation। तीन सौ रामायण: पाँच उदाहरण और अनुवाद पर तीन विचार। फरवरी 1987 में उन्हें यह शोधपत्र पिटसबर्ग विश्वविद्यालय में पढ़ने का अवसर मिला। बेल्जियम मूल के शोधप्रवक्ता फादर कामिल बुल्के ने डी. फिल. के लिए 'रामकथा की उत्पत्ति और विकास' विषय पर शोधकार्य किया था। तीन सौ रामायण की संख्या का आधार वही शोधग्रंथ था। तीन सौ की संख्या दोनों ही विद्वानों की दृष्टि में अनुमानित थी। ए.के. रामानुजन दक्षिण भारत के थे और उनकी दृष्टि में रामकथा के प्रति धार्मिक आस्था का अर्थ शून्य ही था। संभवत: इसीलिए उन्होंने रामकथा के ऐसे संदर्भों को लेख में चुना जो जनआस्थाओं के विपरीत थे और इसलिए उनका विरोध होना स्वाभाविक ही था।

यहाँ एक बात और भी समझने की है कि रामकथा के शोध में प्राय: यूरोप के शोधकर्ताओं ने अधिक रुचि ली है। प्रसंगवश अपनी पसंद के कुछ शोधकर्ताओं के नाम यहाँ उल्लिखित करना चाहता हूँ जिन्होंने अपने अवदान से रामायण के विषयों के अन्वेषण एवं शोध के मार्ग को प्रशस्त किया। दिनेश चंद्रसेन - द बंगाली रामायणाज (कोलकाता विश्वविद्यालय 1920), सी. आर. शर्मा - द रामायणा इन तेलुगु एंड तमिल- ए कंपरेटिव स्टडी (मद्रास लक्ष्मीनारायण ग्रंथमाला 1973), वी. राघवन - द ग्रेटर रामायणा (वाराणसी 1973)। इनके पूर्व डॉ. बेवर, डॉ. याकोबी, ई. हापकिन्स, डॉ. वान नेगैलेन आदि के नाम भी बहुत महत्वपूर्ण हैं जिनके द्वारा प्रतिपादित शोधबिंदु इस विचार का सूत्र बने कि विश्व में रामायण की प्रसिद्धि उत्तरोत्तर हो रही है।

तुलसीदास द्वारा रचित रामचरितमानस की लोकप्रियता इस तरह थी कि रूस के ख्यातिनाम विद्वान वरात्रिकोव ने विश्व की 2796 भाषाओं में रामचरितमानस को सर्वश्रेष्ठ महाकाव्य घोषित किया था। जहाँ तक शोध के ऑकड़ों की बात है- इटली के विद्वान एल. पी. तेस्सी ने 1911 में फ्लोरेंस विश्वविद्यालय से तुलसी साहित्य पर पी.-एच.डी. की उपाधि प्राप्त की थी। उनका विषय था- 'रामचरित और रामायण'। 1918 में लंदन में जे. एन. कार्पैनर ने रामचरितमानस पर शोध कार्य किया। 1938 में डॉ. बलदेव प्रसाद मिश्र ने तुलसी दर्शन पर डी. लिट. की उपाधि अर्जित की। 1949 में लंदन से ही हरिश्चंद्र राय ने इसी विषय पर पी.-एच. डी. की उपाधि प्राप्त की। और इसी क्रम में फादर कामिल बुल्के ने 1950 में इलाहाबाद विश्वविद्यालय से डी.फिल. की उपाधि प्राप्त की। उनका विषय था– 'रामकथा: उत्पत्ति और विकास'। यह शोध इसलिए भी महत्वपूर्ण था कि पहली बार किसी ने हिन्दी भाषा में रामकथा पर पीएच.डी. की उपाधि प्राप्त की थी।

कहना चाहता हूँ कि इन विद्वानों ने उत्तर भारत के लोगों को इस बात से परिचित कराया कि समूचे भारत ही नहीं वरन विश्व के कोने-कोने में रामायण की अनुगूंज है और न केवल शोध में वरन लोगों के जीवन में भी रामकथा रच बस रही है। ए. के. रामानुजन का निधन 1993 में हो गया। उनके साथ ही अनेक प्रश्न भी मौन रह गए। उन्होंने रामायण की प्रकृति और उसकी विविधता पर सबका ध्यान आकर्षित किया यह उनकी बड़ी परिलब्धि थी तथापि यहाँ यह कहना भी अनुचित नहीं है कि उनका वह निबंध बहुत सीमित सोच और संकुचित विचारदृष्टि से प्रेरित था। अन्यथा वे उत्तर भारत की रामायण विषयक मान्यताओं को भी उस लेख में स्थान अवश्य देते। ए. के. रामानुजन का वह निबंध जो दिल्ली विश्वविद्यालय के विद्यार्थियों को वर्षों तक पढ़ाया जाता रहा उसमें अनेक भ्रांतियां और तथ्यहीनता थी। वाल्मीकि रामायण में स्पष्ट है कि महर्षि अतिबल के दूत के रूप में काल श्रीराम से एकांत चर्चा हेतु आया। उस वार्तालाप को ऋषि दुर्वासा के आगमन से व्यवधान हुआ और लक्ष्मण उस कोप का भाजन बने। किंतु ए.के. रामानुजन के निबंध में महर्षि वशिष्ठ और भगवान ब्रह्मा श्री राम से मिलने आए और वार्तालाप में व्यवधान डालने वाले का नाम ऋषि विश्वामित्र था। ऐसी भूल कैसे हुई ? यह विचारणीय है। फादर कामिल बुल्के के शोध प्रबंध में भी ऐसी ही छुटपुट चूक हैं जो संदर्भों के सत्यापन के अभाव का संकेत देती हैं। किंतु शोध का प्रवेशद्वार माने जाने वाले फादर कामिल बुल्के का नाम लिए बिना बात पूरी होगी भी नहीं। उन्होंने रामकथा के संकलन और शोध के कार्य को दिशा दी। उनके द्वारा किए गए कार्य को रामायण का प्रथम विश्वकोश कहा जाता है। उन्होंने रामकथा और रामायण

ग्रंथों के जितने सूत्र दिये उन सब पर पृथक पृथक शोध किया जा सकता है। यह सामग्री उन्होंने बहुत श्रम से एकत्र की थी। इस संकलित सामग्री को शोधप्रबंध के रूप में प्रस्तुत करते हुए यह उनकी मौलिक स्थापना थी कि रामायणों की संख्या तीन सौ है। यहाँ यह भी विचारणीय है कि कन्नड़ और तेलुगु के विद्वानों ने केवल अपने क्षेत्र की रामायणों की संख्या ही हजार- हजार से अधिक होने के दावे किए हैं।

कोई भी कथा जब विश्वयात्रा पर होती है तो उस में स्थानीय रंग और अनेकश: परिवर्तन स्वत: ही आ जाते हैं। कोई कथा रुचिकर लगती है तो उसे बार-बार सुना जाता है किंतु सुनने वाले और सुनाने वाले की भावदशा और शैली के अनुरूप शनै-शनै उसमें परिवर्तन होते जाते हैं। यही रामकथा के साथ हुआ। रामकथा का पाठ मात्र पुनर्वाचन नहीं है। विद्वान कहते हैं- भारत और दक्षिण एशिया के देशों में रामकथा जनमानस में इस तरह रची बसी है कि कोई भी पहली बार रामायण नहीं पढ़ता। कहीं न कहीं से पहले रामकथा को सुना अवश्य ही होता है। लोकजीवन में रामकथा का होना उसकी प्रथम सांस्कृतिक पहचान है।

रामायण का अर्थ सदैव वाल्मीकि द्वारा रचित आख्यान ही नहीं होता। अन्यान्य ग्रंथ जो उक्त प्रक्रिया से स्वत: लोकप्रिय होते गए वे भी दूसरे ग्रंथों के प्रेरणा आधार बन जाते हैं। विविध संस्कृतियों में रचित रामकथाएं वाल्मीकि, तुलसीदास, कम्बन, कृतिवास, रघुवंश से अपरिचित होकर भी समर्थ और लोकप्रिय हुईं और वहाँ अनेक रामायण लिखी गईं।

रामायण का कथानक सदैव रचनाकार की मनोवृति और विचार को फोकस करता है। उसमें वह अपने समय और समाज के प्रतिबिम्ब को देखता है, अपने समय की समस्याओं को साझा करना चाहता है। जैसे— जैन रामायण में राम नहीं बल्कि रावण की वंशावली प्रमुख है। राम अंहिंसावादी है। रावण का वध लक्ष्मण करते हैं। रावण राक्षस नहीं कुलीन नायक है। वह जैन परंपरा के तिरेसठ शलाकापुरुषों में से एक है। वासुदेव और प्रतिवासुदेव अर्थात नायक और प्रतिनायक के रूप में लक्ष्मण और रावण का संघर्ष ही प्रमुख है। वानर आदि विद्याधर हैं।

कन्नड़ में सीता के जन्म विवाह और उनकी अग्निपरीक्षा, वनवास आदि की कथा को ही रामायण का विषय बनाया जाता है। अद्‌भुत रामायण तो सीता को नायक के रूप में प्रस्तुत करती है। सीता को प्रभावी बनाने के लिए सौ और हजार मुख वाले रावण की कल्पना की गई। सहस्त्र रावण का वध सीता ही करती है। इधर वे लोग भी हैं जो सीता के चरित्र को ही संदेह की दृष्टि से देखते हैं। संथाल जाति के लोग सीता को चरित्रहीन मानते हैं। तमिल में किसी संकरे कमरे को किष्किन्धा कहते हैं। कन्नड़ में सीता का अर्थ छींकना होता है। एक कथा के अनुसार सीता का जन्म रावण के गर्भ से हुआ। जी हाँ, रावण के गर्भ से और वह भी तब जब उसे बहुत तेज छींक आई तो सीता उस छींक के साथ बाहर आ गई। दक्षिण भारत की अनेक रामायणों में सीता को रावण की पुत्री माना जाता है। रावण के चरित्र को उदात्त मानते हुए कई स्थानों पर दशहरे पर रावण को जलाया नहीं जाता। इसी प्रकार दक्षिण एशियाई देशों में राम की अपेक्षा हनुमान के चरित्र को प्रमुख माना जाता है। अनेक कथाएं हैं।

इसी क्रम में ब्रह्मांड पुराण पर आधारित अध्यात्म रामायण का यह संवाद अत्यन्त रोचक एवं महत्वपूर्ण है। वनवास जाते समय राम सीता को साथ नहीं ले जाना चाहते थे। वन में अनेक कष्ट होंगे।

वनवास तो मुझे हुआ है। सीता पहले तो पतिधर्म का संदर्भ देकर चलने की हठ करती है फिर अचानक उग्र हो जाती है और कहती हैं— इसके पहले भी असंख्य रामायण लिखी जा चुकी हैं। क्या आप किसी ऐसी रामायण को जानते हैं जिसमें सीता राम के साथ वन को न गई हो। (अध्यात्म रामायण, अंग्रेजी अनुवाद, रायबहादुर लाला बैजनाथ, ओरिएंटल बुक्स रिप्रिंट कारपोरेशन, नई दिल्ली, पृ- 39)

------ ------ -------

रामायणों की संख्या को निर्धारित करने का श्रम व्यर्थ है। गोस्वामी तुलसीदास ने अपने रचनाकर्म की स्वीकारोक्ति बहुत ही ईमानदारी से की है। नाना पुराणनिगमागम सम्मतं के पश्चात यद् रामायणे लिखा है अर्थात जिस रामायण में पुराण वेद एवं शास्त्रों की सम्मति है। इसी क्रम में वे आगे कहते हैं कि **'नाना भांति राम अवतारा। रामायण सत कोटि अपारा।।'** तो उसमें नाना का तात्पर्य विविध से ही लगाना चाहिए और कोटि का अर्थ करोड़ नहीं, प्रकार से ही लगाना उचित है।

इस श्लोक को एक बार फिर से समझ लें। नाना पुराण - पुराण तो अठारह माने गए हैं किंतु उनकी वास्तविक संख्या अनंत है। अब तो उपपुराण और औपपुराण भी संज्ञान में आ गए हैं। ऋषि मनीषा के वचनों का पौराणिक पटेल अत्यन्त समृद्ध एवं विस्तृत है। निगम अर्थात वेद, उपवेद और वेदांग। इनका परिक्षेत्र भी प्रभु श्रीराम की महिमा को अंशतः ही साध सका है। वेदों की ऋचाओं में ज्ञान की जो गंगा प्रवाहित है उसका वर्णन भी रामकथा का अंग है। आगम अर्थात -

आगतं शिववक्त्रेभ्यो गतं च गिरिजा श्रुतौ।
मतं च वासुदेवस्यतस्मादागम उच्चयते।।

शिवजी के मुख से निकला, पार्वती ने सुना और जिसे वासुदेव की भी सम्मति हो वही आगम है। वे सारी कथाएं जो व्यासपीठ से उच्चरित की गईं, जिन कथाओं का वाचन ऋषियों और मुनियों ने किया वे सब आगम हैं। अपने गुरु नरहरिदास से जो ज्ञानसंपदा गोस्वामीजी ने प्राप्त की उनका यथेचित प्रयोग रामचरितमानस में किया। 'बंदऊ गुरु पद कंज, कृपा सिंधु नर रूप हरी।' और उन गुरु की कृपा से ही जाना कि 'रामस्य अयनम् निगदितं। यत्पूर्व प्रभणांकृतं सुकविना श्रीशंभुना दुर्गमं'। बहुत सरल भाव से तुलसीदास कहते हैं कि मैंने तो बस इसे लिपिबद्ध ही किया है। रचा तो शिवजी ने ही है।

निगदितं क्वचिंदन्यतोऽपि - क्वचिद् अन्यतः अपि। तुलसीदास ने यह भी कह दिया कि पुराण आगम निगम के अंतर्गत और अतिरिक्त बहुत से ग्रंथ अप्राप्त हैं, लुप्त हो गए हैं। ऐसे लुप्त और अप्राप्त ग्रंथों की सूची कतिपय विद्वानों ने संकलित की है। प्रमाणिकता के अभाव में उन्हें संदेह से गिना जाता है। इस पुस्तक के आरंभ में मैंने ऐसी 18 रामायणों का संक्षिप्त परिचय दिया है।

तो गोस्वामी तुलसीदासजी ने विभिन्न ग्रंथों का अध्ययन कर और 'छहो शास्त्र सब ग्रंथन को रस' लेकर रामचरितमानस की रचना की। रामकथा पर आधारित यह प्रथम और एकमात्र ऐसा ग्रंथ है जिसकी घर घर में पूजा की जाती है। इसके पूर्व रामकथा के किसी भी ग्रंथ अथवा रामायण की पूजा परंपरा में नहीं थी।

रामचरित मानस में जिन ग्रंथों का प्रभाव देखा गया उनका संक्षिप्त परिचय भी तुलना की दृष्टि से आवश्यक प्रतीत होता है।

सत्योपाख्यान	:	सीतया सह राम त्वं लक्ष्मणेन च वाणभृत। मदीये हृदयाकाशे वसेंदुरिव सर्वदा।।
अरण्यकाण्ड	:	अनुज जानकी सहित प्रभु, चाप बान धर राम। मम हिय गगन इंदु इव, बसहु सदा निहकाम।।
हनुमन्नाटक	:	शाखा गंतुं पराक्रमः शाखामृगस्य शाखाया।
सुंदरकाण्ड	:	साखामग कै बड़ि मनुसाई। साखा तें साखा पर जाई।।
पुलस्त्य संहिता	:	हरिशंकरयोर्यत्र कथावेणी विराजते, सा वै श्रवणसात्रेण हर्ष मंगलदायिनी।
बालकाण्ड	:	हरिहर कथा विराजत बेनी। सुनत सकल मुद मंगल देनी।।
वशिष्ठ संहिता	:	सत्समाजो विराजतेः आनंदमंगलमय, लोके यो जंगमो तीर्थराजो।
बालकाण्ड	:	मुद मंगलमय संत समाजू। जो जगज ंगम तीरथराजू।।
प्रसन्नराघव	:	चंद्रहास हर में परितापं। रामचंद्र विरहानल जातं।।
सुंदरकाण्ड	:	चंद्रहास हर मम परितापं। रघूपति बिरह अनल संजातं।।
वशिष्ठ रामायण	:	विवेकी वेदविद् विपत्रः सुजातिः साधुसममतः। यथा च मदिरां पीत्वा मंत्री शोचति वै तथा।।
अयोध्याकाण्ड	:	बिप्र विवेकी वेदबिद सम्मत साधु सुजाति। जिमि धोखें मदपान कर सचिव सोच तेहिभांति।।
भगवतगीता	:	यदा यदा हि धर्मस्य ग्लानिर्भवति भारत। अभ्युत्थानमधर्मस्य तदात्मानं सृजाम्हयम्।।
बालकाण्ड	:	जब जब होई धरम की हानि, बाढ़हिं असुर अधम अभिमानी। तब तब धर प्रभु विविध शरीरा, हरहिं दयानिधि सज्जन पीरा।।

रामकथा आधारित ग्रंथों की सूची 'हरि अनंत हरि कथा अनंता' की भांति गणना से परे है। वैदिक साहित्य में रामकथा के विविध प्रसंग लगभग समस्त पुराणकथाओं में पल्लवित हुए हैं। अग्निपुराण, आदिपुराण, कल्किपुराण, गरुड़पुराण, नरसिंहपुराण, बृहन्नारदीयपुराण, बृहद्धर्मपुराण, ब्रह्मपुराण, ब्रह्मवैवर्तपुराण, ब्रह्मांडपुराण, भविष्यपुराण, भागवतपुराण, वायुपुराण, लिंगपुराण, वामनपुराण, नारदपुराण, विष्णुपुराण, शिवपुराण, हरिवंशपुराण आदि में कहीं सांकेतिक तो कहीं विस्तार से रामकथा का वर्णन है।

स्कंदपुराण के ब्रह्मखंड के सेतुखंड और धर्मारण्यखंड में तो सम्पूर्ण रामकथा विस्तार से वर्णित है। वैष्णवखंड में भी अयोध्या महात्म्य तथा रामकथा मिलती है। पद्मपुराण के सष्टिखंड में अध्याय 40 से 70 तक राम की वनयात्रा, तीर्थयात्रा तथा पुष्कर में श्राद्धादि का वर्णन है। पातालखंड पूर्णतः राममय है। इसमें 70 अध्यायों में रामाश्वमेध का वर्णन है। उत्तरखंड के 71 वे अध्याय में श्रीरामसहस्त्रनाम तथा 254 में अष्टोत्तरशतनाम का वर्णन है। संहिता साहित्य में भी रामकथा के बहुविद संदर्भ हैं। श्री हनुमत्संहिता में

हनुमान-अगस्त्य संवाद, शिवसंहिता, लोमश संहिता, श्री अगस्त्य संहिता, ब्रह्मसंहिता, हिरण्यगर्भसंहिता, शुकसंहिता इत्यादि में रामकथा मिलती है।

उपनिषद साहित्य में छांदोग्योपनिषद, बृहदारण्यकोपनिषद, रामरहस्योपनिषद, रामतापनीयोपनिषद, रामोत्तरतापनीयोपनिषद, तथा रामपूर्वतापनीयोपनिषद में भी राम उपासना के अनेक सूत्र मिलते हैं। तैत्तिरीय आरण्यक में वशिष्ठजी और राम का संवाद है। रामकथा का यह समुद्र अनंत है, उसमें जितना मंथन करो उतनी ही दुर्लभ सामग्री प्राप्त होती जाती है। रामायण वारिधि के समान रत्नगर्भा है जितना मंथन करो उतने ही रत्न प्राप्त होते जाएंगे। प्रत्येक रत्न अनमोल है।

रामकथा में मेरी रुचि बालसुलभ जिज्ञासाओं, पारिवारिक पृष्ठभूमि और साहित्यिक अभिरुचि के कारण हुई। मेरी माँ धर्मपरायण थी। आरम्भ वहीं से हुआ। मेरे पूज्य गुरु श्री पुरुषोत्तम दीक्षितजी ने मुझे दीक्षित तो नहीं किया किंतु मन में रामकथाओं को समझने की ललक उत्पन्न कर दी। मानस की अंतर्कथाओं को समझने और डिकोड करने की कला मैंने रामायणमर्मज्ञ प्रातः स्मरणीय परम पूज्य पंडित रामकिंकर उपाध्याय से प्राप्त की। आज भी अपने सिर पर उनके आशीष भरे स्पर्श को अनुभूत करता हूँ। रामायण के वैश्विक संदर्भों में अपनी रुचि के चलते अनेक देशों का मैंने भ्रमण किया और वहाँ व्याख्यान भी किये। धीरे धीरे देश और विदेश की रामकथाओं से परिचय बढ़ता गया। इसी क्रम में 2015 में अयोध्या शोध संस्थान के पूर्व निदेशक डॉ. योगेंद्रप्रताप सिंह से मेरी भेंट हुई। वे पूर्व में मध्यप्रदेश में ही प्राध्यापक थे और रामायण पर शोधकार्य भी कर रहे थे। उनका साथ मिला तो और भी आनंद आने लगा। उन्होंने मुझे 'ग्लोबल इन्साइक्लोपीडिया ऑफ रामायण' परियोजना का राष्ट्रीय संयोजक बनाया। हमने भोपाल में रामायण केन्द्र की स्थापना भी की। राम के वनगमनपथ के संदर्भ में मध्यप्रदेश के प्रसिद्ध स्थलों की यात्राएं कीं, रामकथावाचकों का सत्संग मिला। और इसी के साथ देश विदेश के रामायण ग्रंथों को खोज खोजकर पढ़ा और सहेजता गया। कहते हुए अच्छा लगता है कि लगभग सात सौ से भी अधिक रामायणग्रंथों को मैंने अब तक सहेजा है। आने वाले खंडों में अन्य ग्रंथों को प्रस्तुत करने की योजना है।

जिनका यह प्रथम स्वप्न था कि मैं सौ से अधिक रामायणग्रंथों की परिचयात्मक पुस्तक प्रस्तुत करुँ, प्रिय भाई आदरणीय योगेंद्रप्रताप सिंह को यह पुस्तक समर्पित करता हूँ। रामायणदर्शनम पुस्तक प्रमुख रामायण ग्रंथों का संक्षिप्त परिचय मात्र है, समीक्षा अथवा सारांश नहीं। विभिन्न भाषाओं और भिन्न भिन्न स्थानों पर प्राप्त रामकथा विषयक ग्रंथों के अध्ययन, श्रवण के पश्चात जो नोटस मैंनें बनाए थे उनका ही उपयोग यहाँ किया गया है। प्रयास है कि प्रत्येक ग्रंथ की विशेष बातों को ही इसमें सम्मिलित किया जाए। वाल्मीकि रामायण और तुलसीकृत रामचरितमानस साम्य और वैषम्य का प्रमुख आधार हैं इसलिए इन दोनों ही ग्रंथों को इसमें सम्मिलित नहीं किया है।।

अयोध्या शोध संस्थान के निदेशक डॉ. लवकुश द्विवेदी जी ने मेरे संकल्प का अनुमान लगाकर स्वयं ही मार्ग प्रशस्त किया कि मैं इस महती कार्य को सम्पन्न कर सकूं। रामअयन और रक्षायन के पश्चात

रामायण पर आधारित मेरी यह तीसरी पुस्तक है। पढ़कर जो कुछ रुचिकर लगे उसे प्रभु का प्रसाद समझकर ग्रहण कीजिएगा और जो भी दोष- कमियाँ हों (होंगी ही), उन्हें मेरा अनजाना अपराध समझकर क्षमा कर दीजिएगा।

पुनः इसी निवेदन के साथ कि रामायण के शोधरुचि सम्पन्न जिज्ञासुओं के लिए मेरी यह पुस्तक एक विनम्र भेंट है। प्रभुकृपा बनी रहे।

आपका ही
डॉ. राजेश श्रीवास्तव
भोपाल

एक श्लोकी रामायण

रामायण के कथासार का यह श्लोक मंत्र की तरह पूज्य एवं लोकप्रिय है। इसे एक श्लोकी रामायण के नाम से भी जाना जाता है। यह संस्कृत के एक प्रसिद्ध ग्रंथ श्रीरामकर्णामृतम (1933 ई.) का अंश है। तथा आदौ के स्थान पर पूर्व शब्द के अतिरिक्त श्लोक क्रमांक 55 समान है। यह भी प्रचलित है कि यह मंत्र 16वीं शताब्दी में रामभद्र दीक्षित द्वारा लिखा गया जो नीलकण्ठ महाराज के शिष्य थे। कुछ लोग इसे तुलसीदास का ही स्वतंत्र छंद मानते हैं।

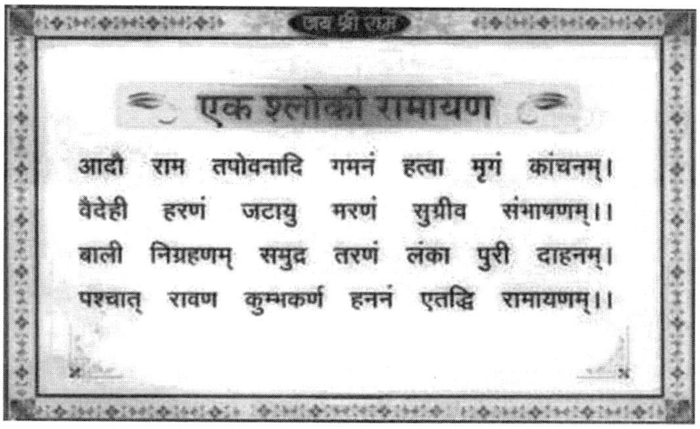

आदौ रामतपोवनादिगमनं हत्वा मृग कांचनम्। वैदेही हरणं जटायुमरणं सुग्रीव सम्भाषणम्।।

बाली निग्रहणं समुद्रतरणं लंकापुरी दाहनम्। पश्चाद्रावणकुम्भकर्णहननं एतद्धि रामायणं।।

(राम का विश्वामित्र के साथ तपोवन आदि में जाना, स्वर्णमृग को मारना, सीता का हरण, जटायु की मृत्यु, सुग्रीव से वार्तालाप, बाली का वध, समुद्रतरण, लंकादहन और अंत में रावण और कुंभकर्ण का हनन रामायण इतनी भर है।)

रामचरितमानस के अयोध्याकांड में श्लोकसंख्या 3 को भी एक श्लोकी रामायण कहते हैं।

नीलाम्बुजष्यामलकांमलांगम् सीता समारोपितवामभागम्।

पाणौ महासायकचारुचापं नमामिरामं रघुवंशनाथम्।।

इसमें राम के जीवन की चारों अवस्थाओं का वर्णन है। नीलाम्बुजश्यामलकांमलांगम् अर्थात नीले कमल के समान जिनके कोमल अंग हैं (बाल्यावस्था) सीता समारोपितवामभागम् अर्थात सीता वाम भाग में हैं (विवाहावस्था) पाणौ महासायकचारुचापं अर्थात जिनके हाथ में अमोघ बाण और धनुष है (रावण से युद्धरत) नमामिरामं रघुवंशनाथम् अर्थात रघुवंश के स्वामी को प्रणाम। (ईश्वर)

वाल्मीकि रामायण के वाल्मीकि नारद संवाद में जिस राम कथा की चर्चा हुई है उसका कथ्य राम के वनवास से लेकर राज्याभिषेक तक वर्णित है। युद्धकांड की फलश्रुति में कहा गया है कि इस रामायण का नित्य श्रवण एवं पाठ करता है उस पर सनातन विष्णुरुप श्रीराम सदैव प्रसन्न रहते हैं। इससे यह स्पष्ट होता है कि उत्तरकांड आदि क्षेपक हैं। एक श्लोकी रामायण भी इस तर्क की पुष्टि करती है कि रामकथा का आरंभ राम के वनगमन से और समाप्ति रावणवध से होती है। बालकांड के तृतीय अध्याय में भी जो विवरण और सूची प्रस्तुत की गई है उसमें उत्तरकांड की घटनाओं का उल्लेख नहीं मिलता है।

आख्यान

- अठारह लुप्त रामायण
- सत्योपाख्यान
- रामोपाख्यान
- अगस्त्य संहिता
- लोमश संहिता
- कथासरित्सागर
- श्रीरामपूर्वतापनीयोपनिषत

अठारह लुप्त रामायण

प्रो. रामदास गौड़ 1918 में काशी हिन्दू विश्वविद्यालय में पढ़ाते थे। उन्हें लोग लिविंग इन्साइक्लोपीडिया के नाम से जानते थे। उन्होंने 'हिन्दुत्व' नामक ग्रंथ में 18 लुप्त रामायणों की चर्चा की है। उ.प्र. के बस्ती निवासी पं. धर्मराज शास्त्री की एक टिप्पणी के आधार पर वे अठारह दुर्लभ रामायणों की सूची प्रस्तुत करते हैं। उसका रचना समय और उसमें श्लोकों की संख्या तथा उसमें व्रर्णित विशेष प्रसंगों का लेख भी करते हैं। तथापि उसके मूलस्त्रोत के बारे में वे मौन हैं। हिन्दुत्व में वर्णित 18 रामायणों का संक्षिप्त परिचय इस प्रकार है—

1. **संवृत रामायण :** इसमें 24 हजार श्लोक हैं। रैवत मन्वन्तर के पाँचवे सतयुग में नारदजी ने इसकी रचना की थी। स्वायम्भुव और शतरुपा ने तपस्या करके भगवान के सदृष्य पुत्र की कामना की थी। उनके वरदान के अनुसार ही रैवत कल्प में दशरथ और कौशल्या हुए।
2. **अगस्त्य रामायण :** स्वारोचिप मन्वन्तर के दूसरे सतयुग में अगस्त्य मुनि ने 16 हजार श्लोकों की रामायण की रचना की। भानुप्रताप अरिमर्दन की कथा इसमें विशेष है जो तुलसी के मानस में भी है राजा कुन्तल और सिन्धुमती का दशरथ और कौशल्या होना बताया गया है। जानकी का जन्म वार्ष्णेय यज्ञभूमि-शोधन में दिखलाया गया है। समुद्र उत्पत्ति, मुद्रिका प्रदान कारण, रामेश्वर स्थापन कारण, ऋष्यमूक पवत की स्थिति, मय-दुदुंभी की उत्पत्ति, काल विग्रह कारण आदि प्रसंग इसमें मिलते हैं।
3. **लोमश रामायण :** स्वायम्भुव मन्वन्तर के एक हजार वासठवे त्रेता में ऋषि लोमश ने 32 हजार श्लोक में इस रामायण की रचना की। जलन्धर के कारण रामावतार की कथा इसमें वर्णित है। जानकी जन्म का कारण मिथिलेश के शिकार में वन में सम्प्राप्त योगमाया दर्शन है। इसमें सती व्यामोह और उनका त्याग, शम्भु प्रतिज्ञा, कामप्रेरणा, कामयात्रा, कामदहन, रति वरदान तथा पार्वती के विवाह का प्रसंग विशेष है।
4. **मंजुल रामायण :** स्वारोचिप मन्वन्तर के 14 वे त्रेता में सुतीक्ष्ण मुनि ने 1 लाख 20 हजार श्लोक में इस रामायण की रचना की। सप्तसोपान में भानुप्रताप अरिमर्दन की कथा, उनकी यज्ञव्यवस्था, शबरी के प्रति नवधा भक्ति का वर्णन, महारानी और हनुमान का संवाद, महाराज का हनुमान के प्रति भक्ति की वयाख्या करना विशेष है।
5. **सौपद्य रामायण :** रैवत मन्वन्तर के 16वे त्रेता में अत्रि ऋषि ने सौपद्य रामायण की रचना की जिसमें 62 हजार श्लोक थे। इसमें जनक वाटिका निरुपण, माली राम संवाद, नगर दर्शन, व्यापारियों के प्रति

प्रेमकथन, मैथिल नारियों के स्नेह कथन, विवाह वर्णन इत्यादि का विशेष प्रसंग है। वनयात्राकाल में ग्रामवधूटी नेह कानि, ग्रामवधूटीविलाप, जानकी विलाप, रघुनन्दन विलाप, शबरी चरित्र, नारद मिलन, सुग्रीव मैत्री, आदि का वर्णन है। सीता का अग्नि अर्थात परपुरुष को सौंपने का कारण भी इसमें वर्णित है।

6. **रामायण महामाला :** इस रामायण का समय तामस मन्वन्तर का दसवा त्रेता है इसमें शिव पार्वती का संवाद है। शंकर जी का नीलगिरि पर्वतपा मराल वेश में निवास, मराल होने का कारण, काक सें कथा श्रवण, गरुड़ उपदेश, मोह निवृति का कारण आदि प्रसंग हैं। विभीषण और सुग्रीव की शरणागति, कौशल्या को विश्वरूप का दर्शन, तथा रामेश्वर की कथा भी प्रमुख है।

7. **सौहार्द रामायण :** वैवज्ञवत मन्वन्तर के नवम त्रेता में शरभंग ऋषि ने इस रामायण की सचना की। इसमें 40 हजार श्लोक हैं। इसमें दण्डकारण्य की उत्पत्ति, दण्डकाण्य को शाप, दण्डकारण्य में महाराज के जाने का कारण, काम विजय की अहिमिति, शीलनिधि का चरित्र, उनका स्वयंवर, कन्या सौन्दर्य, नारद विभ्रम, रुद्रगण का परिहास, नारद का क्रोध, आदि कथा का वर्णन है। शूर्पणखा प्रसंग, नासिकाकर्णनिपात, खरदषण युद्ध, रावण मारीच संवाद, हेमकुरंग प्रसंग, धनुषरेखाकरण, आदि का विशेष उल्लेख है। महारानी हरण, जटायु युद्ध, महाराज ओर लक्ष्मण का वानरी भाषा को समझना, और बोलना विशेष है। इसमें राक्षसों की भाषा, पशुभाषा आदि की विशेष श्रृंखला बनायी गयी है।

8. **रामायण मणिरत्न :** इसका समय तामस मन्वन्तर का 14वाँ त्रेता है जिसमें वशिष्ठजी और अरुन्धती का संवाद है। 36 हजार श्लोक की इस रामायण में पंचवटी की उत्पत्ति तथा कथा के साथ चित्रकूट, गोदावरी, कामद शिखर का वर्णन किया गया है। वसन्त, फागुनउत्सव, रंगपंचमी, श्ीतलाश्टमी, आदि पर्वों का भी उल्लेख है। वेद स्तुति, शम्भु स्तुति, इन्द्र स्तुति, ब्रह्मा स्तुतिण्वं गंगा स्तुति के साथ लंका में सीता और राम के मिलन का प्रसंग विशेष है। गुरुगीता, ज्ञानगीता, कर्मगीता, शिवगीता, आदि इस रामायण में निबद्ध हैं।

9. **सौर्य्य रामायण :** हनुमान और सूर्य के संवाद पर आधारित इस रामायण में 62 हजार श्लोक हैं। वैवस्वत मन्वन्तर के 20वें त्रेता में इसकी रचना हुई। हनुमान का जनम, शुकचरित्र, शुक के रजक होने का कारण, उसके द्वारा जानकी निस्सारण दण्डविशेष बताया है। महारानी अंजनी और हनुमान का संवाद, ऋक्षराज जाम्बवान के बल पराक्रम का वर्णन आदि की कथाएं विशेष हैं।

10. **चान्द्र रामायण :** रैवत मन्वतर के 32वे त्रेता काल में चान्द्र रामायण की रचना हुई इसमें हनुमान और चन्द्रमा का संवाद है। नारद का तप, इन्द्रकाम प्रेरणा, चित्रकूट प्रसंग, केवट संवाद तथा भारद्वाज जी के प्रसंग को विशेष रूप से दिखाया गया है। विवर प्रवेश, सम्पाति का चरित्र, चन्द्रमा ऋषि का आगमन का कारण, वानरी सेना के मिलन आदि का प्रसंग भी विशेष है।

11. **मैन्द रामायण :** रैवत मन्वन्तर का 21वा त्रेताकाल में रचित इस रामायण में 52 हजार श्लोक हैं। इसमें मैन्द और कौरव का संवाद है। वाटिका प्रसंग, माली से संवाद, अहिल्या उद्धार, गंगा का वर्णन, रामेश्वर की महिमा, रावण मन्त्र, विभीषण मन्त्र, लंका दहन के प्रसंग है।

12. **स्वायम्भुव रामायण :** ब्रहम और नारद जी के संवाद पर आधारित इस रामायण में 18 हजार श्लोक हैं। इसका समय स्वायम्भुव मन्वन्तर का 32वाँ त्रेता है। इसमें गिरिजा पूजन, वनगमन, सुमन्तु विलाप सीताहरण आदि कथाएं हैं। रावण को मुनि का दण्ड, मन्दोदरी के गर्भ से सीता का जन्म, कौशल्याहरण, दीर्घबाहु प्रसंग, दिलीप, रघु, अज तथा दशरथ की कथा भी हैं।

13. **सुब्रहम रामायण :** वैवस्वत मन्वन्तर के 13वे त्रेता में रचित इस रामायण में 32 हजार श्लोक हैं। इसमें प्रयाग का महत्व, भारद्वाज ऋषि के दर्शन, देवता मन्त्र, तामस मिलन, अनुसूया रहस्य की कथाएं हैं।

14. **सुवर्चस रामायण :** वैवस्वत मन्वन्तर का 18वाँ त्रेता काल में इस रामायण को लिखा गया। सुग्रीव और तारा का संवाद है। इसमें 15 हजार श्लोक हैं। किष्किन्धा के प्रति लक्ष्मण का कोप, सुग्रीव प्रसं, सीता दर्शन की तारा को उत्कंठा, बाली और तारा का संवाद, रावण का दरबार, सुलोचना विलाप, लक्ष्मण को शक्ति लगना, संजीवनी प्रसंग, सपर्वत हनुमान का अयोध्या आना, भरत हनुमान संवाद, धोबी-धोबिन संवाद, रावण के चित्र बनाने पर शान्ता की चुगली, शान्ता के प्रति सीता का शाप, उनकी पक्षी यानि में प्राप्ति, लवकुश की कथा, महारावण, युद्ध, लवणासुर वध, आदि विशेष हैं।

15. **देव रामायण :** तामस मन्वनतर के छठे त्रेता में देव रामायण की रचना हुई। इसमें एक लाख श्लोक हैं। इसमें इन्द्र और जयंत का संवाद है। जयंत का काक में परिवर्तन, राम परीक्षा, विभीषण के पुत्र की अयोध्या की कोतवाली, जानकी विनय, सरयु महिमा, हनुमान का राज्याभिषेक, तीर्थ सत्संग, आदि के साथ भाषा परिवर्तन विधि और शब्द के परिहशिष्ट का वर्णन भी विशेष है।

16. **श्रवण रामायण :** स्वायम्भुव मन्वन्तर के 40वे सतयुग में 1 लाख 25 हजार श्लोक में रचित इस बृहद रामायण में इन्द्र ओर जनक का संवाद है। इसमें दशरथ का अहेर वर्णन, श्रवण का विवाह और उसके वध की कथा, उनके पिता का दशरथ को श्राप, मन्थरा की उत्पत्ति, मुगी श्राप, सोलह सामन्त की कथा, विशेष रूप से वर्णित हैं। चित्रकूट प्रसंग, पादुका याचना, भरत का नन्दिग्राम में निवास तथा वहाँ से राज्य का संचालन आदि की कथा भी इसमें मिलती है।

17. **दुरन्त रामायण :** वैवस्वत मन्वन्तर के 25वे त्रेतायुग में लिखी गई इस रामायण में 61 हजार श्लोक है। इसमें वशिष्ठ लनक का संवाद है। भरत जी की कथा विशेष है जिसमें भरत की शपथ, मिलाप, भरत-निषाद संवाद आदि हैं। चूड़मणि की कथा, किष्किन्धा का वर्णन, देवताओं के वानर होने का कारण, दुन्दुभी प्रसंग, वानरोंका ल भाष्ण, हनुमान के मौन रहने का कारण, लंका दहन, विभीषण का राज्याभिषेक, समुद्र प्रसंग तथा समुद्र सेतु बंध की कथा के अनेक सूत्र इस कथा में निहित हैं।

18. **रामायण चम्पू :** शिवजी और नारद के संवाद पर आधारित इस रामायण का समय श्राद्धदेव मवन्तर का प्रथम त्रेता है। इसमें 15 हजार श्लोक हें। इसमें राजा शीलनिधि के यहाँ दो रुद्रगणों के आने का

कारण, नारद का क्रोध, वीरभद्र की कथा, सती प्रसंग, त्रिपुर की कथा, पार्वती विवाह का वर्णन, गणेश और कार्तिकेय के जन्म की कथा, अरुण-गरुड संवाद सुषेण वैद्य की कथा कालनेमि की कथा आदि का वर्णन मिलता है।

इन अप्राप्त अठारह रामायणों के सम्बन्ध में मेरी अपनी अवधारणा के कुछ अनुमान इस प्रकार हैं -

1. ऋषियों द्वारा विविध अवसरों पर कही गई रामकथा को उनके नाम से वर्णित रामायण के रूप में प्रचारित किया गया होगा।
2. बहुत-सी संहिताओं में कही गई कथा को रामायण कहा गया है। जैसा कि इसी ग्रंथ में मैंने लोमश संहिता और अगस्त्य संहिता के रूप में वर्णित दो पुस्तकों का लेख किया है।
3. पुराणों में वर्णित आख्यानों को रामायण का नाम दिया गया होगा। जैसे सोमसेन द्वारा रचित जैन रामपुराण को हिन्दी में अनुवाद करते समय रामचरित का नाम दिया गया। इसका विवरण इस पुस्तक में है।
4. पं. धनराज शास्त्री जिन्हें रामदास गौड़ ने बस्ती निवासी बताया है और उनकी टिप्पणी के आधार पर इन रामायणों की चर्चा की है, के सम्बन्ध में अन्य कोई जानकारी उपलब्ध नहीं होती किंतु इनके विषय प्रसंगों की सूची देखकर इनके अर्वाचीन होने अथवा कल्पित होने की संभावना से इंकार नहीं किया जा सकता।
5. प्रत्येक रामायण का रचनाकाल मन्वन्तरों के आधार पर बताया गया है। सृष्टि की आयु का अनुमान लगाने के लिए मन्वन्तर की कल्पना की गई है। सतयुग, त्रेता, द्वापर और कलयुग को मिलाकर एक महायुग होता है। 71 महायुग मिलाकर एक मन्वन्तर होता है। 14 मन्वन्तरों का एक कल्प होता है। प्रत्येक मन्वन्तर में सृष्टि में एक मनु होता है और उसी के नाम पर मन्वन्तर का नाम पड़ता है।

   पुराणों में वर्णित 14 मन्वन्तर इस प्रकार हैं - स्वायम्भुव, स्वारोचिष, उत्तम, तामस, रैवत, चाक्षुष, वैवस्वत, अर्कसावर्णि, दक्षसावर्णि, ब्रहम सावर्णि, रुद्रसावर्णि, रौच्य, भौत्य। इस उल्लेख के सत्यापन का प्रमाणिक आधार प्रतीक्षित है। इस अनुमान से इन रामायणों का रचनाकाल उचित प्रतीत नहीं होता। तथापि शोध की संभावनाओं पर विचार तो किया ही जा सकता है।

सत्योपाख्यानम्

अज्ञात

***अनुवाद :** ललकदास (1768 ई.)*

***सम्पादन :** शैलजा पाण्डेय*

सत्योपाख्यान उपनिषद का अत्यन्त प्राचीन आख्यान है जिसका आधार बनाकर अठारहवी शताब्दी के कवि ललकदास ने अवधी दोहा चौपाई में कथा का रुपान्तरण किया है। श्रीराम के जन्म से लेकर विवाह तक की कथा बहुत विस्तार के साथ वर्णित है।

सत्योपाख्यान में रामावतार के वैशिष्टय का सुंदर वर्णन है। श्रीराम, लक्ष्मण, भरत और शत्रुध्न को क्रमश: विष्णु, शेषनाग, शंख और चक्र का अवतार बताया गया है। मंथरा के पूर्वजन्म का वृतांत सत्योपाख्यान में मिलता है। दशरथ और कैकेयी के विवाह में नारद एवं देवयोगिनी की भूमिका का वर्णन नवीनता एवं रोचकता के साथ वर्णित है। सत्योपाख्यान अर्थात सत्य अथवा सत्या का उपाख्यान। सत्या का एक अर्थ अयोध्या भी है।

सत्या च विमला चैव पुरी चाद्या प्रकीर्तित।
अयोध्या नाम विख्याता वेदे लौके तथैव।।

(अयोध्या को सत्या और विमला भी कहा गया है। सत्या को सीता भी कहा गया है।) ग्राम बधुओं ने अयोनिजा सीता को सत्या एवं इंदिरा (लक्ष्मी) स्वरुपा माना है।

सत्यामयोनिजां सीतामिन्दिरां मेनिरेस्त्रिय:। (72/16)

सम्पूर्ण ग्रंथ में सत्यस्वरुप श्रीराम का चरित्र ही अंकित है।

सत्योपाख्यान में स्पष्ट उल्लेख है कि चैत्र मास की शुक्ल पक्ष की नवमी के दिन व्रतोपवास सहित सरयू स्नान के पश्चात जन्मभूमि में भगवान राम की प्रतिमा का दर्शन करना चाहिए।

सत्योपाख्यान में अयोध्यादेवी ने शुक्ल वस्त्रों को धारण किया है। दिव्य चंदन तथा कण्ठाभूषण से वे अलंकृत हैं। चक्र पर आरुढ़ इस देवी ने अपने हाथों में शंख और चक्र आयुधों को धारण कर रखा है।

सत्योपाख्यान में महादेव शंकर और भुशुण्डिजी अदृश्य रहकर रामजन्म का दृश्य देखते हैं।

राम और सीता के तीर्थाटन का यह प्रसंग अत्यन्त रुचिकर है—जब श्रीराम और सीताजी शेषाचल नामक रमणीय पर्वत पर पहुँचे। वहाँ पूर्व दिशा में विद्या संगज्ञ पीठ तथा दाहिने भाग में गणेश कुण्ड स्थित है। शेषाचल पर्वत पर शेषनाग का नित्य निवास है। वहाँ श्रीराम और सीता के श्रृंगार और सुखकर लीला का चित्रण भी इसमें मिलता है। दीपावली में राम और सीता के मध्य द्यूतक्रीड़ा, होली का उत्सव तथा तुलसी पूजन इत्यादि के वर्णन से ज्ञात होता है कि कवि ने सत्योपाख्यान की मूल कथा में नवीन कल्पनाओं को बहुत स्थान दिया है।

धारि निज अंक राम को माता। लह्यो मोद लखि मुख मृदुगाता।।
दंतकुंद मुकुता सम सोहै। बंधुजीव सम जीभ बिमोह।।
किसलय सधार अधार छबि छाजैं। इंद्रनील सम गंड बिराजै।।
सुंदर चिबुक नासिका सौहै। कुंकुम तिलक चिलक मन मोहे।।
कामचाप सम भृकुटि बिराजै। अलककलित मुख अति छबि छाजै।।
यहि बिधि सकल राम के अंगा। लखि चूमति जननी सुख संगा।।

अयोध्या स्थित मणिपर्वत का वर्णन भी इसमें विशेष है। मणिपर्वत त्रेतायुगीन माना जाता है। रामविवाह के बाद जनकपुर से आई मणियों से जो पहाड़ बना था उसे ही मणिपर्वत (रत्नांचल) कहा जाता है। मान्यता है कि हनुमानजी ने संजीवनी बूटी के पर्वतखंड को रखकर यहाँ विश्राम किया था। सत्योपाख्यान के अनुसार राम, लक्ष्मण, भरत, शत्रुधन चारों भाईयों के विवाह अवसर पर माता कैकेयी ने एक कनक भवन बनवाने का हठ किया। महाराज दशरथ ने विश्वकर्मा को बुलवाकर बहुत ही कम समय में सुंदर कनक भवन बनवा दिया। महारानी कैकेई ने यह महल जानकीजी को भेंट में दिया। साथ ही इंद्राणि से मिली मणि भी राम को दे दी।

मणि का जोड़ा न होने के कारण राम ने इस मणि को भरत जी को, फिर भरत जी ने लक्ष्मण को और लक्ष्मण ने शत्रुधन को दे दी। शत्रुधन ने सोचा कि जब बड़े भाईयों ने इस मणि को धारण नहीं किया तो मैं कैसे स्वीकार करूं, उन्होंने जानकी जी के चरणों में वह मणि अर्पित कर दी।

कैकेई ने दशरथजी से अनुरोध किया कि जनकजी ने हमारे चारों पुत्रों का जोड़ा लगा दिया, इसलिए इस मणि का भी जोड़ा लगा दीजिए। जनकजी ने यह ज्ञात होते ही मणियों का अंबार लगा दिया। अयोध्या के रामकोट के दक्षिण दिशा में इन मणियों से एक ऊंचा पहाड़ बन गया।

प्रकाशन : राष्ट्रीय संस्कृत संस्थानम्, प्रयाग

रामोपाख्यान

अज्ञात

***सम्पादन :** पीटर एम स्कार्फ*

महाभारत में रामकथा का विस्तार से वर्णन है इतना और इस तरह कि उसे एक स्वतंत्र रचना की तरह देखा जा सकता है। रामोपाख्यान महाभारत के वनपर्व का एक आख्यान है जिसमें स्वतंत्र रूप से रामकथा का वर्णन है। आरंभ में उसमें कहा गया है कि 'राजन! पुराने इतिहास में जो घटना हुई है वह सुनो।'

इसी तरह द्रोणपर्व में लिखा है— 'अपिचार्यपुरागीतः श्लोको वाल्मीकिनाभुवि'। इससे ज्ञात होता है कि महाभारत काल में भी रामकथा की प्राचीनता को लेकर कोई संदेह नहीं था। वाल्मीकि रामायण की रचना महाभारत के बहुत पहले ही हो चुकी थी। इसमें ब्रह्मा को विष्णु से श्रेष्ठ बताया गया है। वे देवताओं से कहते हैं कि मेरे आदेश से विष्णु रामअवतार लेकर रावण का वध करेंगे।

द्रौपदी के हरण और उसको पुनः प्राप्त कर लेने के पश्चात युधिष्ठिर अपने दुर्भाग्य पर शोक प्रकट करते हैं। मार्कण्डेय ऋषि युधिष्ठिर को दुखी जानकर उसे धैर्य बँधाने के लिए अनेक राजाओं के प्रसंग सुनाते हैं। उनमें एक कथा राम की भी है। युधिष्ठिर रुचिपूर्वक उसे कथा को सुनते हैं।

रामोपाख्यान की कथा का आधार स्पष्ट नहीं है तथापि प्रसंगों के चयन का मूल प्रचलित रामायण से बहुत साम्य है। रामोपाख्यान में रावण और उसके भाइयों के जीवन-चरित्र का वर्णन है। राम और उनके भाइयों के जन्म का भी उल्लेख है किंतु दशरथ के यज्ञ और सीता स्वयंवर का कहीं उल्लेख नहीं है। सीता जनक की पुत्री हैं इस पर कोई अन्य कथा नहीं है। राम को अयोध्या का युवराज बनाने की इच्छा करते समय दशरथ को किसी षडयंत्र की आशा न थी। मंथरा को दुंदुभि नामक गंधर्वी का अवतार बताया गया है।

अयोध्याकांड तथा अरण्यकांड की कथा अतिसंक्षिप्त है। विराध और शबरी के प्रसंग इसमें नहीं हैं। रावण और शूर्पणखा से मिलने के बाद क्रमबद्ध घटनाएं आरंभ होती हैं। राम सुग्रीव के समक्ष किसी प्रकार की परीक्षा नहीं देते। हनुमान सीता की खोज का वृतांत स्वयं ही लौटने के बाद राम को सुनाते हैं। समुद्र राम के बाणों से भयभीत होकर नल के नेतृत्व में सेतुबंधन के लिए तैयार हो जाता है। कुंभकर्ण का वध लक्ष्मण के द्वारा होता है। संजीवनी औषधि के संदर्भ में सर्वथा नवीन तथ्य उदघाटित होता है। संजीवनी के लिए हनुमान को द्रौण पर्वत पर नहीं जाना होता वरन वह सुग्रीव के पास ही मिल जाती है। लंकादहन नहीं होता। विभीषण राम को कुबेर के द्वारा भेजा गया जल देते हैं जिससे राम किसी अदृश्य प्राणी को भी देख सकते हैं। लक्ष्मण को शक्ति लगने की घटना रामोपाख्यान में नहीं हैं। नागपाष की घटना रामायण में दो बार है किंतु रामोपाख्यान में केवल एक बार है और इसमें विभीषण प्रज्ञासत से राम और लक्ष्मण को स्वस्थ कर देते हैं। सीता को अग्नि परीक्षा नहीं देनी होती वरन ब्रहमा, वरुण, वायु और अग्निदेव स्वयं आकर सीता की पवित्रता की साक्षी देते हैं। विश्रवा मुनि की तीन पत्नियॉ हैं और उन तीनों के पुत्र क्रमशः रावण, कुभकर्ण और विभीषण हैं। अयोध्या में राम के राज्याभिषेक के साथ ही रामोपाख्यान की कथा समाप्त हो जाती है।

रामोपाख्यान से इतर भी तीन स्थलों पर रामकथा के स्फुट अंश मिलते हैं। पुत्र की मृत्यु से शोकातुर संजय को धैर्य बंधाने के लिए नारद उन्हें सोलह राजाओं की कथा सुनाते हैं। उन्हीं में राम की कथा भी है। अरण्यपर्व में हनुमान भीम से भेंट होने पर राम वनवास, सीताहरण और अयोध्या आगमन तक की कथा संक्षेप में सुनाते हैं। द्रोणपर्व में नारद जी ने संक्षेप में रामकथा का आख्यान किया है किंतु शांति पर्व में कथा भाग नगण्य है। राम और रामराज्य की चर्चा मात्र है। बालकांड, उत्तरकांड तथा सीताहरण की कथा रामोपाख्यान में नहीं मिलती।

प्रकाशन : रुटलेज

अगस्त्य संहिता

(रामोपासना का प्राचीनतम आगमशास्त्र)

ऋषि अगस्त्य

सम्पादक : *पं. भवनाथ झा*

वैष्णव परम्परा में अगस्त्य संहिता परम आदरणीय है। महर्षि अगस्त्य रामकथा के एक अतिमहत्वपूर्ण पात्र हैं जिन्होंने प्रभु राम को वनवास जाते समय दिव्य अस्त्र प्रदान किए थे। रामचरितमानस में गोस्वामी तुलसीदास ने जब नाना पुराणनिगमागम सम्मत की बात कही है तो उन आगमग्रंथों में अगस्त्य संहिता का नाम भी अत्यन्त महत्वपूर्ण है। यह ग्रंथ तंत्रशास्त्र का लक्षणाक्रांत होने पर भी असाधारण है। मौलिक धर्मशास्त्र होने के कारण इसका नाम संहिता है। लक्ष्मण और हनुमान के सिद्धमंत्रों का भी इसमें समावेष है।

आरंभ में वर्णाश्रम धर्म की प्रतिष्ठा है। फिर भिन्न भिन्न फलों की प्राप्ति के लिए विभिन्न राममंत्रों के न्यास, विनियोग, कीलक, बीज आदि के साथ उल्लेख है। इक्कीसवें अध्याय तक ब्रह्मविद्या का निरुपण है। उसमें सीताराम की आश्लिष्ट युगलमूर्ति का मंगलगान है।

अगस्त्य एक वैदिक ऋषि थे। वशिष्ठ मुनि के भाई के रूप में भी इनका नाम आता है। इन्हें सप्तर्षियों में से एक माना जाता है। वे मंत्रदृष्टा ऋषि थे। ऋग्वेद के प्रथम मंडल के 165 सूक्त से 191 तक के सूक्तों की रचना महर्षि अगस्त्य ने ही की है। इनकी पत्नी लोपामुद्रा विदर्भ देश की राजकुमारी थी। इनके सूत्रों एवं मंत्रों को अगस्त्य संहिता में देखा जा सकता है। माना जाता है कि विद्युत उत्पादन के आरंभिक सूत्रों का रहस्य अगस्त्य संहिता में ही मिलता है। यह भी प्रसिद्ध है कि एक बार अगस्य ऋषि ने अपनी मंत्रशक्ति से समुद्र का सारा जल पी लिया था। इन्होंने विंध्याचल पर्वत को झुका दिया था।

अगस्त्य संहिता में राम की स्तुति का अनेकश: वर्णन मिलता है। रामोपासना की दृष्टि से इस संहिता में अनेक सूत्र है। अरण्यकाण्ड में सुतीक्ष्ण मुनि का प्रसंग है जब राम उनके आश्रम पहुँचे थे। अगस्त्य ऋषि ने सुतीक्ष्ण मुनि की जिज्ञासा को शान्त करने के लिए उन्हें जो ज्ञानोपदेष दिया वही अगस्त्य संहिता है। दण्डकवन में आश्रम बनाकर रहने वाले इन दोनों ऋषियों में जब संवाद हुआ तो सुतीक्ष्ण जी ने महर्षि अगस्त्य से पूछा कि मैंने जीवन में अनेक पुण्य किए हैं, यथाशक्ति दान भी दिया है। कठोर तपस्या के बाद भी इस भवसागर से पार होने का कोई मार्ग नहीं सूझ रहा है। तब ऋषि अगस्त्य ने उन्हें उपदेश दिया। पार्वती ने शिवजी से कहा- आप संसार के समस्त लोकों का भय निवारण करने वाले हैं। इस समय सबका सार स्वरूप मार्ग कौन सा है ?

सर्वज्ञ सर्वलोकेष सर्वदु:ख निसूदन। सर्वेषां निगम: पन्था: को में वद दयानिधे।।

सुतीक्ष्णजी ने बताया कि देवनारायण क्षीरसागर से लक्ष्मी, अनन्तदेव, शंख और चक्र को लेकर ब्रहमादि देवताओं के साथ त्रेतायुग में इस पृथ्वी पर आकर दशरथ को पुत्र के रूप में प्राप्त हुए।

क्षीराब्धेदेवदेवेषो लक्ष्मया नारायणो भुवि
सषेष: शंखचक्राम्यां देवैर्ब्रहमादिभि: सह
त्रेतायुगे दाषरथिर्भूत्वा नारायणौ वभौ।। (अ स 3/9)

अनन्तदेव लक्ष्मण लक्ष्मी ही जानकी हुई तथा शंख और चक्र ही यहाँ भरत और शत्रुध्न तथा सब देवता वानर हुए। वहीं स्वयं नारायण देव समस्त लोकों का उपकार करने के लिए तथा देवताओं और ऋषियों का भय दूर करने के लिए कौशल्या के गर्भ से भूमण्डल पर अवतीर्ण हो श्रीराम नाम से विख्यात हुए।

धृतिर्जयन्तो विजय:सुराष्ट्रोराष्ट्रवर्धन।
अकोपो धर्मपालस्ष्च सुमन्त्रष्चाष्टमंत्रिण:।।
एतोभ्यो रामरुपेभ्यो युष्मभ्यं प्रणमाम्यहं।
इन्द्राग्नि वामदेवेभ्यो साधुधेभ्यौ नम: नम:।।

(धृति, जयन्त, विजय, सुराष्ट्र, राष्ट्रवर्धन, अकोप, धर्मपाल और सुमत्र ये आठ मंत्री हैं। ये सब राम रूप ही हैं इनको प्रणाम करता हूँ। शस्त्रधारी इन्द्र, अग्नि और वामदेव को बारम्बार प्रणाम करता हूँ।)

अगस्त्य संहिता से अरण्यकाण्ड के वे रहस्य प्रकट होते हैं जिसके लिए राम स्वयं व्याकुल हैं और वे मानस में कहते भी हैं कि मुनिगन मिलन विशेष वन सबहिं भाँति हित मोर।

इस दृष्टि से अगस्त्य संहिता का अन्यान्य ग्रंथों से सम्बन्ध भी स्पष्ट होता है।

प्रकाशन : महावीर मंदिर प्रकाशन, पटना

लोमश संहिता

(प्रमुख आगम ग्रंथ)

सम्पादक : *गिरिजा शंकर शास्त्री*

लोमश संहिता की पूर्ण प्रमाणिक प्रति प्राप्त नहीं है मात्र आठ अध्याय ही प्राप्त हैं। फादर कामिल बुल्के के संदर्भों में लोमश रामायण में 32 हजार श्लोक हैं। लेकिन इसके प्रमाण उपलब्ध नहीं हैं। शिव पार्वती संवाद नामक द्वितीय अध्याय में सूत जी कहते हैं—

'श्रुत्वा रहस्यं परमं राम रामायणंस्मृतम्
पुनः पृच्छति देवेषं पार्वती नीललोहितं''।

राम नाम के इस परम रहस्य को सुनकर राम और राम के धाम को स्मरण करके भगवान शिव से पार्वती से पुनः पूछा—हे देव! आपने जो सम्पूर्ण शास्त्र समूह का विग्रह राम नाम रूप परम तत्व कहा है उसे मैंने निश्चित कर लिया है।

पार्वती उवाच- *यत्तवया कथितं दैव सर्वशास्त्रौघविग्रहं।*
श्रीराम परमं तत्वमित्यहंकृतनिश्चितम।।

लोमश संहिता में यह अध्याय भी रोचक है। श्रृंगार राज्य में प्रवेश के लिए श्रीविदेहकुमारी जी की अंतरंग सखियों की कृपापूर्ण दृष्टि अनिवार्य है। यहाँ किसी साधना अथवा अनुष्ठान से प्रवेश नहीं हो सकता। इन अन्तरंग सखियों में मुख्य हैं—चन्द्रकला, विमला, सुभगा, मदनकला, चारुशीला, हेमा, क्षेमा, पदमगंधा, लक्ष्मणा, श्यामला, हंसी, सुगमा, वंशध्वजा, चित्रलेखा, तेजोरुपा और इन्दिरावली। ये सोलह मुख्य यूथेश्वरी हैं। लोमश संहिता में चन्द्रकला का ही प्रसंग मुख्य है फिर अयोध्या के प्रमोदवन में रासलीला का भव्य वर्णन है।

लोमश संहिता में शिव पार्वती के अतिरिक्त मुनि पिप्पलाद और लोमश ऋषि का संवाद है। श्रीराम और सीता की रास तथा सीता की सखियों का उल्लेख भी इसमें मिलता है। लोमश संहिता के अनुसार रामावतार का एक कारण वृंदा का शाप भी था।

क्रीड़ा सम्पद्यते यैस्तु गुणै नैत्रगुणैः शुभैः ज्ञेयोअस्मिन्सततं राम इत्याहुर्मुनयोमलाः

यत्रास रामो रसरंगमेर्ति रासः सनाम्योप्पय केलिभेदः

रामाभिरामो रमणीश रामो रा शब्द रामो रसराजरामः

(राम शब्द ही रसराजत्व का बोधक है। श्रृंगार रसविहार का पर्यवसान श्रीराम में ही है)

रामकथा के वक्ता के रूप में लोमश ऋषि का वर्णन मिलता है। रामचरित मानस में भुशुण्डि कहते हैं कि मुझे यह कथा लोमषऋषि से मिली। (उत्तरकांड 113)

लोमश रामकथा के वक्ताओं में से एक महर्षि थे। शरीर पर रोएँ अधिक होने से इन्हें यह नाम मिला था। कथा है कि सौ वर्षों तक कमलपुष्पों से इन्होंने शिव जी की पूजा की थी, इसी से इन्हें यह वरदान मिला था कि कल्पांत होने पर इनके शरीर का केवल एक बाल झड़ा करेगा। ये सदा तीर्थाटन किया करते थे और बड़े धर्मात्मा थे। इन्होंने दुर्दम राजा को देवी भागवत की कथा पाँच बार सुनाई थी जिससे रवत नामक पुत्र की प्राप्ति हुई थी। इन्होंने नर्मदा स्नान का निर्देश कर पिशाचयोनि में प्रविष्ट गंधर्वकन्याओं आदि का उद्धार किया था।

एक बार लोमश ऋषि प्रवचन कर रहे थे एक भक्त बार-बार ऋषि से प्रश्न पूछ कर प्रवचन में बाधा डाल रहा था। कभी पूछता, क्या आपने भगवान के दर्शन किए हैं, तो कभी पूछता, हम उनके दर्शन कैसे कर सकते हैं?, इससे ऋषि की एकाग्रता भंग हो रही थी। उन्होंने उस व्यक्ति को शाप दिया कि- कौवे की तरह कांव-कांव कर रहा है, शायद पहले जन्म में कौवा था और अगले जन्म में भी कौवा ही होगा।

लोमश ऋषि ने क्रोध शांत होने पर उसे वरदान दिया कि तुम कौवे के रूप में जहाँ रहोगे, उस क्षेत्र में दूर-दूर तक कलियुग का प्रभाव नहीं पड़ेगा। तुम भक्त पक्षी के रूप में अमरता प्राप्त करोगे। पुराणों के अनुसार उस व्यक्ति ने अगले जन्म में काकभुशुंडी के रूप में जन्म लिया, जिसने गरुड़ को रामकथा सुनाई थी।

महाभारत के वन पर्व में लोमश ऋषि युधिष्ठिर को अष्टावक्र की कथा सुनाते हैं। सत्योपाख्यान में भी लोमश ऋषि द्वारा अयोध्यावासियों को मंथरा की कथा सुनाने का उल्लेख है। (भाग 1 अध्याय 10)

प्रकाशन : हिन्दी साहित्य सम्मेलन, प्रयाग

कथासरित्सागर

(11 वी शताब्दी)

महाकवि सोमदेव भटट

सम्पादक : *विष्णु प्रभाकर*

कथासरित्सागर के 14 वे लम्बक के 107 तरंगो में वनवास से लेकर रावणवध के बाद अयोध्या वापस आने तक की कथा का वर्णन है। कथा का मूल स्वरुप वाल्मीकि रामायण के अनुसार ही है किंतु अलंकारवती लम्बक में कंचनप्रथा के माध्यम से नरवाहनदत्त के समक्ष जो वर्णन किया गया है उसमें आरंभ में ही राम का निर्वासन सीताहरण तथा रावण वध की घटना बता दी गई है। रावण का मर्म स्थान उसका अंगूठा बताया गया है। सीतात्याग का विवरण भी संक्षेप में मिलता है। पृथ्वी देवी का स्वयंप्रकट होकर सीता को टिटिटभसर के उस पार पहुँचाना एक नवीन तथ्य है जिसे परवर्ती रामकथाकारों ने अलग तरह से वर्णित किया है। सीता को जनक की ही पुत्री बताया गया है। - सीता तस्याभवद् भार्या प्राणेषाजनकात्मजा। (कथा 9/1/60)। गज ग्राह की अस्थियों को गरुड़ द्वारा भक्षण कर लेने पर लंका में त्रिकूट पर्वत के बनने का प्रसंग कथासरित्सागर में द्वितीय लुम्बक की चतुर्थ तरंग (141-144) में वर्णित है।

लोकपालों ने किसी टिटिटभी के सतीत्व की परीक्षा के लिए एक सरोवर का निर्माण किया था। ऋषियों के समक्ष सीता अपने सतीत्व की शपथ लेकर सरोवर के जल में प्रवेश करती है किंतु पृथ्वी देवी प्रकट होकर सीता को अपनी गोद में लेकर सरोवर के उस पार पहुँचा देती हैं। ऋषि इससे संतुष्ट होकर राम के प्रति क्रोधित होकर उन्हें शाप देना चाहते हैं। परन्तु सीता के अनुरोध पर वे वैसा नहीं करते। लव के जन्म के पश्चात कुश की रचना वाल्मीकि द्वारा कुश घास से होती है।

कुष और लव एक बार महर्षि वल्मीकि द्वारा निर्मित शिवलिंग के साथ खेल रहे थे। वाल्मीकि यह देखकर क्राधित हो जाते हैं तथा लव को कुबेर के सरोवर से स्वर्णकमल तथा उनकी वाटिका से मंदार

फल लाने और उससे शिवलिंग की पूजा करने को कहते हैं। लक्ष्मण उस समय राम के पुरुषमेध के लिए शुभलक्षणसम्पन्न पुरुष की खोज कर रहे थे। उन्होंने लव को कुबेर के यहाँ से लौटते देखा और उसे कारागार में बंदी बना लिया। इस पर वाल्मीकि ने कुश को अयोध्या भेज दिया। वाल्मीकि के दिव्य अस्त्रों से कुश ने लक्ष्मण को और फिर राम को भी पराजित किया। राम की सेना से लव और कुश के युद्ध का वर्णन भी इसमें है। पुत्रों का परिचय प्राप्त करने के बाद राम ने उन्हें अपने साथ रखा और सीता को भी अयोध्या बुलवा लिया। (कथा- 9/1/95-112) लव और कुश के राम के युद्ध के बाद सीता उनके साथ ही अयोध्या चली जाती है। (कथा- 1/1/112)

कथासरित्सागर की कथाओं में महर्षि गौतम अपनी पुत्री अंजनी को गर्भिणी होने का शाप देते हैं क्योंकि उसने अपनी माता के व्यभिचार को प्रकट नहीं किया था। शाप सुनकर वह शिवजी की आराधना करने लगती है। शिवजी की आज्ञा से नारद जी उसके कान में एक मंत्र कह देते हैं। जिसके प्रभाव से उसने हनुमान को जन्म दिया। मंत्र ग्रहण करते समय वह केसरी नामक वानर की ओर मुँह करके देख रही थी इसलिए उसे वानर के मुख वाला पुत्र हुआ।

प्रकाशक : सस्ता साहित्य मंडल प्रकाशन, नई दिल्ली

श्रीरामपूर्वतापनीयोपनिषत
(अथर्ववेद का उपनिषद)

सम्पादन : *डॉ. एन.आर. सौम्यनारायण*

अथर्ववेद से सम्बन्धित इस उपनिषद में भगवान श्रीराम की पूजा-विधि को पांच खण्डों में अभिव्यक्त किया गया है। प्रथम खण्ड में राम शब्द के विविध अर्थ प्रस्तुत किये गये हैं-

जो इस पृथ्वी पर राजा के रूप में अवतरित होकर भक्तों की मनोकामना पूर्ण करते हैं, वे राम हैं। जो इस पृथ्वी पर राक्षसों (दुष्प्रवृत्तियों को धारण करने वाले) का वध करते हैं, वे राम हैं। सभी के मन को रमाने वाले, अर्थात आनन्दित करने वाले राम है।

राहु के समान चन्द्रमा को निस्तेज करने वाले, अर्थात समस्त लौकिक विभूतियों को निस्तेज करके उच्चतम पुरुषोत्तम रूप धारण करने वाले राम हैं।

जिनके नामोच्चार से हृदय में शान्ति, वैराग्य और दिव्य विभूतियों का पदार्पण होता है, वे राम हैं।

द्वितीय खण्ड में राम नाम के बीज-रूप की सर्वव्यापकता और सर्वात्मकता का विवेचन किया गया है। राम ही बीज-रूप में सर्वत्र और सभी जीवात्माओं में स्थित हैं। वे अपनी चैतन्य शक्ति से सभी प्राणियों में जीव-रूप में विद्यमान हैं और स्वयं प्रकाश हैं।

तृतीय खण्ड में सीता और राम की मन्त्र-यन्त्र की पूजा का कथन है। इस बीजमन्त्र (राम) में ही सीता-रूप-प्रकृति और राम-रूप-पुरुष विहार करते हैं। भगवान राम ने स्वयं अपनी माया से मानवी रूप धारण किया और राक्षसों का विनाश किया।

चतुर्थ खण्ड में छह अक्षर वाले राम मन्त्र रां रामाय नमः का अर्थ, देवताओं द्वारा राम की स्तुति, राम के राजसिंहासन का वैभव, राम-यन्त्र की स्तुति से प्राणी का उद्धार आदि का विवेचन है। साधक के ध्यान-चिन्तन में यही भाव सदा रहना चाहिए कि श्रीराम अनन्त तेजस्वी सूर्य के समान अग्नि-रूप हैं।

पांचवें खण्ड में यन्त्रपीठ की पूजा-अर्चना तथा भगवान राम के ध्यानपूर्वक आवरण की पूजा का विधान बताया गया है। भगवान राम की प्रसन्नता से ही मोक्ष की प्राप्ति होती है। वे राम गदा, चक्र, शंख और कमल को अपने हाथों में धारण किये हैं, वे भव-बन्धन के नाशक हैं, जगत के आधार-स्वरूप है, अतिमहिमाशाली हैं और जो सच्चिदानन्द स्वरूप हैं, उन श्रीरघुवीर के प्रति हम नमन करते हैं। इस प्रकार की स्तुति करने वाले साधक को मोक्ष प्राप्त होता है।

यह भगवान श्रीराम के स्वरूप को विष्णु के समान दर्शाया गया है और उन्हें भगवान विष्णु का अवतार माना गया है। राम के 'र' वर्ण में उत्पत्ति, पालन व संहार की त्रिशक्तियों ब्रह्मा, विष्णु व रुद्र का निवास है। बिंदु, नाद व बीज से उत्पन्न रौद्री, ज्येष्ठा व वामा शक्तियॉ 'र' से ही प्रसूत है। यह राम वाची वर्ण है। तंत्र शास्त्र में इसे अग्नि रूप माना गया है। 'आ' वर्ण अनंत वाची है। अत: 'र' और रा से युक्त 'रा' अनंत जो मय अग्नि स्वरूप 'राम' का प्रतीक है। 'म' वर्ण को तंत्रशास्त्र में चन्द्रमा या स्त्री शक्ति से गर्मित माना गया है। यह शांति एवं शीतलता का प्रतीक है। ज्योतिष भी चन्द्रमा को स्त्री ग्रह मानता है। अत: 'म' वर्ण सौम्यकांति व शीतल स्वभाव से युक्त चन्द्रमुखी सीता का प्रतीक है। इस प्रकार राम की उपासना करने पर प्रकृति - पुरुष रूपी सीताराम की ही उपासना होती है इसमें राम यंत्र के माध्यम से विश्व की संपूर्ण शक्तियों की अमेदोपासना की गई है।

इस उपनिषद के नाम अपने अनंत से तेजोमय अग्नि रूप 'रा' तथा अनंत शीतलता युक्त बीज 'म' से युक्त होकर चराचर जगत की उत्पत्ति के मूल स्त्रोत हैं। सीताराम की प्रकृति व आल्हादिनी शक्ति है। वे प्रकृति रूपा, परम चौतन्य मयी, परमानंददायिनी, परमेश्वरी हैं। वे ही सम्पूर्ण जगत की उत्पत्ति का कारण है तथा प्रलयावस्था में संपूर्ण विश्व सूक्ष्म रूप से उन्हीं में समाविष्टड्ढ हो जाता है। श्रीराम अपने धनुर्धारी मनुष्य-रूप में ही अपने सभी भ्राताओं के साथ वैकुण्ठलोक को जाते हैं।

प्रकाशक : श्री वेंकटेश्वरवेद विश्वविद्यालय, तिरुपति

बौद्ध एवं जैन रामकथाएं

- लंकावतार सूत्र
- दशरथ जातक
- अनामक जातकम्
- पउमचरियं
- रामकथा वासुदेव हिण्डी
- पद्मपुराण
- पउमचरिउ
- त्रिशष्टिशलाकापुरुषचरित्र
- कुमुदेन्दु रामायण
- शुक्लजैन रामायण
- सीताराम चौपाई
- रामपुराण

लंकावतार सूत्र

(डी टी सुजुकि के स्टडीज इन द लंकावतार का हिन्दी रुपान्तरण)

अज्ञात

अनुवादक : *डॉ. तुलसीराम शर्मा*

बुद्ध का अर्थ प्रत्येक स्थान पर भगवान बुद्ध नहीं होता। 'बौद्ध धर्म दर्शन' नामक अपने विशाल ग्रंथ में आचार्य नरेंद्रदेव ने 'लंकावतार सूत्र' का उल्लेख किया है। 'लंकावतार सूत्र' के अनुसार रावण को बुद्ध ने सद्धर्म का उपदेश दिया था। 'लंकावतार सूत्र के चीनी (भाषा) में तीन अनुवाद हुए। 443 ई. में गुणभद्र ने, 513 ई. में बोधिरूचि ने और 704 ई. में शिक्षानन्द ने इसके चीनी भाषा में अनुवाद किए। इस ग्रन्थ का सम्पादन बुनयिड नंजियो, क्योटो (जापान) ने 1923 ई में किया है। इस ग्रन्थ में दस बड़े-बड़े परिवर्त हैं। प्रथम परिवर्त में लंका के राक्षसाधीश रावण का बुद्ध से संभाषण है। अन्य परिवर्तों में बुद्ध ने रावण के द्वारा पूछे गए प्रश्नों के उत्तर दिए हैं। यह ग्रन्थ महायान मार्ग के विज्ञानवाद का मूल और विशाल ग्रन्थ है।

इस ग्रन्थ में यह स्थापित करने का प्रयास है कि रावण अहिंसा धर्मपरायण, दार्शनिक, विद्वान और धर्मात्मा बौद्ध था। वह भगवान गौतम बुद्ध का समसामयिक था, जिसने स्वयं भगवान बुद्ध से धर्मोपदेश ग्रहण किया था।

'लंकावतार सूत्र के दसवें परिवर्त में यह उल्लेख है कि व्यास, कणाद, कपिल, पाणिनि, बृहस्पति, याज्ञवल्क्य, कात्यायन, आश्वलायन इत्यादि सब भगवान् बुद्ध के बाद हुए और रामायण, महाभारत, गीता, राम और कौरव-पांडव का प्रादुर्भाव भी भगवान् बुद्ध के बाद हुआ। बाली, सुग्रीव, हनुमान, जाम्बवान आदि अठारह पद्म युथप बंदरों और भालुओं की सृष्टि भी रामायण लेखकों की कपोल कल्पना है। वह आगे लिखते हैं- 'यदि कोई ब्राह्मण पंडित अथवा ब्राह्मणी साहित्य का हिमायती विद्वान् यह कहे कि लंकावतार सूत्र झूठा ग्रन्थ है, अथवा लंकावतार सूत्र का दसवां परिवर्त आधुनिक है, रावण और राम भगवान् बुद्ध

से बहुत पहले त्रेता युग में हुए थे और गौतम बुद्ध कलियुग में हुए हैं, तो उसकी यह बात संस्कृत भाषा के आदिकवि वाल्मीकि रामायण के अयोध्या काण्ड में सर्ग 109 के श्लोक 34 से बिल्कुल कट जाती है। इसमें श्रीरामचन्द्रजी नास्तिकों का विरोध करते हुए जाबालि से कहते हैं— 'जैसे चोर दंडनीय है, उसी तरह वेदविरोधी बुद्ध भी दंडनीय है। तथागत बुद्ध और नास्तिक को भी यहाँ इसी कोटि में समझना चाहिए। यथा —

यथा ही चोरः स तथा बुद्धस्तथागतं नास्तिकमत्र विद्धि।
तस्माद्धि यः शक्यतमः प्रजानां स नास्तिके नाभिमुखो बुधः स्यात।।

पौराणिक ग्रंथों के अनुसार रावण में यह विशेषता थी कि वह संत-महात्माओं का महान पूजक था। इसी संदर्भ में बौद्ध संस्कृत ग्रंथ 'लंकावतार-सूत्र' में रावण के अगाध श्रद्धा के दृष्टांत का वर्णन किया गया है। लंकावतार-सूत्र के प्रथम अध्याय में वर्णन है कि भगवान बुद्ध अपने अनेक अवतारों की परंपरा में एक बार लंकानगरी के निकट मलय पर्वत पर अपने अनेक शिष्यों सहित सहसा अवतीर्ण हुए। उस समय उनके व्यक्तित्व से चमकती हुई अनेक किरणें प्रकट होने लगीं जिसके फलस्वरूप सारा मलय पर्वत चकाचौंध हो गया।

तथागत बुद्ध अपनी ओजस्वी वाणी से धर्मोपदेश देने लगे जो दिक्-दिगांतर में गूंजने लगी। पर्वत के नीचे स्थित लंकानगरी में आसीन यक्षाधिराज रावण ने जब ऐसी अभूतपूर्व चकाचौंध देखी और उसी के साथ दिव्य वाणी सुनी तो वह इस रहस्य को समझ न सका। जिज्ञासावश रावण ने ध्यान लगाया तो देखा कि भगवान बुद्ध मलय पर्वत पर अनेक नाग-कन्याओं के बीच में तथा अनेक शिष्यों से घिरे हुए धर्मोपदेश दे रहे हैं।

ऐसा दिव्य दृश्य देखकर महामति रावण की उत्कट इच्छा हुई कि 'मैं भी भगवान के समक्ष उपस्थित होकर उनके दर्शनों का लाभ लूं और उनसे सादर प्रार्थना करूं कि वे लंकानगरी में पधारें और लंकावासियों का कल्याण करें।' इस सदाशयता से रावण अनेक पुष्पों से सुसज्जित रथ पर यक्ष-कन्याओं एवं दिव्यांगनाओं को लेकर मलय पर्वत की ओर अग्रसर हुआ। वहां पहुंच कर लंकाधिपति रावण ने रथ में बैठे-बैठे ही भगवान बुद्ध की तीन परिक्रमाएं कीं। तब वहां उपस्थित कई संगीतज्ञों ने अपने वाद्य-यंत्रों की अलौकिक धुन से सारा वातावरण संगीतमय बना दिया।

प्रकाशक : ईस्टर्न बुक लिंकर्स, दिल्ली

दशरथ जातक

(बौद्ध जातककथा)

अज्ञात

दशरथ जातक अत्यन्त प्राचीन जातक कथा है जिसे भगवान बुद्ध ने एक जमीदार को सुनाया था। यद्यपि इस कथा का साम्य रामायण से नहीं है किंतु ऐतिहासिक दृष्टि से इसका महत्व है। शास्ता बुद्ध ने जेतवन में विहार करते समय यह कथा एक ऐसे गृहस्थ जमीदार को कही जिसका पिता मर गया था। भिक्षुओं के समूह ने उस कथा को सुना। पिता के शोक में विकल जमीदार को उस शास्ता ने जो कथा कही वह उसके पूर्वजन्म की थी। जब शास्ता ने उस व्यक्ति से पूछा कि- उपासक ! क्या तू चिन्ता कर रहा है ? तो उसने कहा- हाँ, मुझे अपने पिता की मृत्यु का अत्यन्त शोक है। तब शास्ता ने कहा- उपासक, पुराने पंडितों ने आठ लोकधर्मों को ध्यान में रखते हुए कभी भी शोक नहीं किया। मैं तुम्हें पूर्वजन्म की कथा कहता हूँ।

पूर्व समय बारस नगर में राजा दशरथ का राज्य था। वह चार अगतियों में न पड़कर धर्म के अनुकूल राज्य का संचालन करता था। उसकी सोलह हजार रानियॉ थीं। सबसे बड़ी रानी ने दो पुत्रों और एक पुत्री को जन्म दिया। ज्येष्ठ पुत्र का नाम था राम पंडित, दूसरे पुत्र का नाम लक्खन कुमार और पुत्री का नाम सीता देवी। आगे चलकर पटरानी मर गई। राजा उसकी मृत्यु से अत्यन्त दुखी हुआ और लम्बे समय तक राज्य की गतिविधियों से दूर रहा। जब अमात्यों ने राजा को चेताया तो वह होष में आया और दूसरी पटरानी बना ली। वह रानी अत्युत ही सुन्दर और रुपगर्विता थी। कुछ ही दिनों में वह भी गर्भवती हुई और उसने एक सुन्दर पुत्र को जन्म दिया जिसका नाम भरतकुमार रखा गया। प्रसन्न होकर राजा ने रानी से कहा मैंने तुझे वर दिया। माँग। रानी ने कहा– मांग लिया। राजा जब साठ वर्ष के हो गए तो उसने याद दिलाया कि आपने पुत्र को वर दिया था। अब समय आ गया है। राजा ने कहा- मांग। रानी ने कहा - मेरे पुत्र को राज्य दें। राजा का सिर घूम गया। वह क्रोधित होकर बोला - चाण्डालिनी। तेरा नाश हो।

मेरे दोनों पुत्र अग्नि स्कन्ध के समान प्रज्जवलित हैं। तू उन्हें मरवाकर अपने पुत्र को राज्य देना चाहती है। वह डरकर शयनागार में छिप गई किंतु राजा से बार बार पुत्र के लिए राज्य की याचना ही करती रही। राजा ने विचार किया कि यह बहुत चालाक रानी है। कहीं धोखे से मेरे पुत्रों को न मरवा दे। झूठी मोहर के माध्यम से यह कोई भी चाल चल सकती है। उसने अपने पुत्रों को एकांत में बुलाकर सारी बात कही और कहा कि यहाँ तुम्हारे लिए रहना ठीक नहीं है। कुछ भी हो सकता है। तुम किसी सामन्त के यहाँ अथवा वन में जाकर रहो। मेरे मरने के बाद यहाँ आकर अपने वंश के राज्य पर अधिकार कर राज करना। फिर राजा ने ज्योतिषी को बुलाकर अपनी शेष आयु पूछी। ज्योतिषी ने बताया कि अभी आपकी आयु बारह वर्ष शेष है। तब राजा ने अपने पुत्रों को बारह वर्ष के लिए वन भेज दिया। पुत्री सीता देवी ने भी रोते हुए कहा - मैं भी अपने भाइयों के साथ जाऊँगी। तीनों भाई बहन हिमालय की तरफ चले गए। नवें वर्ष में राजा की मृत्यु हो गई। रानी ने भरत से राज्य संभालने को कहा।

किंतु अमात्यों ने बाधा डाली और कहा- छत्र धारण करने के अधिकारी कुमार तो वन में रहते हैं। भरत ने भी ऐसा ही विचार कर अपने भाई राम को लाने के लिए वन में गया। भरत ने राम को मिलकर सारी बात कही। पिता की मृत्यु का समाचार दिया। लक्खन और सीता देवी तब वन में फल संग्रह करके लौटे ही थे। पिता की मृत्यु का समाचार सुन मूर्छित हो गए किंतु राम को दुखी न देख भरत के मन में आया कि भाई को पिता की मुत्यु का दुख क्यों न हुआ।

केन रामप्पभावेन, सोचितब्बम् न सोचसि।
पितरं कालकतं सुत्वा, न तं पसहते दुखं।।

हे राम ! तुम किस प्रभाव के कारण सोचनीय एवं उदासीन हो। अपने पिता की मृत्यु का समाचार सुनकर भी तुम्हें दुख क्यों नहीं होता ?

दहरा च हि बुद्धाच, ये बाला ये च पण्डिता।
अद्दा चेव दलिद्दा च, सब्बेमच्चपरायणा।।

राम ने कहा- तरुण, बुद्ध, मूर्ख, पंडित, धनी तथा दरिद्र सभी मरणशील हैं। संसार में सभी नाशवान और अनित्य हैं। बहुत विलाप करके भी मनुष्य जीवित नहीं रह सकता। उसके लिए स्वयं को कष्ट देने का कोई कारण नहीं। रोना पीटना निरर्थक है। राम पंडित के इस तरह के वचनों को सुनकर सभी शोक रहित हो गए। तब भरत ने राम से प्रार्थना की कि वाराणसी चलकर अपना राज्य संभालें। राम ने विनम्रता से कहा- हे तात! तुम लक्खन कुमार और सीतादेवी को साथ ले जाकर राज्य का अनुशासन करो।

भरत ने प्रशन किया - आप क्यों नहीं चलते ?

तब राम ने कहा - मुझे पिता ने कहा था कि बारह वर्ष की अवधि के बाद ही राज्य करना।

अभी गया तो उनकी आज्ञा का उल्लंघन होगा। तीन वर्षों तक भरत ने राम की पादुकाएं के माध्यम

से राज्य संचालन किया। बारह वर्ष पूर्ण होते ही अमात्यों ने रामपंडित का राज्याभिषेक किया।

दस वस्सहस्सानि, सटिट वस्सतानि च।
कम्बुगीबो महाबाहु, रामो रज्जमकारयीति।

स्वर्णग्रीवा महानबाहु राम ने दस हजार और छह हजार वर्ष तक वहाँ राज्य किया।

सीताहरण और राम के राक्षसों के साथ संघर्ष की कथा दशरथ जातक में नहीं मिलती।

प्रकाशक : केसिंजर पब्लिशिंग, अमेरिका

अनामक जातकम
(बौद्ध जातककथा)

अज्ञात

अनामक जातक की कथा का चीनी भाषा से तीसरी शताब्दी का अनुवाद मिलता है। इसमें पात्रों के नाम नहीं कहे गए हैं। रावण के स्थान पर एक नाग की चर्चा है। भरत का चरित्र इसमें नहीं है। कथा कुछ इस प्रकार है -

एक समय बोधिसत्व नाम का एक महान राजा हुआ। वह बहुत दानवीर, उदार, धर्मज्ञ तथा प्रजा का हितकारी था। उसका मामा भी एक राजा था किंतु वह अत्याचारी, लोभी और कपटी था। अपने भांजों का राज्य हड़पने के लिए उसने योजना बनाई और सेना भेजकर उसका राज्य छीन लिया। बोधिसत्व अपनी रानी के साथ वन में रहने लगा। बोधसत्व जब वन में गए हुए थे तब एक दिन समुद्रस्थ नाग ने ऋषि का छद्मवेष धारणकर रानी का अपहरण किया।। एक पक्षी ने दुष्ट नाग को राकने का प्रयास किया किंतु उसने उसका दाहिना पंख तोड़ दिया और रानी को लेकर समुद्र के पार अपने नागद्वीप में चला गया।

वन से लौटकर बोधिसत्व ने रानी को बहुत ढूँढ़ा। एक नदी के निकट उसे एक वानर मिला। उसने बताया कि मेरे चाचा ने मेरा राज्य छीन लिया है। अब मेरा कोई नहीं है। दोनों में प्रगाढ़ मैत्री हो गई और दोनों ने एक दूसरे को सहायता का वचन दिया।

दूसरे दिन बन्दर ने अपने चाचा से युद्ध किया। राजा ने धनुष में बाण का संधान किया। जिसे देखते ही चाचा भाग गया। बन्दर अपने साथियों के साथ रानी को खोजने निकला। मार्ग में एक पक्षी ने बताया कि रानी को नाग ने चुराया है। बन्दरों की सेना समुद्र के पार जाने में असमर्थ थी। इन्द्र ने एक छोटे वानर के रूप आकर बताया कि पत्थरों को डालकर समुद्र में मार्ग बना लो। इस प्रकार समुद्र पर पुल बनाकर वे नागद्वीप पहुँचे।

युद्ध में नाग द्वारा विषैले कुहरे से मूछित वानरों को लघु वानर इन्द्र ने देवोषधि द्वारा चैतन्य किया। नाग ने आंधी-पानी का प्रकोप उत्पन्न किया और स्वयं विद्युत के रूप में चमकने लगा। लघु वानर इन्द्र ने राजा से बताया कि यह विद्युत नही नाग है। फलतः राजा ने तीव्र बाण के प्रहार से नाग का प्राणान्त कर दिया और रानी को मुक्त करा दिया। रानी ने राजा के सम्मुख सतीत्व की परीक्षा दी। अपने सतीत्व की परीक्षा हेतु रानी कहती है - यदि मेरा सतीत्व सुरक्षित हो तो पृथ्वी विदीर्ण ही जाये। तुरन्त पृथ्वी विदीर्ण हो गई और रानी का सतीत्व प्रमाणित हो जाता है। इधर उसके मामा का देहांत भी हो गया तब राजा रानी को लेकर अपने देश चला जाता है और वे दम्पत्ति सुखपूर्वक धर्मानुसार प्रजापालन में तत्पर हो जाते हैं।

बौद्ध ने भिक्षुओं से कहा - तब मैं ही राजा था। गोपा रानी थी। देवदत्त मामा था और मैत्रेय इन्द्र था।

अनामक जातक की कथा में अनेक भेद मिलते हैं जिससे उसकी तथ्यता एवं प्रमाणिकता संदिग्ध है तथापि कथा का अपना पारम्परिक महत्व भी है। दशरथ जातक की अपेक्षा अनामक जातकम में कथा का विस्तार अधिक है। अनामक जातकम नाम से ही स्पष्ट है कि इसमें पात्रों के नाम नहीं हैं। दशरथ जातक की कथा अपेक्षाकृत प्राचीन प्रतीत होती है, क्योंकि उसमें घटनाओं का इतना विस्तृत एवं बहुसंख्यक उल्लेख नहीं हुआ है। अनामक जातकम में रानी (सीता) के पिता का कोई उल्लेख नही है जबकि दशरथ जातक में इन्हें दशरथ की पुत्री के रूप में प्रस्तुत किया गया है।

कथा का रामकथा से साम्य इस रूप में भी दृष्टव्य है - बोधिसत्व (राम) के मामा द्वारा राज्यहरण, वोधिसत्व का हिंसा के भय से पलायन, रावण के स्थान पर नाग की परिकल्पना, जटायु के स्थान पर पक्षी का उल्लेख, लंका के स्थान पर नागद्वीप का उल्लेख, सुग्रीव के स्थान पर वानर की कल्पना, बालि को सुग्रीव के चाचा के रूप में चित्रित करना, बालिवध न कराकर बालि का पलायन कराना, इन्द्र की वानर के रूप में कल्पना, सेतु- निर्माण की घटना को महत्वहीन चित्रित करना, रावण की माया के स्थान पर विषेले कुहरे की कल्पना और गरुड़ द्वारा नागपाश मुक्त करने के लिए इन्द्र द्वारा (लघु वानर) औषधि सुंघाकर सचेत करना, रावण का विद्युत रूप, सीता की अग्नि-परीक्षा के स्थान पर पृथ्वी के विदीर्ण होने की घटना इत्यादि।

प्रकाशक : केसिंजर पब्लिशिंग, अमेरिका

पउमचरियं

(सं. 530)

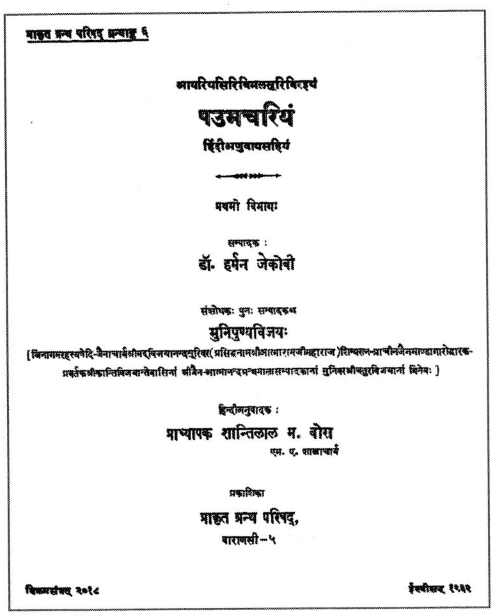

प्राकृत ग्रन्थ परिषद् ग्रन्थाङ्क ६

आयरियसिरिविमलसूरिविरइयं

पउमचरियं

हिंदीअणुवायसहियं

प्रथमो विभागः

सम्पादक :

डॉ. हर्मन जेकोबी

संशोधकः पुनः सम्पादकश्च

मुनिपुण्यविजयः

[जिनागमरहस्यवेदि-जैनाचार्यश्रीमद्विजयानन्दसूरिवर(प्रसिद्धनामश्रीआत्मारामजीमहाराज)शिष्यरत्न-प्राचीनजैनभाण्डागारोद्धारक-प्रवर्तकश्रीकान्तिविजयान्तेवासिनां श्रीजैन-आत्मानन्दग्रन्थमालासम्पादकानां मुनिवरश्रीचतुरविजयानां विनेयः]

हिन्दीअनुवादक :

प्राध्यापक शान्तिलाल म. वोरा

एम. ए. शास्त्राचार्य

प्रकाशिका

प्राकृत ग्रन्थ परिषद्,

वाराणसी–५

विक्रमसंवत् २०१८ ईस्वीसन् १९६२

विमलसूरि

सम्पादन : *डॉ. हर्मन जेकोबी*

हिन्दी अनुवाद : *शान्तिलाल वोरा*

विमलसूरिकृत रामकाव्य पउमचरियं में 118 उद्देश्य (पर्व) हैं। राजा श्रेविण (सेविग) महावीर के मुख्य शिष्य गौतम से रामकथा जानना चाहता है। हनुमान नामकरण की एक कथा इसमें विशेष है। पर्व 15 के अनुसार आदित्यपुर के राजकुमार पवनंजय ने महेन्द्रपुर की राजकुमारी अंजना से विवाह किया। पवनंजय वर्षों तक पत्नी के प्रति उदासीन रहा। किंतु एक बार रावण की ओर से वरुण से युद्ध करते समय अचानक ही एक रात छिपकर अपनी पत्नी से मिला। अंजना के गर्भ को शंका से देखते हुए उसे निष्कासित कर दिया। उसके मामा प्रतिसूर्यक ने अंजना और उसके पुत्र को शरण दी। हनुरुहपुर के निकट बालक एक शिला पर गिरा तो वह चकनाचूर हो गई। इससे उसका नाम श्रीशैल रखा गया। युद्ध से लौटकर पवनंजय ने अपनी पत्नी के सतीत्व का साक्ष्य दिया। हनुरुहपुर में रहने के कारण बालक का नाम हनुमान हुआ।

21वें पर्व के अनुसार रघु के पुत्र अनरण्य के दो पुत्र थे - अनन्तरथ और दशरथ। अनन्तरथ अपने पिता अनरण्य के साथ दीक्षा ले लेते हैं जिससे दशरथ को राज्य मिल जाता है। राम (पद्म) की माता का नाम अपराजिता था और वह अरुहस्थल के राजा सुकौशल और अमृतप्रभा की पुत्री थीं। कौतुकमंगल नगर के राजा शुभमति और उनकी पत्नी पृथ्वीश्री की पुत्री कैकेयी के स्वयंवर का प्रसंग भी है। दशरथ से विवाह करने के उपरांत उसका नाम सुमित्रा कर दिया गया। पउमचरियं के पर्व 13 के अनुसार अहिल्या ज्वलनसिंह तथा वेगवति की पुत्री है जिसने अपने स्वयंवर के अवसर पर इंद्र को ठुकराकर राजा नन्दिमाली को अपना लिया था। बाद में नन्दिमाली को वैराग्य हुआ और उन्होंने दीक्षा ले ली थी। किसी दिन इंद्र ने उस ध्यानस्थ

नन्दिमाली को बाँधा था जिस कारण इंद्र रावण से हार गए थे। यहाँ बालि बैरागी बनकर सुग्रीव को अपना राज्य दे देता है और स्वयं जैनदीक्षा लेकर तपस्या करने चला जाता है।

विमलसूरि ने सीताहरण का कारण इस प्रकार विवेचित किया है कि शम्बूक ने सूर्यहास खडग की प्राप्ति हेतु 12 वर्षों की कठिन तपस्या की थी। खडग के प्रकट होने पर लक्ष्मण उसी खडग से शम्बूक का मस्तक काट कर उसका वध कर देते हैं। चन्द्रनखा पुत्रवियोग में विलाप करती है। वह राम लक्ष्मण की पत्नी बनना प्रस्तावित करती है। लक्ष्मण खरदूषण की सेना को रोक देते हैं। रावण सीता पर मुग्ध हो जाता है। वह अवलोकनी विद्या से जान लेता है कि राम और लक्ष्मण के मध्य विपत्ति सूचक संकेत सिंहनाद है। इसी संकेत से वह लक्ष्मण को दूर करके सीता का हरण कर लेता है।

पउमचरियं के 76 वे पर्व में लंका में श्रीराम प्रविष्ठ होकर सबसे पहले सीता के पास जाते हैं। दोनों का मिलन देखकर देवगण पुष्पवर्षा करते हैं और सीता में निष्कलंक और पुनीत सात्विक चरित्र का साक्ष्य देते हैं। इस ग्रंथ में राम की सीता के चरित्र विषयक किसी शंका अथवा अग्निपरीक्षा का उल्लेख नहीं है। किंतु लोकोपवाद की घटना के कारण सीतात्याग का विस्तृत विवरण 92 से 94 सर्ग तक मिलता है। राम अपने सेनापति कृतांतवदन को जिनमंदिर दिखाने के बहाने गर्भवती सीता को गंगा पार के वन में छोड़ आने का आदेश देते हैं। संयोग से वन में पुण्डरीकपुर के राजा वज्रजंघ ने सीता का करुण क्रन्दन सुन लिया और अपने भवन ले आया जहाँ उसके दो पुत्रों का जन्म हुआ।

पउमचरियं को जैन रामकथाओं में प्रमुख माना जाता है।

प्रकाशन : भारतीय विद्याभवन, बम्बई, 1966 ई.

रामकथा वासुदेव हिण्डी
(छठी शताब्दी)

वासुदेव भ्रमण

संघदास गणिवाचक और धर्मसेन गणी महतार

प्राकृतभाषा के जैन कथाग्रंथों में वासुदेव हिण्डी की रचना दो खंडों में हुई है। प्रथम खंड के रचनाकार संघदास गणिवाचक और द्वितीय खंड के रचयिता धर्मसेन गणी महतार हैं। प्रथम की भाषा जैन प्राकृत है और दूसरे की मागधी शौरसेनी। यूँ तो इसमें कृष्ण के पिता वासुदेव के भ्रमणवृतांतों का वर्णन मुख्यरूप से है किंतु प्रसंगवश रामायण की कथा भी मिलती है, जिसे स्वतंत्र रामकथा के रूप में प्रकाशित किया गया है।

वासुदेव हिण्डी के प्रथमखंड के 14 वे मदनवेश्या लम्बक के अनुसार वेताढ़्य पर्वत के दक्षिण छोर पर अरिंजयपुर नामक नगर में मेघनाद नामक राजा रहता था। उसकी पत्नी का नाम श्रीकांता और रूपवतीपुत्री का नाम पदमश्री था। उसका विवाह सभूम नामक चक्रवर्ती राजा से हुआ। परशुराम ने जिस प्रकार 21 बार पृथ्वी को क्षत्रियों से मुक्त कराया था, उसी प्रकार सभूम ने भी 21 बार पृथ्वी को ब्राह्मणों से मुक्त कराया था। सभूम के पिता की मृत्यु परशुराम के हाथों हुई थी इस कारण सभूम को जितने भी ब्राह्मण मिले उसने सबका वध कर दिया।

सभूम के ससुर आर्त मेघनाद के वंश में बलि नामक राजा हुआ और उसी के वंश में आगे चलकर रावण हुआ। वसुदेव हिण्डी में इस प्रसंग में रामकथा कही गई है।

बलि के वंश में सहस्त्रग्रीव राजा हुआ। उसका पुत्र पंचषतग्रीव था। शतग्रीव, विषंतिग्रीव और फिर दसग्रीव हुआ। विषंतिग्रीव की चार पत्नियां थी- देववर्णिनी, वक्रा, कैकेयी और पुष्पकूटा। देववर्णिनी के चार पुत्र थे सोम, वरुण, यम और वैश्रवण। कैकेयी के तीन पुत्र रावण, कुंभकर्ण और विभीषण तथा दो पुत्री त्रिजटा और शूर्पणखा हुईं। मंदोदरी मग नामक विद्याधर की पुत्री है। रावण से उसका विवाह हुआ। मंदोदरी ने एक पुत्री को जन्म दिया उसे हल के अग्र भाग पर डालकर मिथिला में जनक के उद्यान में छोड़ दिया। जनक ने सीता को पाला और पश्चात स्वयंवर द्वारा राम से उसका विवाह हुआ।

कैकेयी को राजा दशरथ से दो वर प्राप्त हुए। प्रथम वर कामशास्त्र की निपुणता के कारण दिया गया तो जब कैकेयी ने सेना का नेतृत्व कर विरोधी राजा को हराकर बन्दी राजा दशरथ को छुड़ाया तो उसे दूसरा वरदान मिला।

वसुदेव हिण्डी में राम के वनवास की अवधि बारह वर्ष बताई गई है। खर और दूषण को शूर्पणखा का पुत्र बताया गया है। सुग्रीव का निमंत्रण स्वीकार कर भरत की सेना युद्ध में भाग लेती है।

जटायु, बाली, सुग्रीव आदि को विद्याधर कहा गया है। हनुमान ने राम को अपना परिचय देते हुए यही कहा कि हम विद्याधर हैं और हमारे स्वामी सुग्रीव हैं। सीता की स्थिति की सूचना मिलने पर सुग्रीव ने राम की अनुमति से भरत के पास विद्याधर भेजे। भरत ने चतुरंग सेना भेजी। विद्याधरों द्वारा संचालित वह सेना समुद्र पर बनाए सेतु से होकर लंका गई। विभीषण को रावण द्वारा ठुकराए जाने पर वह राम की शरण में चला गया। उस समय उसके साथ चार मंत्री और भी थे। विभीषण के परिवार के विद्याधर भी राम की सेना में मिल गए। राम की सेना का बल बढ़ने पर रावण सब विद्याओं को नष्ट करने वाली ज्वालावती विद्या की साधना करने लगा। रावण को व्यस्त जानकर राम के यौद्धा नगर में प्रविष्ठ होकर संहार करने लगे तब रावण कवच धारण कर युद्ध के लिए निकला और लक्ष्मण से युद्ध करने लगा। रावण ने एक चक्र लक्ष्मण की ओर चलाया किंतु वह चक्र लक्ष्मण के वक्षस्थल से टकराकर टेढ़ा हो गया। वही चक्र लक्ष्मण ने रावण की ओर फेंका और रावण का कुण्डल और मुकुट सहित मस्तक काटकर वह चक्र पुनः लक्ष्मण के पास आ गया। इस प्रकार रावण की मृत्यु लक्ष्मण के हाथों हुई। तभी भविष्यवाणी हुई कि भारतवर्ष में यह आठवां वसुदेव उत्पन्न हुआ है। युद्ध समाप्ति पर विभीषण सीता को लाकर राम को सौंपते हैं। अरिंजयनगर में विभीषण और विद्याधर श्रेणी के नगर में सुग्रीव का अभिषेक राम लक्ष्मण ने किया।

विभीषण के वंश में विद्युद्वेग राजा हुआ जिसकी पत्नी विद्युत्प्रभा थी। उसके तीन पुत्र दधिमुख, दण्डवेग और चण्डवेग तथा एक पुत्री मदनवेगा हुई। मदनवेगा का विवाह कृष्ण के पिता वसुदेव के साथ हुआ।

पद्मपुराण

(वि. सं. 734)

आचार्य रविषेण

हिन्दी अनुवाद तथा सम्पादन : *डॉ. पन्नालाल जैन*

आचार्य रविषेण ने पद्मपुराणम् (पद्मचरित) की रचना वि सं0 734 में संस्कृत में की है। इसे पद्मचरित भी कहते हैं। जैन रामकथाओं में राम के लिए पद्म का प्रयोग किया गया है। अष्टम बलभद्र श्रीराम पद्म के नाम से प्रसिद्ध रहे हैं और लक्ष्मण तीन खण्ड भरत क्षेत्र के अधिपति अष्टम नारायण थे।

विद्याधरकाण्ड में राजा श्रेणिक गौतमस्वामी से रामकथा का यथार्थ जानने हेतु प्रार्थना करते हैं। इस काण्ड में विद्याधरलोक, राक्षसों और वानरों की वंशावली तथा रावण के वंश का वर्णन है।

राक्षसवंशी राजा रत्नश्रवा और कैकसी की चार संतान हैं- रावण, कुंभकर्ण, चन्द्रनखा और विभीषण। रावण अनेक विद्याओं का ज्ञाता है। वह युद्धविजयी है। मन्दोदरी सहित छह हजार कन्याओं से वह विवाह करता है। नलकूबर की स्त्री का प्रेमप्रस्ताव ठुकराकर वह प्रतिज्ञा करता है कि किसी ऐसी परनारी का उपभोग वह नहीं करेगा जो उसे स्वयं न चाहती हो। इंद्र के घमण्ड को वह चूर चूर करता है। बालि उससे पराजित होकर दिगम्बरी दीक्षा ले लेता है। रावण ही सुग्रीव को राजा बनाता है। हनुमान रावण की ओर से वरुण से युद्धकर चन्द्रनखा की पुत्री अनंगकुसुमा से विवाह करते हैं।

दशरथ की तीन पत्नियां हैं - कौशल्या, सुमित्रा और सुप्रभा। जनक और दशरथ की संतानों से अपनी मृत्यु की बात सुनकर रावण विभीषण को इन दोनों की हत्या के लिए भेजता है किंतु षडयंत्र की जानकारी होते ही अपने स्थान पर पुतला रखकर वे बच जाते हैं। विभीषण उन पुतलों का सिर काटकर समुद्र में फेंककर निष्चिंत हो जाता है।

कैकेयी स्वयंवर में दशरथ की विजय होती है किंतु सभी राजा शत्रु होकर दशरथ से युद्ध करते हैं। ऐसे में कैकेयी दशरथ का रथ चलाकर उनकी प्राणरक्षा करती है। दशरथ कैकेयी को मनचाहा वर देते हैं।

दशरथ के चार पुत्र होते हैं -कौशल्या के राम (पद्म), सुमित्रा से लक्ष्मण, कैकेयी से भरत और सुप्रभा के शत्रुघन। जनक की पुत्री सीता और पुत्र भामण्डल होते हैं। राम स्वयंवर में विजयी होकर सीता से विवाह करते हैं। कैकेयी भरत के लिए राज्य की माँग करती है तो रामलक्ष्मण और सीता दक्षिण की ओर निकल जाते हैं। वे अनेक युद्ध करते हैं। कहीं वज्रकर्ण को सिंहोदर के चन्द्र से बचाते हैं तो बालखिल्य को मलेच्छ राजा के कारागार से मुक्त कराते हैं। लक्ष्मण के अनेक विवाह होते हैं। दण्डक वन में रहकर वे जटायु से सम्पर्क करते हैं।

रावण की बहन चन्द्रनखा से खरदूषण का विवाह होता है उनका पुत्र शम्बूक सूर्यहास खडग की सिद्धि के लिए बारह वर्षों तक बॉस के भिड़े में तपस्या करता है। लक्ष्मण वहाँ पहुँचकर उसका वध करते हैं। चन्द्रनखा के प्रेमप्रस्ताव को राम लक्ष्मण ठुकरा देते हैं तो वह खरदूषण को बताती है। खरदूषण और लक्ष्मण का युद्ध होता है। रावण भी वहाँ आता है। सीता पर मोहित होकर रावण सिंहनाद के संकेत से सीता का अपहरण कर लेता है। राम और सुग्रीव की मित्रता होती है। अनन्तवीर्य केवली ने कहा था जो व्यक्ति कोटिशिला को उठा देगा वही रावण का वध कर सकेगा। लक्ष्मण इस परीक्षा में सफल होते हैं। सब वानरवंशी विद्याधर के पक्ष में हो जाते हैं। हनुमान राम और सीता के बीच संवाददूत का कार्य करते हैं।

आकाशमार्ग से सेना लंका पहुँचती है। विभीषण राम के पक्ष में आ जाता है। मूर्छित लक्ष्मण विशल्य के जल स्नान से ठीक हो जाते हैं।

लक्ष्मण और रावण के युद्ध में विद्याधर चन्द्रवर्धन की चार पुत्रियाँ आकाश में स्थित होकर लक्ष्मण से अनुराग प्रदर्शित करती हैं। लक्ष्मण उनकी ओर देखते हैं तो वे प्रसन्न होकर कहती हैं कि आप अपने कार्य में सिद्धार्थ हो। सिद्धार्थ शब्द सुनते ही लक्ष्मण को अपने सिद्धार्थ अस्त्र का ज्ञान हो आता है और वे रावण को उससे भयभीत कर देते हैं। प्रतिक्रिया में रावण लक्ष्मण पर चक्र चलाता है किंतु वह चक्र प्रदक्षिणाकर लक्ष्मण के हाथों में आ जाता है। उसी चक्र से रावण का अंत होता है। राम, लक्ष्मण और सीता अयोध्या लौटते हैं। भरत विरत हो दीक्षा ले लेता है। गर्भवती सीता को लोकापवाद के कारण वन में भेज दिया जाता है जहाँ वज्रसंघ के आश्रम में सीता लवण और अंकुश को जन्म देती है। इनका राम लक्ष्मण से युद्ध होता है। सीता की अग्निपरीक्षा होती है। राम की झूठी मृत्यु का समाचार सुन लक्ष्मण प्राण त्याग देते हैं। छह मास तक राम उनका मृत शरीर लिए फिरते हैं। अन्त में विरक्त हो लक्ष्मण की अन्त्येष्टि कर तपश्चर्या में लीन होकर मोक्ष प्राप्त करते हैं।

प्रकाशन : भारतीय ज्ञानपीठ (2008 ई.)

पउमचरिउ

(783 ई.)

स्वयंभू

सम्पादक : *आर्य जिनविजय मुनि*

अपभ्रंश भाषा के श्रेष्ठ कवि स्वयंभू को महाकवि पुष्पदंत ने व्यास, भास और कालिदास की श्रेणी में परिगणित किया है। स्वयंभू ने पउमचरिउ (पद्मचरित) में रामकथा का वर्णन किया है। इसमें 90 संधियां हैं जिसमें 83 स्वयंभू द्वारा रचित तथा शेष 7 संधियां उनके पुत्र त्रिभुवन द्वारा लिखी गईं। ग्रंथ का आधार रविषेण का पद्मपुराण है। इसमें सीता के दीक्षा लेने तक की कथा को ग्रहण किया गया है। राम इंद्र पद प्राप्तकर सीता को भी शक्ति प्रदान करते हैं।

पउमचरिउ में पाँच काण्ड हैं। विद्याधरकाण्ड में विभिन्न वंशों का परिचय है। अयोध्याकाण्ड में रामजन्म से लेकर विवाह, वनवास, सीताहरण विषय हैं। सुंदरकांड में हनुमान द्वारा सीता का पता लगाना तथा युद्धकाण्ड में रामरावण युद्ध का वर्णन है। उत्तरकाण्ड में रावण की मृत्यु, राम का अयोध्यागमन, अभिषेक, सीता निर्वासन, अग्निपरीक्षा, सीता की जिनदीक्षा का उल्लेख है। त्रिभुवन द्वारा रचित सात संधियों में शांति, वैराग्य एवं निर्वेद का कथन हुआ है। पउमचरिउ के अनुसार पद्म (राम) की माता का नाम अपराजिता था। वह अरुहस्थल के राजा सुकोशल तथा अमृतप्रभा की बेटी थी। कैकेयी का स्वयंवर 24वें पर्व में मिलता है। कौतुकमंगल नगर के राजा शुभमति और उनकी पत्नी पृथ्वीश्री की पुत्री कैकेयी का स्वयंवर होता है। राजा दशरथ उस समय रावण के भय से गुप्तवेश में भ्रमण कर रहे थे। राजा दशरथ का चयन कैकेयी ने किया।

इसमें राक्षसों और वानरों को विद्याधरवंशी कहा गया है। यहाँ वानर पशु नहीं अपितु वानर चिह्नधारी राजा हैं। रावण के कण्ठहार में उसके मुख का प्रतिबिंब पड़ने से उसके दशाननत्व की वैज्ञानिक व्याख्या भी यहाँ प्रस्तुत की गई है। बचपन में एक बार भण्डार में खेलते समय रावण को नवमणिजटित तोयदवाहन का

हार मिल गया जिसके मणियों से बड़े नौ मुख थे। ये मानो नौ ग्रहों की कल्पना करके बनाए गए थे। प्रत्येक मणि में पहनने वाले के मुख का प्रतिबिंब पड़ता था रावण ने जब हार उठाकर पहना तब उसके दसमुख दिखाई दिये। इसी कारण रावण का नाम दशानन पड़ गया।

परिहिउ णव मुहई समुटिठयई। णं गह- बिम्बई सु परिटिठई।।
पेख्खेप्पिणु ताइ दहाणणई। थिर तारइ तरलइ लोयणई।।
तैं दहमुख दहसिरु जणेण किउ। पंचाणणु जेम पसिद्धि गउ।। (पउमचरिउ- 1.9.6.9)

कुंभकर्ण कुरुप अथवा माँसभक्षी नहीं था। उसके सुंदर कपालों के कारण यहाँ उसका नाम भानुकर्ण है। कुंभपुर की कन्या से विवाह होने के कारण उसका नाम कुंभकर्ण हो गया।

अहिंसा मूलक जैन धर्म के अनुयायी होने के कारण स्वयंभू कहीं भी आखेट का वर्णन नहीं करते परंतु युद्ध-वर्णन में उनका उत्साह अमित है और उन्होंने प्रचुर युद्ध-वर्णन प्रस्तुत किये हैं। उनमें वस्तु-वर्णन तथा गणना की प्रवृत्ति का आधिक्य है। वे वृक्षों के नामों की लम्बी सूची प्रस्तुत करते हैं। उनकी प्रवृत्ति मन्दोदरी तथा सीता के नख-शिख-वर्णन में बड़ी रमी है।

पउमचरिउ में विभीषण जनक और दशरथ को मरवाने का असफल प्रयास करता है। भामण्डल अपनी भगिनी सीता पर कामासक्त हो जाता है। रावण सीता को वायुयान में बिठाकर लंका घुमाता है। ये सब स्वयंभू की आश्चर्यजनक एवं मौलिक उद्भावनाएं हैं।

प्रकाशक : भारतीय विद्याभवन बम्बई

त्रिषष्टिशलाकापुरुषचरित्र

(बारहवीं शताब्दी)

हेमचन्द्राचार्य

(त्रिषष्ठिषलाकापुरुषचरित्र का अनुवाद जैन रामायण नाम से कृष्णलालवर्मा प्रेम ने किया)

त्रिषष्ठिशलाकापुरुषचरित्र की भाषा संस्कृत है। इसके सप्तम पर्व में तेरह सर्ग हैं जिसमें से दस सर्ग राम, लक्ष्मण और रावण के चरित्र को लेकर हैं। इन्हीं दस सर्गों को स्वतंत्र अध्ययन जैन रामायण के रूप में किया जाता है। इस सप्तम पर्व का जैन रामायण से हिन्दी अनुवाद श्रीकृष्णलाल वर्मा ने प्रस्तुत किया है। अंजन के समान कान्ति बाले, हरिवंश में चंद्रमा के समान श्री 'मुनिसुव्रतस्वामी, अरिहंत के तीर्थ में बलदेव 'राम (पद्म) वासुदेव' लक्ष्मण (नारायण) और प्रतिवासु देव 'रावण' उत्पन्न हुए थे।

इस रामायण में वानर पशु नहीं वरन विद्याधर थे। वानर एक वंश का नाम था। इसी तरह रावण आदि राक्षस अथवा दैत्य नहीं बल्कि एक वंश का नाम था। प्रथम सर्ग में राक्षस वंश तथा वानर वंश की उत्पत्ति का विवरण है फिर रावण की दिग्विजय, रावण की यमराज पर विजय तथा मंदोदरी से उसका विवाह का वर्णन है। विद्याधर खर के साथ शूर्पणखा का विवाह हुआ। बाली और रावण का युद्ध तथा उसके पश्चात बाली का दीक्षा ग्रहण करने की कथा है। अंजनासुंदरी का जन्म, पवनांजय से उसका विवाह तथा हनुमान के जन्म की कथा तीसरे सर्ग में है। वज्रबाहु और कीर्तिधर राजा का दीक्षा लेना, भामण्डल और सीता के पूर्वजन्म का वृतांत राम लक्ष्मण का जन्म, विवाह और वनवास की कथा चौथे सर्ग में है। लक्ष्मण का कल्याणमाला और वनमाला से मिलन इस कथा में नवीन प्रसंग है। सीताहरण, रावणवध, सीतात्याग तथा राम के निर्वाण की कथा जैन परम्परा के अनुसार विकसित है। हनुमान का अपने नाना के साथ युद्ध, हनुमान और इंद्रजीत का युद्ध भी नवीन प्रसंग है। रावण की मृत्यु पर विभीषण

कटार के वार से अपने प्राण देना चाहता है किंतु राम रोक देते हैं। वे कुभकर्ण और मेघनाद सहित कैद में पड़े अन्य वीरों को भी बंधन से मुक्त कर देते हैं।

राक्षसवंष और वानरवंष की उत्पत्ति से कथा का आरंभ होता है। लंका में राक्षसों का आदि पुरुष घनवाहन राजा के होने की प्रथम सूचना इसी रामायण से मिजती है। षूर्पणखा का विवाह खर के साथ होता है। सीता स्वयंवर में दो धनुष होने का प्रसंग भी इस रामायण की मौलिकता है। राजा जनक सीता और राम के विवाह का निश्चय कर चुके थे तभी राजा चंद्रगति के पुत्र भामण्डल की दृष्टि सीता पर पड़ी और उसके पिता ने भामण्डल और सीता के विवाह के लिए जनक को बुला लिया। जनक द्वारा सीता का विवाह निश्चित हो चुका बताने पर चंद्रगति ने विचित्र शर्त रखी। कहा - मेरे पास दो धनुष - वज्रावर्त और अर्णवावर्त हैं जिसकी रक्षा एक हजार देवता करते हैं। इनका प्रयोग भविष्य में बलदेव और वासुदेव करने वाले हैं। इसे अपने साथ ले जाओ। यदि राम इनमें से एक भी धनुष चढ़ा दें तो राम का विवाह सीता से कर देना अन्यथा भामण्डल और सीता का विवाह होगा।

स्वयंवर में राम ने वज्रावर्त और लक्ष्मण ने अर्णवावर्त धनुष को चढ़ा दिया। राम का विवाह सीता से हुआ और विद्याधरों ने अपनी 18 कन्याएं लक्ष्मण को दीं। जनक के भाई कनक और सुप्रभा की पुत्री भद्रा से भरत का विवाह हुआ। कुंभकर्ण का विवाह कुंभपुर के राजा महोदर की पुत्री तदिनमाला से तथा विभीषण का विवाह ज्योतिषपुर के राजा वीर की पुत्री पंकजश्री से हुआ। रावण के दो पुत्र हुए- इंद्रजीत और मेधवदन।

सीता के त्याग के बाद उसे पुंडरीकपुर में शरण मिलती है जहाँ उसके दो पुत्र लवण और अंकुश होते हैं। राम लक्ष्मण और लवण अंकुश का युद्ध होता है। राम जयभूषण मुनि के पास जाकर लवण और अंकुश सहित दीक्षा लेते हैं। नरक में शम्बूक रावण और लक्ष्मण को भी इस कथा में बताया गया है। राम के निर्वाण गमन के साथ कथा का समापन होता है।

प्रकाशक : ग्रंथ भंडार, माटूँगा, मुम्बई, 1920 ई0
प्राकृतभारती अकादमी, जयपुर

कुमुदेन्दु रामायण

(1230 ई.)

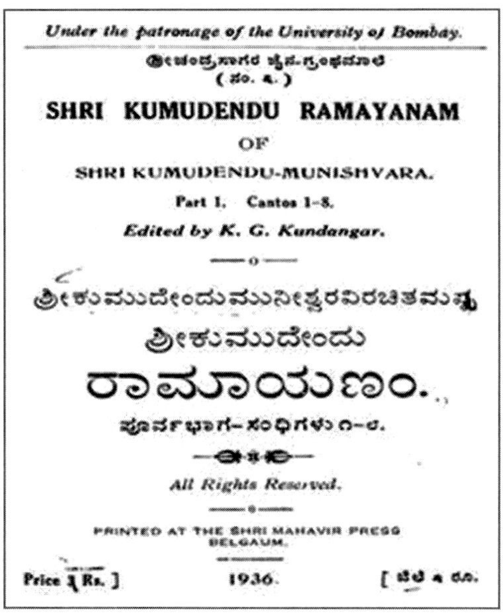
Under the patronage of the University of Bombay.

SHRI KUMUDENDU RAMAYANAM

OF

SHRI KUMUDENDU-MUNISHVARA.

Part I. Cantos 1-8.

Edited by K. G. Kundangar.

ಶ್ರೀಕುಮುದೇಂದುಮುನೀಶ್ವರವಿರಚಿತ

ಶ್ರೀಕುಮುದೇಂದು

ರಾಮಾಯಣಂ.

ಪೂರ್ವಭಾಗ-ಸಂಧಿಗಳು ೧-೮.

PRINTED AT THE SHRI MAHAVIR PRESS BELGAUM.

Price 1 Rs.] 1936.

आचार्य कुमुदेन्दु

कन्नड़ रामकाव्य परम्परा में पम्प रामायण के पश्चात कुमुदेन्दु रामायण का स्थान महत्वपूर्ण है। यह वर्णिककाव्य चार प्रकार की षटपदियों में लिखा गया ग्रंथ है। इन्होंने जैन रामायण की परम्परा को आगे बढ़ाया है। कुमुदेन्दु रामायण की कथा का विस्तार रावणयुद्ध से लेकर अयोध्या के राज्य तक है। इक्ष्वाकु वंश की दीर्घ परम्परा में अयोध्या के राजा अनरण्य के दो पुत्र हुए—अनन्तरथ और दशरथ। दशरथ की चार पत्नियों के नाम अपराजिता, सुमित्रा, सुप्रभा और कैकेयी था। कैकेयी का विवाह सबसे अंत में हुआ। शत्रुघन की माता का नाम सुप्रभा था।

जनकराज की पत्नी वैदेही के जुड़वा बच्चों में से एक को गंधर्व उठाकर ले गया जो खेचेष्वर बना। दूसरी पुत्री सीता का विवाह राम से होने को था कि किरात ने जनक पर आक्रमण कर दिया। राम के धनुष के पास पहुँचते ही वहाँ के सर्प पीछे हट गए। राम ने सीता का वरण किया। लक्ष्मण ने जनक के मित्र चन्द्रप्रभ की अठारह राजकुमारियों का वरण किया। कनक की बेटी उर्मिला और कनकप्रभा का वरण भरत ने किया।

दशरथ द्वारा जिनदीक्षा लेने की इच्छा सुनकर भरत भी प्रेरित हुए जिससे बचने के लिए कैकेयी वर माँगकर भरत के लिए चौदह वर्ष का राज्य माँग लेती है। राम लक्ष्मण और सीता वन में चले जाते हैं।

आमति देश का राजकुमार सिंहोदर दशपुर का राजा बनता है। सिंहोदर द्वारा वर्जकर्ण पर आक्रमण होता है। रामलक्ष्मण वर्जकर्ण का साथ देकर सिंहोदर को पराजित कर देते हैं। वर्जकर्ण अपनी आठ बेटियों का विवाह लक्ष्मण के साथ करते हैं। बाकी राजाओं की तीन सौ कुमारियों का विवाह भी लक्ष्मण के साथ होता है। वर्जमुख नामक राजा का वध हनुमान करते हैं और उसकी पुत्री लंकासुंदरी से विवाह करते हैं। कुमुदेन्दु रामायण में मेघनाद की माँ का नाम दुरदुम्बा बताया गया है।

कन्नड़ में रचित इस रामायण में उल्लेख है कि भरत कैकयदेश ननिहाल से आने लगे तो उन्हें बड़े बलवान बहुत से कुत्ते और तेज दौड़ने वाले गदहों (खच्चरों) के पथ पर बिदा किया। फिर वे सिंध और पंजाब होते हुए इक्षुमति को पार कर अयोध्या आए।

प्रकाशक : श्री महावीर प्रेस, बेलगाँव

शुक्लजैन रामायण

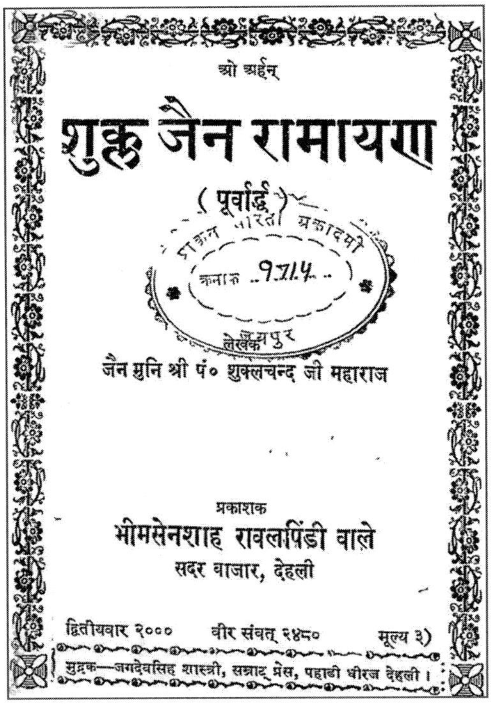
श्री अर्हन्

शुक्ल जैन रामायण

(पूर्वार्द्ध)

लेखक

जैन मुनि श्री पं० शुक्लचन्द जी महाराज

प्रकाशक

भीमसेनशाह रावलपिंडी वाले

सदर बाजार, देहली

द्वितीयवार २००० वीर संवत् २४८० मूल्य ३)

मुद्रक—जगदेवसिंह शास्त्री, सम्राट् प्रेस, पहाड़ी धीरज देहली।

जैन मुनि श्री पं. शुक्लचन्द्रजी महाराज

शुक्लजैन रामायण के अनुसार भगवान ऋषभदेव तीसरे आरे के अंत में हुए। इनके सौ पुत्रों में भरत महाराज प्रथम चक्रवर्ती राजा हुए। उनके बड़े पुत्र सूर्यकुमार के वंश में रामचन्द्र का जन्म हुआ। ९वें चक्रवर्ती महापद्म के बाद के काल में अयोध्या में राजा दशरथ की पत्नी अपराजिता ने आठवे बलदेव रामचन्द्र को जन्म दिया। दूसरी रानी सुमित्रा का वास्तविक नाम कैकेयी था किंतु जब राजा दशरथ ने तीसरा विवाह किया तो उसका नाम भी कैकेयी होने से नाम सुमित्रा कर दिया। इस कैकेयी का भरत पुत्र हुआ और सुमित्रा के पुत्र आठवे वसुदेव लक्ष्मणजी हुए। चौथी रानी सुप्रभा के पुत्र का नाम शत्रुघन था। लंका में राजा रत्नश्रवा पिता और कैकसी माता से दषकन्धर राजा प्रतिवासुदेव रावण का जन्म हुआ। रावण का वध लक्ष्मण ने किया।

शिष्यों के द्वारा प्रश्नों के समाधान के क्रम में जैन तीर्थंकरों, वासुदेव, प्रतिवासुदेव, अवतारों आदि की चर्चा के पश्चात बालि, इंद्र और रावण के वंश का उल्लेख किया गया है। बालि रावण का विग्रह, हनुमान की उत्पति, जनक का परिचय, कैकेयी स्वयंवर, रामजन्म को प्रथम खंड का विषय बनाया गया है। द्वितीय खंड में भामंडल का अपहरण, सीतास्वयंवर, दशरथ का वैराग्य, वनवास, भरत का राज्य, राज्याभिषेक, दण्डकारण्य, शम्बूक तथा सीताहरण के प्रकरण हैं। चन्द्रगति विद्याधर द्वारा जनक के पुत्र भामंडल का अपहरण प्रसंग विस्तार से है। राम के वनवास जाने के पश्चात दशरथ भरत को राज्य ग्रहण करने हेतु मनाते हैं– यह इस रामायण का मौलिक प्रसंग है।

लाल मेरे बेटा धारो सिर पे यह ताज।
मानो वचन हमारा कर्तव्य पहला तुम्हारा।

कैकेयी दशरथ को कहती है कि आप राम को राज्य देकर मुनिव्रत ले लीजिए।

यह राज ताज दे रामचन्द्र को आप मुनिव्रत लीजे।

राम को मनाने आए हुए भरत का राज्याभिषेक वन में ही राम और सीता मिलकर करते हैं। पाताललोक के राजा खर की पत्नी अत्यन्त सुंदर रुपवती शूर्पणखा थी। उसके दो पुत्र शम्बूक और सुनन्दन थे। लक्ष्मण द्वारा भ्रमवश शम्बूक की हत्या हो गई। मुनिश्री शुक्लजी महाराज की रामायण में दशरथ के पिता का नाम वर्णान्तर होकर अणरन्य हो गया है। जैन धर्म-ग्रन्थों में राम-कथा के प्रधान पात्रों के पूर्वजन्म की कथाओं को अपेक्षाकृत अधिक महत्त्व दिया गया है।

इस रामायण में राजा सगर की कथा के साथ 27 तीर्थंकर देवों के नाम और लक्षण, दादश भोगावतार चक्रवर्तियों के नाम, कर्मावतार नौ वासुदेव नारायण, नौ प्रति बासुदेव प्रति नारायण, चौबीस काम देवावतार, भूतकाल के तीर्थकरों के नाम, भविष्यकाल के चोबीस अवतारों के नाम, वालि वंश, इन्द्र वंश तथा रावण के वंश का भी वर्णन है। रावण की दिग्विजय के पश्चात राजा जनक का परिचय, सूर्यवंश का परिचय, दिया गया है। कैकेयी के स्वयंवर की कथा इस रामायण का विशेष अंश है। जिसमें मौलिकता एवे नवीनता लक्षित होती है।

राम का जन्म, सीता और भामंडल की उत्पत्ति, भामण्डल का अपहरण, मिथिला में शोक, सीता स्वयंवर, दशरथ का वैराग्य, वनवास तथा भरत के राज्य का विवरण है। राम के राज्याभिषेक और दशरथ जी की दीक्षा की कथा के साथ इसमें लवणांकुष की कथा भी नवीन है। शुक्लजैन रामायण में दौड़ नामक एक नया छंद मिलता है।

प्रकाशक : भीमसेनशाह रावलपिंडी वाले, देहली

सीताराम चौपाई

राजस्थान भारती प्रकाशन

कविवर समयसुन्दर कृत

सीताराम चौपाई

सम्पादक—

अगरचन्द नाहटा

भँवरलाल नाहटा

बीकानेर

प्रकाशक :

सादूल राजस्थानी रिसर्च इन्स्टीट्यूट

बीकानेर

प्रथम संस्करण] सं० २०१६ मूल्य ६)

समय सुन्दर

सम्पादक : *अगरचन्द नाहटा एवं भँवरलाल नाहटा*

जैन महाकवि समयसुन्दर (1554-1647) ने जैन रामायणों की परम्परा में सीता राम चउपइ की रचना की है। यह एक दीर्घ रासरचना है। इसमें 9 खंड, 63 ढाल तथा 3700 कड़ियां हैं। इसमें सीता के जन्म के पूर्व राजा जनक के एक पुत्र होने का उल्लेख है। उसका नाम लक्ष्मीनिधि था किंतु उसके जन्म के समय ही मधुपिंगल नामक दैव उसका अपहरण कर लेता है। चन्द्रधर नामक विद्याधर लक्ष्मीनिधि को उससे मुक्त कराकर अपनी पत्नी अंशुमती को सौंप देता है। वे उसका पुत्रवत लालन पालन करते हैं। बड़े होने पर चन्द्रधर उसके विवाह का प्रस्ताव जनक की पुत्री सीता के लिए भेजते हैं। इस समय सीता का विवाह राम के साथ होना निश्चित हो चुका था। मिथिला में नारद के आने पर सीता उनका यथोचित सत्कार नहीं करती जिससे क्रुद्ध होकर नारद भामंडल को उकसाते हैं।

जनक चन्द्रधर को बताते हैं कि वे सीता का विवाह राम के साथ निश्चित कर चुके हैं। तब चन्द्रधर यह शर्त रखते हैं कि यदि राम देवाधिदेव का धनुष उठा दे तो यह विवाह हो सकता है। राम धनुष को उठा देते हैं। चन्द्रधर प्रसन्न होकर अपने कुल की अठारह हजार कन्याओं का विवाह राम के साथ कर देते हैं। भामंडल को जब अपने जन्म के रहस्य का भान होता है तो वे दुखी होकर जैन दीक्षा ग्रहण कर लेता है।

चौपाई छन्द की प्रधानता के कारण ग्रंथ का नाम चउपइ रख गया।
एहवइ भामण्डल सुणि वाणि। रामइ सीता परणि प्राणि।
मुझ जीवित नई पडउ धिक्कार। जउ मुझ नही सीता धरि नारि।

सीताराम चौपाई की प्रमुख भाषा राजस्थानी है। इसके कथानक का प्रमुख आधार जैन रामायण के पउमचरिउ से लिया गया है। प्रथम खंड में पूज्य पुरुषों और माता शारदा को नमन कर गौतम एक कथा कहते हैं। भरत

क्षेत्र में मृणाकुंड नगर में श्रीभूति पुरोहित की एक कन्या ने सुदर्शन मुनि के श्रापवष मिथिला के राजा जनक की भार्या वैदेही की कुक्षि से जन्म लिया। उसका नाम सीता हुआ। उसका एक भाई भामंडल भी था जिसे रथनेउर के राजा ने अपहरण कर लिया था। भामंडल के विवाह प्रस्ताव को जनक ने अस्वीकार कर दिया। विद्याधरों के आग्रह पर धनुष भंग का आयोजन किया गया। अनेक राजाओं की उपस्थिति में एक धनुष राम ने तो दूसरा लक्ष्मण ने तोड़ा। राम और सीता का विवाह हुआ और लक्ष्मण के साथ विद्याधरों की अठारह कन्याओं का पाणिग्रहण हुआ। द्वितीय खण्ड में भामंडल को ज्ञात होता है कि वह पूर्व जन्म में अहिमंडल नामक राजकुमार था और इस जनम में उसके पिता जनक हैं। सीता उसकी बहन है। भामंडल ने दीक्षा लेकर प्रायष्चित किया। राजा दशरथ के वरदान के कारण कैकेयी ने राम को चौदह वर्ष का वनवास तथा भरत को राज्य मांगा। दशरथ और उसके सामन्तों ने विरक्त होकर आचार्य भूतषरण से प्रव्रज्या ले ली।

तीसरे खंड में राम अवन्तिपुर के दशपुर पहुँचे वहाँ के राजा वज्रसंघ ने उनकी सहायता की। चतुर्थ खंड में राम सीता लक्ष्मण ने अरुण गॉव में एक यक्ष मंदिर में वर्षावास बिताया। विजयापुरी पहुँचने पर वहाँ के राजा महीधर की पुत्री के साथ लक्ष्मण का विवाह हुआ। वंषस्थलपुर नरेश ने राम के कहने पर वहाँ एक जिनालय बनाया। पंचम खंड में राम दण्डकवन पहुँचते हैं। एक दुर्गन्धित पक्षी मुनिराजों के पास आकर निरोग एवं स्वस्थ हो गया। वह सीता के पास रहने लगा। उसके शरीर पर सुन्दर जटा होने के कारण वह जटायुध कहलाया।

लंकागढ़ का राजा रावण अपने गले में दिव्य हार पहने था जिसमें नौ मुंह प्रतिबिम्बित होने से उसका नाम दषमुख भी प्रसिद्ध हुआ। रावण की बहिन चन्द्रनखा का पुत्र संबुक (शम्बूक) दण्डक वन में विद्या साधना कर रहा था। भ्रमवष लक्ष्मण से उसकी हत्या हो गई। चन्द्रनखा के कहने पर उसके पति खरदूषण ने लक्ष्मण का सामना किया। उसकी मृत्यु होने के बाद रावण स्वयं आया और सीता के रूप पर मुग्ध होकर उसका हरण करके ले गया। जटायुध ने उसे रोकने का असफल प्रयास किया। राम और सुग्रीव का मिलन हुआ। रावण को विजित करने के लिए कोटिशिला उठा पाने की परीक्षा लक्ष्मण ने दी। हनुमान दूत के रूप में रावण के पास पहुँचे। मेघनाथ द्वारा हनुमान को नागपाष में पकड़ लिया गया। हनुमान ने लंका में विध्वंश किया। विभीषण और भामंडल ने अपनी सेना सहित राम का साथ दिया। लक्ष्मण ने रावण का वध किया। राम लक्ष्मण के साथ सहस्त्रों विद्याधरों की पुत्रियों का विवाह हुआ। राम अयोध्या लौटे। भरत ने वैराग्य चरित्र धारण किया। लक्ष्मण का वासुदेव के रूप में अभिषेक हुआ। सीता का निष्कासन, वन में लव और कुश का जन्म और सीता की अग्निपरीक्षा का प्रसंग भी इस काव्य में है। देव परीक्षा में राम को मृत बताने पर लक्ष्मण ने प्राण त्याग दिये तो राम लक्ष्मण की देह को छह माह तक कंधे पर लेकर घूमते रहे। पूर्ण आत्मषुद्धि होने पर राम को केवलज्ञान हुआ।

प्रकाशक : सादूल राजस्थानी रिसर्च इन्स्टीटयूट, बीकानेर

रामपुराण

(17 वी शताब्दी)

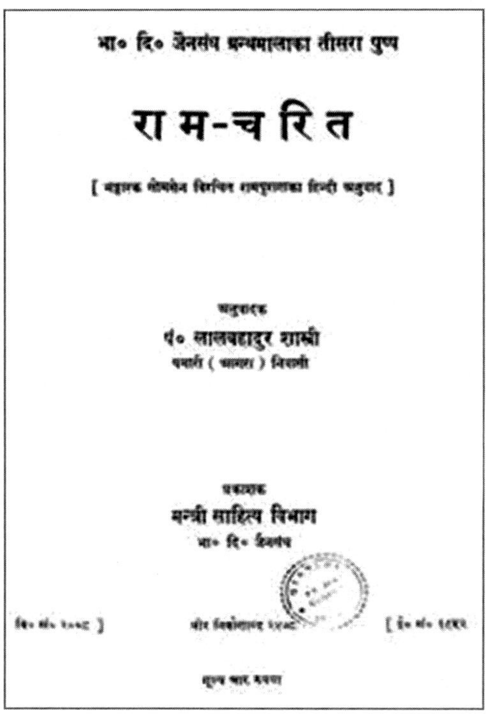

भा० दि० जैनसंघ ग्रन्थमालाका तीसरा पुष्प

राम-चरित

पं० लालबहादुर शास्त्री

मन्त्री साहित्य विभाग

भा० दि० जैनसंघ

जैनमुनि भट्टारक सोमसेन

***हिन्दी अनुवाद :** पं. लालबहादुर शास्त्री*

भट्टारक सोमसेन ने रामपुराण का आरंभ करते हुए आचार्य रविषेण को नमस्कार किया है और लिखा है - मैं उन्हीं के प्रसाद से रामपुराण को रचता हूँ। रामपुराण का आरंभ इस प्रकार है -

वन्देहं सुव्रतं देवं पंचकल्याणनायकम्।
देवदेवादिभि: सेव्यं भव्यवृन्दसुखप्रदम।।1।।
रविषेण महाचार्यवन्दे शास्त्राब्धिपारगम्।
यत्प्रसादात्करोम्यत्र पुराणं रामसंज्ञकम।। 2।।
कुन्दकुंद मुनि वन्दे चतुरं गुणाचारणम।
कलि कालि कृतं येन वात्सल्यं सर्वजन्तुपु।। 3।।

सेनगण और पुष्करगच्छ की भट्टारक परम्परा में सोमसेन गुणभद्र के शिष्य थे। इनके विषय में लिखा गया है– 'विबुधविविधजनमनइंदीवर विकासनपूर्णशशि समानानां सोमसेन भट्टाकाणान्'। जैन आचार्य रविषेण के पदमचरित को मूल आधार बनाते हुए इन्होंने रामपुराण की रचना की है। रामपुराण का रचनाकाल सम्वत 1756 है। कथा को 33 अधिकारों में विभक्त किया गया है। आरंभ में भगवान ऋषभदेव का चरित्र वर्णित है। राक्षसों एवं वानरों के वंश की उत्पत्ति वर्णन रावण का लंका में प्रवेश और त्रिखण्ड विजय का वर्णन है। अंजना और पवनांजय के समागम के उपरांत हनुमान का जन्म, मुनि सुव्रत नाथ का गर्भावतरण, जन्म रहस्य हरिवंश और रघुवंश की उत्पत्ति, राम और सीता का जन्म, भामंडल, वज्रकर्ण और वनमाला का प्रसंग राम का वनगमन, सीताहरण, लक्ष्मण का कोटिशिला उठाना, युद्ध और राम की रावण पर विजय, अयोध्या में राम की अभिषेक की कथा किंचित नवरुप में प्रस्तुत है। मायावी सुग्रीव की मृत्यु कथा में नवीन है। बीच बीच में जैन प्रभाव सम्बन्धित धर्मोंपदेश सम्मिलित हैं। पउमचरियं तथा उत्तरपुराण के वृतांत को

किंचित भाषापरिवर्तन के साथ प्रस्तुत किया गया है। इसमें सीता को रावण की औरस पुत्री माना गया है। यह गुणभद्र की उत्तरपुराण का प्रभाव है। रामपुराण की प्रशस्ति में इनका परिचय इस प्रकार प्रस्तुत किया है–

श्रीमूलसंघे वरपुष्कराख्ये गच्छे सुजातो गुणभद्रसूरिः।
पटटे च तस्यैव सुसोनसेनो भट्टारको भूदविदुषां शिरोमणिः।। (रामपुराण 33/233)
वन्देअहं सुव्रतं देवं पंचकल्याणनायकं
देवदेवादिभिः सेव्यं भव्यवृन्द सुखप्रदम
गर्वेण न कृतं शास्त्रं नापि कीर्ति फलाप्तये
केवलं पुण्यहेत्वर्थ स्तुता रामगुणा मया।। (प्रशस्ति)

इति श्रीरामपुराणे भट्टारक श्रीसोमसेनविरचते रामस्वामिनो निर्वाणवर्णनो नाम त्रयस्त्रिशत्तोमधिकारः।।

प्रशस्ति से ज्ञात होता है कि इस ग्रंथ रामपुराण के रचयिता सोमसेन ने विक्रम सम्वत 1656 श्रावणशुक्ल त्रयोदशी बुधवार को समसप्त किया। इनके गुरु महेन्द्रकीर्ति और योगीन्द्र थे।

राम स्तुति में वे लिखते हैं -

ततोजगाद रामोअपि नम्रीभूतं सुराधिपम
यदपराधमस्माकं ज्ञन्तव्यं च त्वया सुर।
ठतिवचनमाकर्ण्य संतुष्टो यज्ञनायकः
नत्वा स्तुत्वा च तंर ामं पूजतिस्म सुभक्तितः
स्वयंप्रभाभिधं हारं ददौ रामाय संमदः।
कुण्डले लक्ष्मणय द्वै शषिसूर्यसमप्रभे।।

अन्त में वे अपने गुरु का समरण करते हुए ग्रंथ को समाप्त करते हैं–

महेन्द्रकीर्ति योगीन्द्रप्रसादाष्च कृतं मया।
सोमसेनेन रामस्य चरितं पुण्यहेतेव।।

इति रामपुराणे भट्टारक श्री सोमसेन विरचिते रामस्वामिनो निर्वाणवर्णनो नाम त्रयस्त्रिशत्तमोअधिकारः।

अतः ग्रंथ का समापन सं. 1656 श्रावणशुकल त्रयोदशी बुधवार को हुआ।

प्रकाशक : मंत्री साहित्य विभाग भा. दि. जैनसंघ, मथुरा

संस्कृत महाकाव्य

- अध्यात्म रामायण
- अदभुत रामायण
- आनंद रामायण
- वेदांत रामायण
- रघुवंश
- जानकीहरणम
- भट्टिमहाकाव्यम
- योगवाशिष्ठ महारामायणम्
- रामचरितम्
- चम्पू रामायणम
- भुशुण्डि रामायणम
- रामायण मंजरी
- पादुका सहस्त्र
- रामलिंगामृत
- तत्वसंग्रह रामायण
- राघवोल्लास महाकाव्यम
- रामाष्वमेध
- शैव रामायण
- जानकी जीवनम
- श्रीभार्गवराघवीयम

अध्यात्म रामायण

वेदव्यास

रामकथा में वाल्मीकि रामायण के बाद अध्यात्म रामायण को अत्यन्त महत्वपूर्ण माना जाता है। इसकी रचना वेदव्यास ने संस्कृत में की है। यह कथा ब्रह्मांड पुराण के उत्तरखण्ड में कही जाती है किंतु उसके अनेक संस्करणों में वह उपलब्ध नहीं है। इसमें सात काण्ड तथा 65 अध्याय हैं। वाल्मीकि रामायण की तरह ही इसमें युद्धकाण्ड भी है। मानस में युद्धकाण्ड का नाम लंकाकाण्ड किया गया है। वाल्मीकि रामायण में रामायण का आरंभ वाल्मीकि और नारद के संवाद से होता है जबकि अध्यात्म रामायण में उमा महेष्वर संवाद से कथा आरंभ होती है। रामचरितमानस में भी भिन्नता है। मानस की कथा का आरंभ भरद्वाज मुनि और याज्ञवल्क्य जी के संवाद से होता है।

अध्यात्म रामायण में पृथ्वी की प्रार्थना को स्वीकारकर ब्रह्माजी पृथ्वी सहित मुनिजनों के साथ क्षीरसागर के तट पर जाकर भगवान विष्णु की प्रार्थना करते हैं तथा स्वयं रघुवंश में राजा दशरथ के यहाँ पुत्र के रूप में जन्म लेने की बात कहते हैं।

वाल्मीकि रामायण में केवट का प्रसंग नहीं है। मानस में अयोध्याकाण्ड में राम वनवास जाते समय केवट की नाव से गंगा पार करते हैं जबकि अध्यात्म रामायण में यह प्रसंग बालकाण्ड में आता है जब राम लक्ष्मण विश्वामित्र के साथ मिथिला पुरी जाते हैं। नाविक केवट राम को नाव में चढ़ाने से पहले कहता है कि आपके चरणों में कोई मनुष्य बना देने वाला चूर्ण है। शिला और काष्ठ में भेद ही क्या है ? आपके चरण रज के स्पर्श से यदि मेरी नौका सुन्दरी युवती हो गई तो मेरे कुटुम्ब की आजीविका ही मारी जाएगी। अत: नौका पर चढाने से पूर्व मैं आपके चरणकमलों को धोउंगा। रामचरितमानस में केवट का प्रसंग यहीं से लिया गया है। वाल्मीकि रामायण की ही तरह राम और परशुराम की भेंट मार्ग में होती है जब राम सीता से विवाह करने के पश्चात अयोध्या लौट रहे होते हैं। यहाँ केवल राम और परशुराम जी का ही संवाद है वह भी अतिसंक्षिप्त। जबकि मानस में विवाह से पूर्व ही धनुषभंग के ठीक बाद परशुराम लक्ष्मण संवाद का विस्तृत वर्णन मिलता है।

वनगमन के प्रसंग में भी अध्यात्म राामायण और मानस में भिन्नता है। मानस में कौशल्या राम को कहती है कि पिता ने वन जाने की आज्ञा दी है तो माता को बड़ी मानकर मत जाओ। किंतु यदि माता कैकेयी और पिता दोनों ने वन जाने को कहा है तो तुम्हारे लिए वन ही सैंकड़ों अयोध्या के समान है।

अध्यात्म रामायण में इसके विपरीत कौशल्या राम को जाने से मना करती है और कहती है कि यदि तुम वन गए तो मैं प्राण त्याग दूंगी। चित्रकूट में राम को मनाने जनकजी का आना अध्यात्म रामायण में नहीं है जबकि मानस में है। सीता अनुसुइया मिलन का प्रसंग मानस में अरण्यकाण्ड में है जबकि अध्यात्म रामायण में अयोध्याकाण्ड में ही लिया गया है। सीताहरण के प्रसंग में रावण सीता का स्पर्श नहीं करता और उस स्थान को अपने नखों से खोदकर पृथ्वी सहित सीता को ले जाता है जबकि मानस में ऐसा नहीं है, रावण सीता को उठाकर ले जाता है। कबन्ध को राक्षस होने का शाप वाल्मीकि रामायण में महर्षि स्थूलषिरा ने दिया है। मानस में कबन्ध को यह शाप दुर्वासा मुनि का दिया हुआ है जबकि अध्यात्मरामायण में अष्टावक्र मुनि ने।

वाल्मीकि रामायण में स्वयंप्रभा वानरों को गुफा से निकालकर स्वयं पुनः गुफा में ही लौट आती है। अध्यात्म रामायण में स्वयंप्रभा वानरों को गुफा से निकालकर राम के दर्शन हेतु प्रस्रवण पर्वत पर जाती है और फिर राम की आज्ञा से बद्रिकाश्रम चली जाती है। मानस में हनुमान को सीता का पता विभीषण बताते हैं जबकि अध्यात्मरामायण में लंका में पहुँचने के बाद हनुमान को सीता का पता लंकिनी बताती है। मानस में त्रिजटा सीता से सीधे बात करती है जबकि अध्यात्मरामायण में त्रिजटा सीता से सीधे बात न करके सीता को भयभीत करने वाली राक्षसियों से बात करती है। मानस और अध्यात्म रामायण में लक्ष्मण केवल एक बार ही मूर्छित होते हैं। रावण मय द्वारा दी हुईष्शक्ति विभीषण पर छोड़ता है। लक्ष्मण विभीषण की रक्षा के लिए उसके आगे खड़े हो जाते हैं और मूर्छित हो जाते हैं। राम लक्ष्मण को द्रोणाचल से औषधि लाने को कहते हैं। सुषेण लक्ष्मण जी की चिकित्सा करते हैं। वाल्मीकि रामायण में युद्ध में लक्ष्मण चार बार मूर्छित होते हैं।

राम को विष्णु का अवतार तथा सीता को योगमाया बताने वाला यह प्रथम ग्रंथ है। इसमें अद्वैतमत के अतिरिक्त योगसाधना एवं तंत्रों का प्रभाव भी देखने को मिलता है। मानस में कबंध दुर्वासा ऋषि के शाप से गंधर्व से राक्षस हो गया था किंतु अध्यात्म रामायण में दुर्वासा के स्थान पर अष्टावक्र ऋषि के आश्रम का वर्णन है। मानस में कबंध अपने गंधर्व रूप को लेकर राम से भगवतधर्म की शिक्षा लेकर आकाश को चला गया था जिसका विस्तृत प्रभाव रामचरितमानस में देखने को मिलता है। किंतु अध्यात्म रामायण में कबंध से राम के युद्ध का वर्णन है। कबंध ने अपनी विशाल भुजाओं से एक बार तो राम और लक्ष्मण को बाँध लिया था फिर दोनों ने उसकी भुजाएं काट डालीं। यहाँ कबंध राम की एक लम्बी स्तुति भी करता है। शबरी को भक्ति का उपदेश देना अध्यात्म रामायण की मौलिकता है।

प्रकाशक : गीता प्रेस, गोरखपुर

अदभुत रामायण

महर्षि वाल्मीकि

हिन्दी अनुवाद : *चौखम्बा संस्कृत सीरीज, वाराणसी*

अदभुत रामायण के रचयिता के बारे में मतभेद हैं। विद्वान प्राय: इसे वाल्मीकिरचित ही मानते हैं। संस्कृत भाषा में रचित इस रामायण में 27 सर्ग हैं। कथा वाल्मीकि भारद्वाज संवाद के रूप में प्रस्तुत की गई है। श्रीसीतामाहात्म्य का वर्णन मात्र अदभुत रामायण में ही मिलता है।

आश्चर्यमाष्चर्यमिदं गोपितं ब्रह्मणो गृहे।

हिताय प्रियशिष्याय तुभ्यामावेदयामि तत्।।

(भरद्वाज मुनि ने वाल्मीकि जी से शिष्यभाव से प्रश्न किया कि रामायण के अनन्त विस्तार में कौन सी गुप्त कथा है तब वाल्मीकि जी ने बताया - यह आश्चर्य से पूर्ण कथा ब्रह्माजी के पास गुप्त है। तुम मेरे प्रिय शिष्य हो इसीलिए यह कथा कहता हूँ।) राम और सीता के जन्म के कारण बताए गए हैं। सीता मंदोदरी की पुत्री के रूप में जन्म लेती है। नारद द्वारा गान विद्या की प्राप्ति की सविस्तार कथा दी गई है।

तपसा नैव शक्तया वा गानविद्या तपोधन।

तस्माच्छमेण युक्तश्च मततस्त्वं गानमाप्नुहि।।

परशुराम प्रसंग में नवीनता है। रम ने परशुराम से कहा - 'तुम पितामह के प्रसाद से क्षत्रियों से अधिक स्पर्धा करके उनके बल पर आक्षेप करते हो। तुम मेरा दर्शन करो। मैं तुमको नेत्र प्रदान करता हूँ।'- यह कहकर राम ने उनके निमित्त दिव्य नेत्र दिये। परशुराम को राम में सम्पूर्ण विश्व का दर्शन हुआ।

पश्य मा स्येन रुपेण चक्षुस्ते वितराम्यहम्।

इत्युत्या प्रमदौतस्मैरामोदिव्यां दृशतदा।।

राम ने धनुष चढ़ाकर परशुराम को विराट रूप दिखाया और बाण छोड़कर उनका तेज हर लिया। तब परशुराम ने सचेतकर राम को विष्णु का अवतार मानकर प्रणाम किया और उनकी आज्ञा से महेंद्र पर्वत पर चले गए।

भरत और शत्रुघ्न विष्णु की दांयी और बांयी बाहुओं का अवतार हैं। राम ने हनुमान को अपना विष्णुरुप दिखाकर सांख्ययोग और भक्तियोग का उपदेश दिया है।

समुद्रसेतु निर्माण का यह तथ्य भी रोचक है कि अनामकजातक के अनुसार लघु वानर के रूप में इंद्र ने सेतु निमाण का परामर्श दिया और हनुमान ने ही सेतु का निर्माण किया। समुद्र ने जब रास्ता न दिया तो लक्ष्मण के क्रोध की सीमा न रही और उनके शरीर के ताप से समुद्र सूखने लगा। किंतु राम के सीता विरहजन्य आँसुओं से समुद्र फिर भर जाता।

बचपन में सीता ने एक ब्राह्मण के मुख से दो रावण होने की कथा सुनी थी। सुमाली नामक राक्षस की कन्या कैकेसी और विश्रवामुनि की दो संतान थीं। एक दसमुख रावण और दूसरा सहस्त्रमुख रावण। सहस्त्रमुख रावण पुष्कर द्वीप का राजा था। अदभुत रामायण के 17 वे सर्ग में यह कथा विस्तार से है। इसमें सीता मंदोदरी की पुत्री हैं। दण्डकवन में रहने वाले ऋषियों से राज्यकर के रूप में प्राप्त रक्त को ऋषि गृत्समद के पात्र में एकत्र किया जाता था। उस पात्र में कुश का सिंचित रस था जिसमें गृत्समद के मंत्रों के फलस्वरुप लक्ष्मी का निवास था। रावण के व्यवहार से दुखी मंदोदरी आत्महत्या के विचार से उस रक्त को विष मानकर उसका पान कर लेती है और गर्भवती हो जाती है। तीर्थयात्रा के समय कुरुक्षेत्र में भ्रूण गाड़ देती है। जनक यज्ञ के लिए हल जोतते हैं तो वहीं सीता के रूप में प्रकट होती है।

अदभुत रामायण में सीतात्याग का प्रसंग नहीं है। यहाँ किसी धोबी को सीता पर कलंक लगाने का अवसर नहीं मिलता। सीता तो यहाँ स्वयं ही सहस्त्र स्कंध रावण का वध करने को तत्पर हैं। एकबार विश्वामित्र आदि मुनियों ने आकर राम की प्रशंसा की और रावण वध के लिए कोटिश: धन्यवाद किया तो सीता जी मुस्कुरा दीं। उन्होंने कहा - रावण का वध अत्याचार की समाप्ति नहीं है। रावण का भाई सहस्त्ररावण, जो विश्रवा और कैकसी का बड़ा पुत्र है अभी जीवित है। उसने इंद्र आदि देवताओं को पुष्कर में कैद कर रखा है। सुनकर राम सेना लेकर पुष्कर जाते हैं। सहस्त्ररावण वायव्य शर से समस्त सेना को तिनके के समान उड़कर अयोध्या तक फेंक देता है। द्वंद्वयुद्ध में राम मृतप्राय: हो जाते हैं। तब सीता महाविकट देवी का रूप धारण कर सहस्त्ररावण और उसके यौद्धाओं का सिर काटकर नाचने लगती है। जिससे सारी सृष्टि संकट में पड़ जाती है - ननर्त्त जानकी देवी घोरकाली महाबला।

ब्रह्माजी सीता से नृत्य समाप्त करने का अनुरोध करते हैं। ब्रह्मा राम को पुन:जीवित करते हैं। राम के अनुरोध पर सीता अपना विकट रूप त्यागकर सौम्य रूप धारण करती हैं और राम के साथ पुष्पक पर चढ़कर अयोध्या आती हैं।

पातालप्रवेश के पश्चात सीता को अपने पुत्रों को देखने की इच्छा होती है। वे वासुकि से निवेदन करती हैं। वासुकि ब्राह्मण का वेश बनाकर बालकों को अस्त्र विद्या सिखाने का बहाना बनाकर उनको सीता के पास ले आता है। राम को ज्ञात होता हे तो वे हनुमान को भेजते हैं। हनुमान सीता की सखी रत्नमंजरी का स्त्री रूप धारण कर पाताल में प्रविष्ठ होते हैं। सीता नागों को आदेश देकर हनुमान को पकड़ने को कहती है। हनुमान वानर रूप में आकर सबको परास्त करते हैं और सीता से लवकुश को राम के पास ले जाने का निवेदन करते हैं। सीता लव और कुश के साथ सिंहासन पर विराजमान होकर राम के समक्ष भूमि से

प्रकट होती है और उन्हें राम को सौंपकर प्रतिज्ञा करती है कि प्रतिदिन नित्यक्रिया के पश्चात आपकी सेवा में उपस्थित हुआ करुँगी।

सीता के शक्ति रूप से प्रभावित रान स्वयं उनका वंदन करते हैं–

रुपं तवाषेषकलाविहीनमगोचरं।
अनादिमध्यान्तमनन्तमाद्यं नमामि सत्यंतमसः परस्तात्।।

(तुम्हारा रूप सब कला से विहीन अगोचर, निर्मल, एकरुप है। आदि अन्त मध्यरहित अनन्त तमस से परे सबकी आदि मैं तुमको प्रणाम करता हूँ।)

हिन्दी में अदभुत रामायण के नाम से अनेक ग्रंथों की रचना हुई। 1773 ई0 में पं0 शिवप्रसाद ने, 1786 में रामजी भटट ने, बेनीराम (1800), भवानीलाल (1800) और 1834 में नवलसिंह ने भी अदभुत रामायण की रचना की।

आनंद रामायण

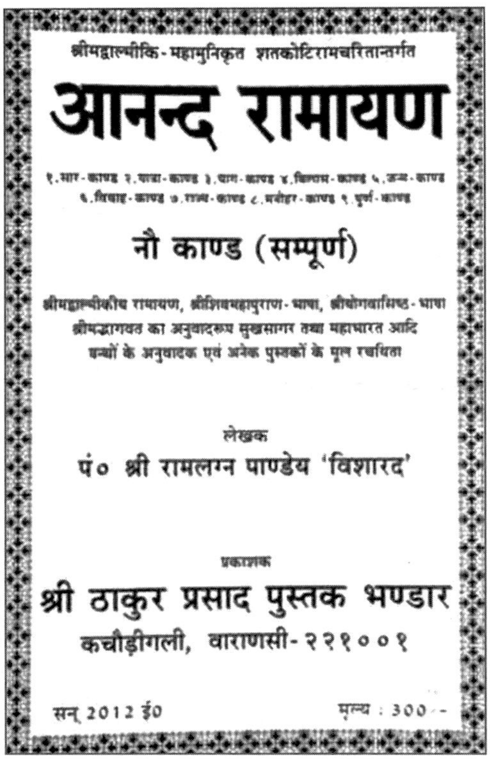

अज्ञात

आनंद रामायण अनेक रामायणों का आधारग्रंथ है। इसका रचनाकाल 15वी शताब्दी के आसपास माना जाता है। ऐसी मान्यता है कि महर्षि वाल्मीकिकृत ही इसके रचनाकार हैं किंतु राज्यकांड के 14वें सर्ग में वाल्मीकि की कथा आने से यह स्पष्ट हो जाता है कि यह वाल्मीकि कृत नहीं है।

आनंद रामायण में नौ काण्ड हैं। सारकाण्ड में रघुवंशावली, दशरथ के विवाह, रामजन्म, ताडकावध, विवाह, सीताहरण, रावणवध तथा राम के राज्याभिषेक की कथा है। यात्राकाण्ड में राम की गंगा यात्रा है। योगकाण्ड में यज्ञ की तैयारी तथा अश्वभ्रमण की कथा है। विलासकाण्ड में राम की दिनचर्या तथा सीता के शास्त्रार्थ की वार्ता भी है। जन्मकाण्ड में सीतात्याग, लवकुश का जन्म आदि वर्णित है। विवाहकाण्ड में राम का भूरिकीर्ति के स्वयंवर में जाना, लव और कुश का विवाह आदि की कथा है। राज्यकाण्ड में मूलकासुर और लवणासुर वध की कथा के साथ राम की देशयात्रा और राज्य का विभाजन बताया गया है। मनोहर काण्ड में राममुद्रा, स्त्रीराज्य की कथा, वानरों का इतिहास और कवचकथाएं हैं। पूर्णकाण्ड में राम के हस्तिनापुर के वर्णन के साथ सूर्यवंशी राजाओं की वंशावली और राम का स्वर्गारोहण का प्रसंग भी है।

रावण के दरबार में देवताओं के कार्य का बँटवारा इस प्रकार बताया गया है। ब्रह्मा-पंचांगपाठक, यमराज-द्वारपाल, सूर्य-प्रतिहारी, देवताओं की पत्नियां-दासियां, चंद्रमा-छत्रधारी, मार्तण्ड-नाई, वरुण-जल भरने वाला, गणपति-गधों का रक्षक-साइस, पवन-झाड़ू लगाने वाला, अग्नि-धोबी, इंद्र-माली आदि।

आनंद रामायण के अनुसार भरत और शत्रुघ्न कैकेयी के पुत्र थे। सुबाहु और मारीच ताड़का के पुत्र थे। मारीच रावण का मामा था। रावण सीता को गधे के रथों पर लेकर भागा था। जटायु ने युद्ध में आठ गधों

को पीस डाला था। हनुमान राम और लक्ष्मण को सुग्रीव से मिलवाने के लिए अपने दोनों कंधों पर बिठाकर ले गए थे।

शिव ने कश्यप को, कश्यप ने अपने पुत्र इंद्र को और इंद्र ने बाली को एक माला दी जिसे पहनकर सामने वाला शत्रु बलहीन हो जाता था। अशोकवन में सीता आहार ग्रहण नहीं करती थीं। इंद्र ने सीता को पायस दी थी जिससे एक वर्ष तक भूख न लगे। कुछ खीर त्रिजटा ने भी खाई थी।

महर्षि अत्रि की पत्नी अनुसुइया ने सीता को दो दिव्यकुंडल, दो सूक्ष्म वस्त्र तथा महावर दिया था जिसकी कांति अक्षुण्ण रहती थी। अगस्त्य ऋषि ने राम को अक्षय बाण वाले दो तुणीर तथा रत्नजटित तलवार दी थी।

शूर्पणखा का एक पुत्र साम्ब बड़ा तपस्वी था। उसे ब्रह्मा ने दिव्य खडग दिया था। किंतु साम्ब उससे विरत था। उसी खडग से लक्ष्मण ने वन के वृक्षों को काटा जिसमें छिपा तपस्बी साम्ब भी मारा गया। इस पर राम ने लक्ष्मण से कहा कि तुमने एक राक्षस को मारा है।

हनुमान परलंका में पहुॅचकर रावण की बहन क्रौंचा का वध करते हैं। आनंद रामायण के विवाहकाण्ड में एक बहुत रोचक कथा है - पाँच गंधर्वकन्याएं और सात नाग कन्याएं एक सरोवर में जलक्रीड़ा किया करती थीं। एक तपस्वी ने उनको कई बार मना किया किंतु तपस्वी की साधना में विध्न डालने के लिए इंद्र उनको वहाँ जाने के लिए उकसाता रहा। अंत में तपस्वी ने जलदेवी से अनुरोध किया कि वे उन गंधर्व और नागकन्याओं को अपने यहाँ बंदी बना लें। तपस्या उपरांत ऋषि तो वहाँ से चले गए किंतु जलदेवी ने उन कन्याओं को मुक्त न किया। रावणवध के बहुत समय पश्चात राम ने न केवल उन्हें मुक्त कराया बल्कि उनके विवाह का प्रबंध भी किया।

आनंद रामायण के मनोहरसर्ग में स्त्रीराज्य की कथा मिलती है। एक रामभक्त ब्राह्मण की सहायता के लिए प्रकट होकर हनुमान ने अपने गर्जन से ही सब पुरुषों को मार डाला जिससे उस देश का नाम स्त्रीराज्य पड़ा। राज्यकांड में राम ब्राह्मणों को रामनाथपुर का राज्य प्रदान करते हैं और हनुमान को अपना सहायक नियुक्त करते हैं।

प्रकाशक : परिमल पब्लिकेशन्स, प्रा. लि. (2006 ई)

वेदांत रामायण

-पं. शिवसहाय

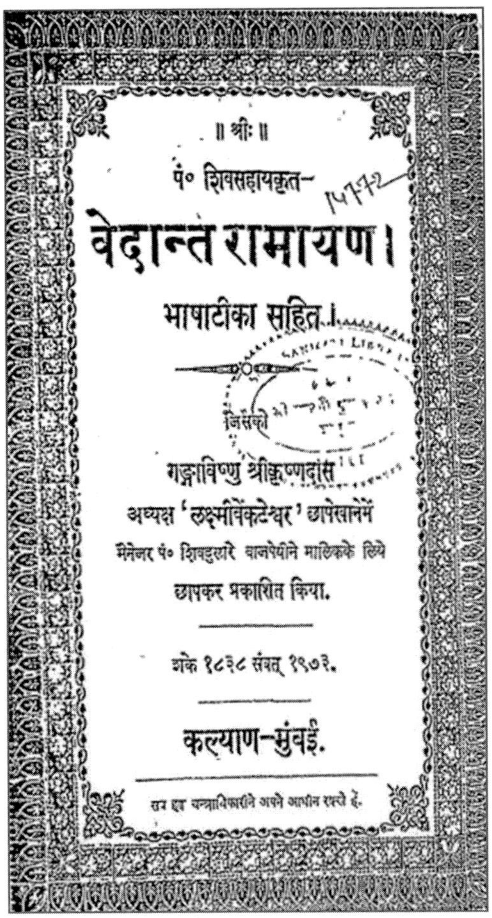

॥ श्रीः ॥

पं० शिवसहायकृत-

वेदान्त रामायण।

भाषाटीका सहित।

जिसको

गङ्गाविष्णु श्रीकृष्णदास

अध्यक्ष 'लक्ष्मीवेंकटेश्वर' छापेखानेमें

मैनेजर पं० शिवदुलारे वाजपेयीने मालिकके लिये

छापकर प्रकाशित किया.

शके १८३८ संवत् १९७३.

कल्याण-मुंबई.

सब हक यन्त्राधिकारीने अपने आधीन रक्खे हैं.

संस्कृत भाषा में लिखी गई वेदांत रामायण का आधार वाल्मीकि रामायण ही है किंतु इसे वेदांत दर्शन की दृष्टि से विकसित किया गया है। इसमें सात काण्डों में रामकथा है। लंकाकाण्ड का नाम युद्धकाण्ड रखा गया है। शेष काण्ड वही हैं। सम्वर्तमुनि और वरतंतु मुनि के बीच प्रश्नोत्तर संवाद विधि से वेदांत रामायण का आरंभ है।

युवराजदियंस्सर्वे कपयो दक्षिणान्दिषम।
चक्रुर्विषोधनं तस्यागिरिदुर्गेष्वनेकषः।।

संवर्त मुनि ने कथा के आरंभ में अनेक उदाहरण देकर प्रश्न किया कि मैंने पुराणों में अनेक भाँति राम के चरित्र को सुना और पढ़ा है किंतु सुतुष्टि नहीं हुई कृपा का बताओ कि यह रहस्य क्या है और वेदांत के मार्ग पर राम का चरित्र हमें किस तरह की शिक्षा देता है।

परशुराम के जन्म की कथा इसमें विस्तार से मिलती है। वाल्मीकि ने राम के संदेह को दूर करने के लिए इस कथा को सुनाया। राम ने पूछा कि परशुराम ने क्षत्रियों का नाश क्यों किया और फिर क्षत्रियवंष अब तक कैसे जीवित है।

सम्वर्त नामक उनके शिष्य के पूछे गए प्रश्नों का गुरु वरतंतु मुनि ने विविध प्रसंगों एवं उदाहरण सहित समाधान किया। वे कहते हैं– राम मनुष्य नहीं हैं, रावण राक्षस नहीं है।आकाश, पाताल और मृत्युलोक इनकी संज्ञा तीन लोक तक ही नहीं है।

अठारह पुराण और षटशास्त्र, विशेषकर वेदांत का मत यह है कि तीन लोक चौदह भुवन यह देह ही है। रामायण कथा के पात्रों का दृष्टांत देते हुए मुनि ने कहा रावण तर्क है, मरीचि ऋषि वितर्क। विश्रवा मुनि उद्वेग हैं, खोटे कर्म की इच्छा रखने वाली विश्रवा की स्त्री है। कैकेसी दुर्मति और धीरज कुबेर है।

विश्रवा की स्त्री के तीन पुत्र हुए रावण मन, जो किसी की नहीं मानता। सदैव सबको त्रास देता है। भगवत विरोध, भजनभंग, अपना मान, जीवों में भेद, खोटे काम में सुख आदि उसके दस मुख हैं। बीस भुजाएं हैं जो सदैव नकारात्मक कार्यों में रुचि लेती हैं। खोटे कर्म की संगत करने वाला कुंभकर्ण है और बुरे कर्म से डरकर दूर रहने वाला विभीषण है।

वेदांत रामायण में रामायग के सभी प्रमुख पात्रों और घटनाओं को इसी रूप में परखा गया है। विवेक रूप में राम और मन रुपी रावण का चरित्र ही वेदांत रामायण का सार है।

सं. 1966 में एक और ग्रंथ वेदांत रामायण के नाम से लिखा गया। इसके रचनाकार भगवानदास है तथा प्रकाशन पं. श्रीधर शिवलालजी ने ज्ञानसागर छापाखाना, मुम्बई से किया है। यह ग्रंथ सरल दोहा चौपाई में है।

प्रकाशक-गंगाविष्णु श्रीकृष्णदास

रघुवंश

(पाँचवी शताब्दी)

कालिदास

व्याख्याकार : *इन्द्र वाचस्पति*

महाकवि कालिदास का महाकाव्य रघुवंश सूर्यवंश के यशस्वी राजाओं की गाथा है। इसमें 19 सर्ग हैं। कथा राम के पूर्वज राजा दिलीप से आरंभ होकर विषयासक्त कामुक राजा अग्निवर्ण की मृत्यु के साथ अकस्मात ही समाप्त हो जाती है। वैवस्त्य मनु के वंश में महाराजा दिलीप की पत्नी सुदक्षिणा मगध देश की थी। संतान न होने से दुखी राजा दिलीप को वशिष्ठजी ने बताया कि एक बार आपने सुरभि कामधेनु का निरादर किया था जिसके कारण यह शाप है। निवारण हेतु नन्दिनी गौ की सेवा करना होगी। सिंह से नन्दिनी की रक्षा करते हुए राजा दिलीप ने अपने प्राण देना चाहे लेकिन प्रसन्न होकर नन्दिनी ने भेद खोला कि यह आपकी परीक्षा थी। उन्हें पुत्र का वरदान दिया। दिलीप के पुत्र रघु हुए जिन्होंने अश्वमेध की रक्षा हेतु इन्द्र से युद्ध किया। उन्होंने विश्वजीत यज्ञ करके सारा धन ब्राह्मणों में बॉट दिया। कुबेर ने उनका खजाना पुन: भर दिया। रघु के पुत्र अज का विवाह स्वयंवर द्वारा राजकुमारी इन्दुमती से हुआ। अज के पुत्र दशरथ हुए। इंदुमती पर स्वर्ग की माला टूटकर गिरने से उनकी मृत्यु हुई। अज के विलाप का करुण चित्रण रघुवंश महाकाव्य की विशेष उपलब्धि है। नवम सर्ग से पन्द्रहवें सर्ग तक वाल्मीकि रामायण से मिलती जुलती रामकथा का चित्रण रघुवंश में है। राजा दशरथ जब वर्णहर अर्थात शस्त्र धारण करने योग्य हुए तो अज ने उन्हें राजा घोषित कर दिया तथा स्वयं प्रायोपवेशन अर्थात आमरण व्रत आरंभ कर दिया। दशरथ की आखेटप्रियता और मुनिकुमार श्रवण के वध की कथा भी इसमें है। अन्धमुनि ने दशरथ को शाप दिया कि वृद्धावस्था में पुत्रवियोग से तुम्हारी मृत्यु होगी। पुत्रेष्टि यज्ञ किया गया। इस अवधि में देवताओं ने विष्णु से रावण को नष्ट करने की प्रार्थना की। भगवान विष्णु ने राम

के रूप में अवतार लिया। रामजन्म, विश्वामित्र के साथ जाकर ताड़का वध, अस्त्रों की प्राप्ति, अहिल्या उद्धार, विवाह परशुराम भेंट, राम का वनगमन, सीताहरण, रावणवध आदि घटनाएं वाल्मीकि रामायण के अनुसार ही हैं।

तेरहवें सर्ग में राम, लक्ष्मण और सीता का आकाशमार्ग से विमानद्वारा लंका से अयोध्या लौटने का वर्णन रघुवंश महाकाव्य की विशेषता है। समुद्र, प्रयाग में गंगा यमुना के संगम, तपोवन आदि के वर्णन में कालिदास की विलक्षण काव्यप्रतिभा देखते ही बनती है। पन्द्रहवें सर्ग में यमुनातट के वासी राम से प्रार्थना करते हैं कि लवणासुर से रक्षा कीजिए। शत्रुघ्न द्वारा लवणासुर का वध किया जाता है। शम्बूक वध की घटना भी इसमें है। सीता के पृथ्वी में समाने के बाद राम अपने राज्य को सभी के पुत्रों में विभक्त कर साकेतधाम प्रयाण करते हैं। सोलहवें सर्ग में उजड़ी हुई अयोध्या का विशद वर्णन है।

सूर्यवंश के यशस्वी राजओं की उज्ज्वल परम्परा का पतन भी शीघ्र ही हो जाता है। राम के पुत्र कुश द्वारा कुषावती को राजधानी बनाया जाता है किंतु अयोध्या की देवी के आदेश पर कुश पुन: अयोध्या को राजधानी बनाते हैं। सरयू में कुश के हाथ से कंगन गिर जाता है। सर्पों के राजा कुमुद कुश को कंगन लौटाते हुए अपनी बहन कुमुदवती को उसे अर्पित कर देते हैं। कुमुदवती से उत्पन्न कुश का पुत्र अतिथि के सफल सुषासन का कालिदास ने विस्तार से वर्णन किया है। रघुकुल का अन्तिम सम्राट अग्निवर्ण विषयासक्त एवं स्त्री लम्पट होने के कारण क्षय रोग से ग्रस्त होकर मर जाता है।

वाल्मीकि रामायण में रघु की वंशावली से रघुवंश महाकाव्य में भिन्नता है। कालिदास ने वायुपुराण तथा विष्णुपुराण में दी हुई वंशावली का अनुसरण किया है। रघुवश के नायक दिलीप, रघु और राम तीनों ही लक्षित होते हैं।

प्रकाशक : मोतीलाल बनारसीदास पब्लिकेशन्स, दिल्ली

जानकीहरणम्

(छठी शताब्दी)

कुमारदास

व्याख्याकार : *पं. वेदव्यास शुक्ल*

कुमारदास (512-521 ई0) तक लंका के राजा थे। उन्हें इतिहासकार धातुसेन के नाम से भी जानते हैं। वे महाकवि कालिदास के अनन्य मित्रों में से थे। उनके द्वारा रचित संस्कृत का महाकाव्य जानकीहरण एक उत्कृष्ट रचना है। वाल्मीकि रामायण, महाभारत का रामोपाख्यान तथा मत्स्य एवं पद्मपुराण इसका आधार हैं।

सिंहली भाषा में प्राप्त 'सन्नै' (यथानुक्रम रूपांतर) के आधार पर इसके प्रथम 14 सर्गों तथा 15वें के कुछ अंश का मूल संस्कृत रूप बनाकर प्रकाशित किया गया है, जिसमें अंगद द्वारा रावण की सभा में जाने तक की कथा आ जाती है। 'गवर्नमेंट ओरिएंटल मैनस्क्रिप्ट लाइब्रेरी, मद्रास' में इस महाकाव्य की 10 सर्गों की पांडुलिपि संस्कृत में है, किंतु इसकी लिपि अत्याधिक सदोष है। इसकी प्रामाणिकता के प्रति भी संदेह है। इस ग्रंथ की प्रसिद्धि इतनी है कि इसकी तुलना कालिदास के रघुवंश से की जाती है। ९वीं शताब्दी के प्रसिद्ध कवि राजषेखर ने भी इनकी चर्चा की है। सिंहली भाषा में प्राप्त रुपान्तर के आधार पर जानकीहरण महाकाव्य 20 सर्गों तक विस्तृत है तथापि इसके अनेक संस्करण देखने को मिलते हैं। सर्गक्रम से इसकी कथा इस प्रकार है:–

प्रथम सर्ग	-	अयोध्या, राजा दशरथ तथा उनकी रानियों का वर्णन
द्वितीय सर्ग	-	बृहस्पति द्वारा ब्रह्मा से सहायता माँगते समय रावण के चरित्र का वर्णन
तृतीय सर्ग	-	राजा दशरथ की जलक्रीड़ा एवं संध्यावर्णन
चतुर्थ-पंचम-सर्ग	-	रामजन्म से सुबाहुवध तक का वर्णन

षष्ठ सर्ग	-	विश्वामित्र का राम-लक्ष्मण-सहित जनकपुर गमन एवं जनक जी से मिलने का वर्णन
सप्तम-अष्टम-सर्ग	-	राम-सीता विवाह
नवम सर्ग	-	सबका अयोध्या आगमन
दशम सर्ग	-	दशरथ द्वारा राजनीति विवेचन, राम का युवराज अभिषेक, जानकीहरण
एकादश सर्ग	-	राम और हनुमान की मित्रता का वर्णन, बालिवध तथा वर्षा-वर्णन
द्वादश सर्ग	-	सीता की खोज में देरी के कारण लक्ष्मण द्वारा सुग्रीव की भर्त्सना
त्रयोदश सर्ग	-	लंका दहन, वानर-सेना-एकत्रीकरण
चतुर्दश सर्ग	-	सेतुबंध
पंचदश सर्ग	-	अंगद द्वारा रावणसभा में दूत के रूप में जाना
षोडश सर्ग	-	राक्षस केलि
सप्तदश से विंश सर्ग तक	-	युद्ध तथा रावणपराजय।

कथानक में भट्टिकाव्य, महाकवि कालिदास और महाकवि भारवि का प्रभाव भी लक्षित होता है। सिंहली भाषा में प्राप्त सन्नै के प्रभाव के सूत्र भी मिलते हैं यद्यपि वह ग्रंथ अप्राप्य है।

अयोध्यावर्णन में वाग्भटकृत द्वारवती नगरी के वर्णन से साम्य परिलक्षित होता है। जानकीहरण और नेमिनिर्वाण का यह श्लोक इस साम्यता को स्पष्ट करता है।

जानकीहरण– *"आसीदवन्यामति भोगभाराद् दिवोऽवतीर्णा नगरीव दिव्या।*
क्षत्रानलस्थानशमी समृद्धया पुरामयोध्येति पुरी परार्ध्या।।

नेमिनिर्वाण– *"तत्र प्रसिद्धास्ति विचित्रहा रम्या पुरी द्वारवतीति नाम्ना।*
पर्यन्तविस्तारिविशालशालच्छायाछविर्यत्परिखापयोधिः ।।

कुमारदास और कालिदास का सम्बन्ध अभिन्न है। ऐसा प्रसिद्ध है कि कुमारदास की अधूरी पंक्ति को कालिदास ने पूर्ण किया। तब गणिका ने राजा से पुरस्कार की आशा में विष देकर कालिदास की हत्या कर दी।

पद्मं पद्मेनोदभूतं श्रूयत्ते न च दृष्यते (कुमारदास)

(एक कमल से दूसरा कमल उत्पन्न होता है किंतु न किसी ने देखा न किसी ने सुना)

बाले तव मुखाम्भोजे दृष्टमिन्दीवरद्वयम (कालिदास)

(हे बाले, तुम्हारे मुखमंडल पर मैंने दो इन्दीवर देखे हैं।)

प्रकाशन : चौखम्बा सुरभारती प्रकाशन, वाराणसी

भट्टिमहाकाव्यम्

(रावणवध)

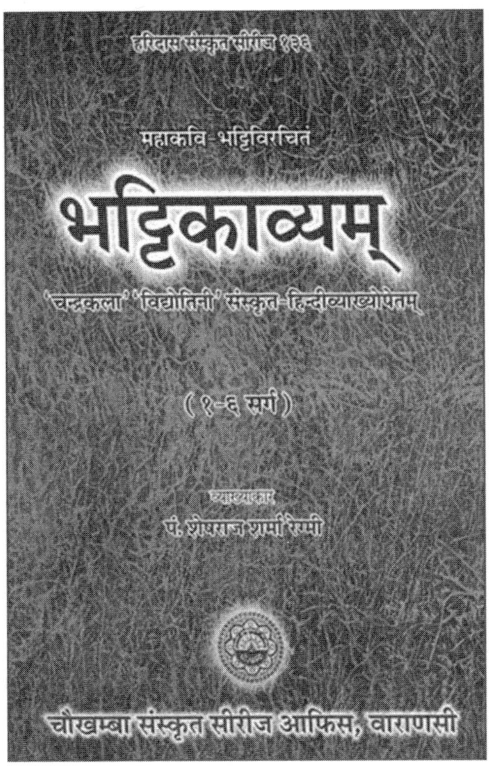

महाकवि भट्टि

सम्पादक : *गोपालदत्त पांडेय*

महाकवि भट्टि द्वारा सातवी शताब्दी में रचा गया महाकाव्य भट्टिकाव्य संस्कृत में लिखा गया है। इसका दूसरा नाम रावणवध भी है। भट्टिकवि सौराष्ट्र (गुजरात) के रहने वाले थे।

रामजन्म से लेकर रावणवध तक की कथा को चार काण्डों में विभक्त किया गया है। प्रकीर्णकाण्डम, अधिकारकाण्डम, प्रसन्न्काण्डम, तिडन्तकाण्डम्। इसमें 22 सर्ग तथा 1629 श्लोक हैं। प्रथम सर्ग में अयोध्यापति दशरथ के लिय नृप शब्द नरपालक के रूप में प्रयोग किया गया है। राम की वीरता हेतु रघुव्याघ्र तथा रावण की वीरता के लिए शक्रारि, शक्रजित तथा क्रूर रूप के लिए दशानन, दसग्रीव, राक्षसेश्वर आदि का सम्बोधन प्रयोग में लाया गया है।

व्याकरण का पक्ष सशक्त है। बिना टीका के इसे समझ पाना तनिक कठिन है। इस काव्य का प्रभाव इतना है कि इंडोनेशिया के एक प्रमुख द्वीप जावा की रामायण पर भट्टिकाव्य का स्पष्ट प्रभाव देखा जा सकता है। अंतिम 22 वे सर्ग में महाकवि भट्टि ने अयोध्यापर्यन्त दक्षिण भारत के भूभागों का जिस उल्लास के साथ वर्णन किया है वह राष्ट्रप्रेम का सुन्दर उदाहरण है। भट्टिकाव्य का मूल आधार वाल्मीकि रामायण है तथापि कुछ मौलिक प्रसंग देखे जा सकते हैं।

भट्टिकाव्य में दशरथ यज्ञ का वर्णन है परन्तु किसी दिव्य पुरुष द्वारा पायस प्रदान करने का उल्लेख नही है। भट्टिकाव्य के अनुसार दशरथ की रानियां हुतावशिष्ट हवि का कुछ अंश खाती हैं। दशरथ को शैव बताया गया है। विश्वामित्र के द्वारा राम को बला और अतिबला विद्या देने के स्थान पर जया और विजया विद्या का उल्लेख किया गया है। भट्किाव्य में केवल राम और लक्ष्मण का ही विवाह वर्णित है। कैकेयी द्वारा राम लक्ष्मण और सीता तीनों के लिए वनवास मांगा जाता है।

सीता द्वारा लक्ष्मण को बुरा-भला कहने पर लक्ष्मण उन्हें श्राप देते हैं–

मृषोदयं प्रवदन्तीं तां सत्यवदतो रघुत्तमः।
निरगात शत्रुहस्तं त्वमं यास्यसि इति शमन वशी। (5/60)

सत्यवादी एवं जितेन्द्रिय लक्ष्मण मिथ्यावाद भाषिणी सीता को ऐसा शाप देते हुए चल पड़े कि तुम शत्रु के हाथ में पड़ोगी।

वाल्मीकि रामायण में बालिवध के पश्चात सुग्रीव पर क्रोधित लक्ष्मण को अंगद द्वारा गुफा में प्रवेश करने का वर्णन है। परन्तु भट्टिकाव्य में क्रोधित लक्ष्मण को हनुमान द्वारा गुफा में प्रवेश कराने का वर्णन है। तारा द्वारा समझाए जाने का उल्लेख यहाँ नहीं है। सुग्रीव द्वारा सीता की खोज में वानरों को मात्र दक्षिण दिशा में भेजे जाने का वर्णन मिलता है।

यात यूयं यमश्रायं दिषं नायेन दक्षिणाम्।
विक्षावैस्तोय विश्रावं तर्जयन्तो महोदधेः।। (भट्टिकाव्य- 7/36)

वाल्मीकि रामायण में सुरसा के मुंह से निकलकर हनुमान सिंहिका नामक राक्षसी का वध करते हैं जबकि भट्टिकाव्य में सिंहिका का वध नहीं दिखाया गया है। अहिल्या उद्धार, शुक प्रसंग, अंगद का दूत बनकर लंका जाना आदि घटनाएं भट्टिकाव्य में नहीं मिलती।

मेघनाद की विजय तंत्रमूलक है। युद्ध में वह अदृश्य होकर प्रहार करता है। मायावी इंद्रजीत को मारने के लिए लक्ष्मण ने रोद्र अस्त्र से युक्त महेन्द्रअस्त्र का प्रयोग करके उसके सिर को काट दिया।

राम ने भरत को युवराज बनाकर अश्वमेध यज्ञ करने के लिए प्रेरित किया था। भट्टिकाव्य में शगुन और अपशगुन पर भी विचार किया गया है। अशोक वाटिका में जब सीता जी के नेत्र फड़कते हैं तो वह अनुमान लगाती है कि उसकी पति से शीघ्र भेंट होने वाली है। रावण की सेना जब युद्ध के लिए तैयार हुई तो दक्षिण भाग में मृग और वाम भाग में श्रृंगाल शब्द करने लगे। - *मृगा प्रदक्षिणं सस्त्रुःषिवाःसम्यग्ववाषिरे।* (भट्टिकाव्य 14/4)

भट्टिकाव्य के अनुसार राम ने युद्ध के आधे पहर तक दस हजार हाथी, चौदह हजार रथी और घुड़सवार सहित दो लाख पैदल सेना को नष्ट कर दिया था। रावण ने युद्ध में असुर शस्त्र का प्रयोग किया था जिससे बड़े बड़े सर्प और सिंह प्रकट हुए थे। राम के राज्याभिषेक तक की कथा इसमें है। प्राचीन महाकाव्यों में कथानक के साथ श्रृंगार का वर्णन भी प्रमुखता के साथ प्रस्तुत किया जाता था। भट्टिकाव्य में राक्षसों के श्रृंगार के चित्र भी हैं (सर्ग 11)। रावण को संधि के लिए विभीषण समझाते हैं -

रामोअपि दाराअअहरणेन तप्तों वय हतेबन्धुभिरात्मतुल्यः।
तप्तस्य तप्तेन यथाअअयसो नः सन्धिः परेणास्तु विमुच्च सीता।। (भट्टिकाव्य - 62/40)

भट्टिकाव्य में आयुर्वेद के ऋषियों को महत्व देते हुए मृतसंजीवनी, संधानकारिणी और विषल्यकारिणी औषधियों के नाम का उल्लेख है।

प्रकाशन : चौखम्बा सुरभारती प्रकाशन, वाराणसी

योगवाशिष्ठ महारामायणम्

(8वी शताब्दी)

तरवोअपि हि जीवन्ति जीवन्ति मृगपद्विाण:
स जीवति मनो यत्य मननेनोपजीवति। (योगवाशिष्ठ)

जीवनतत्व (प्राणशक्ति) जिसे वैषेषिक दर्शन ने 'संज्ञा कर्म त्वस्मद्विशिष्टानां लिंगम' इस सूत्र द्वारा आध्यात्मवायु और सांख्य ने 'सामान्य करणवृत्तिः प्राणाद्यावायव: पंच' कहकर अन्त:करण क्रिया की संज्ञा दी है, मानव पषुपक्षी आदि सब में साधारणतया समान हैं, किंतु मनुष्य को मृगादि पषुपक्षियों से विभक्त कर उच्चश्रेणी में समासीन करने वाली मननशक्ति है जिससे विकसित होने पर ही प्राणी मानव कहला सकता है। योगवाशिष्ठ रामायण में 32000 पद हैं तथा राम और वशिष्ठ के संवाद के माध्यम से वेदांत के सिद्धांत, योग एवं सांख्य के विचारों को प्रस्तुत किया गया है।

अग्निवेश्य कारुण्य संवाद में रामस्वरुप के कारण की अनेक कथाएं हैं। वाल्मीकि कहते हैं कि अभिशाप को निमित्त बनाकर श्रीहरि सर्वज्ञानमय होकर भी अज्ञानी अथवा अल्पज्ञ के समान रामलीला करते हैं। राजा अरिष्टनेमि पूछते हैं कि चैतन्यविग्रह चिदानन्द स्वरुप भगवान क्यों अभिशप्त हुए? वाल्मीकि ने बताया– विष्णु जब सत्यलोक आए तो ब्रह्मा ने उनका स्वागत किया। सबने पूजा की किंतु सनत्कुमार ने नहीं की। विष्णु ने कहा– तुम्हारे मन में निष्काम साधु होने का गर्व है। तुमने मेरी पूजा नहीं की। मैं शाप देता हूँ तुम स्कन्द नाम से जन्म ग्रहण करोगे और तुम्हारी विवाह की इच्छा होगी। सनत्कुमार ने भी विष्णु को प्रतिशाप दिया आपका सर्वज्ञान भी कुछ समय के लिए तिरोहित हो जाएगा।

तेनापि शापितो विष्णुः सर्वज्ञत्वं तवास्ति यत्।
किंचित्कालं हि तत्यक्त्वा त्वमज्ञानी भविष्यसि।। (योगवाशिष्ठ 1/1/60)

भृगुमुनि ने अपनी पत्नी को विष्णु द्वारा मारी गई देखकर क्रोध से शाप दिया कि जिस तरह मैं पत्नी वियोग में दुखी हूँ, तुमको भी यह दुख सहना पड़ेगा।

भृगुभार्यां हतां दृष्टवा ह्यूवाच क्रोधमूच्छितः।
विष्णो त्वापि भार्याया वियोगो हि भविष्यति।। (1/1/61)

16 वर्ष की अवस्था में राम का विवेक जागृत हो गया था। राक्षसों से रक्षा हेतु विश्वामित्र ने दशरथ से राम और लक्ष्मण की मांग की। सुनकर दशरथ मूर्छित हो गए। होश में आने पर उन्होंने विश्वामित्र से अनुरोध किया कि राम को न माँगे, मैं और मेरा राज्य प्रस्तुत है। सुनकर विश्वामित्र क्रोधित होकर वापस जाने लगे तो वशिष्ठ ने दशरथ को समझाय कि इसमें कुछ रहस्य है। विश्वामित्रजी चाहें तो अपने तपोबल से राक्षसों को यूँ ही नष्ट कर सकते हैं किंतु वे राम और लक्ष्मण को माँग रहे हें तो मना मत कीजिए। राम को बुलाकर वशिष्ठ जी ने समझाया। इन्हीं विचारों का वर्णन योगवाशिष्ठ रामायण के पहले प्रकरण में किया गया है।

यह रामायण छह प्रकरणों में विभक्त है। वशिष्ठ और विश्वामित्र ने राम के वैराग्य की सराहना की तथा जिस प्रकार बीज बोकर सिंचाई की जाती है वैसे ही उनको उपदेश दिये। इन उपदेशों का वर्णन दूसरे मुमुक्षु व्यवहार प्रकरण में किया गया है। सृष्टि का मूल तथा जगत की उत्पत्ति का उपदेश तीसरे उत्पत्ति प्रकरण में तथा अनात्मा से आरंभ होकर आत्मा में स्थिति करने का उपदेश चौथे स्थिति प्रकरण में है। सुखदुख में समता का अभ्यास करने और परमात्मा में विश्रांति पाने का उपदेश पॉचवे उपषम प्रकरण में है तथा अन्तिम निर्वाण प्रकरण में मन के निर्वाण का उपदेश है। जिस प्रकार तेल खत्म होने पर दिया बुझ जाता है, निर्वाण हो जाता है, वैसे ही मन को हमारी सत्ता न मिलने से उसकी दौड़ समाप्त हो जाती है।

योगवाशिष्ठ रामायण में राम के मित्रों की चर्चा हुई है। कृतास्त्र और अविरोध दो उनके बचपन के मित्र बताए गए हैं। (सर्ग 2 - 26.30) इसमें राम के महाविष्णुरुप का प्रतिपादन किया गया है।

सकलु परमयोगी विश्वबन्द्यः सुरेशो। जननमरण हीनः शुद्धबोध स्वभावः।।
स्कल गुण निधानं सन्नियानं रमाया। त्रिजगदुदुरक्षानुग्राहाणामधीशः।।

प्रकाशक- डायमंड पाकेट बुक्स प्रा लि

रामचरितम् अभिनन्द

(9 वी शती)

अनुवाद : *डॉ. रामजीत मिश्र*

यह ग्रंथ 40 सर्गों का विशाल ग्रंथ है इसमें किष्किन्धाकाण्ड से लेकर युद्धकाण्ड तक की कथा का वर्णन है। संस्कृत में रचित इस महाकाव्य का प्रारंभ प्रस्रवण पर्वत पर राम और लक्ष्मण के संवाद से होता है। वर्षा प्रवास में प्रकृति का वर्णन भी काव्यप्रतिभा को व्यक्त करता है। राम और सुग्रीव का संवाद अनेक पूर्वकथाओं का परिचय देता है। कुंभ-निकुंभ के वध की कथा कम ही रामायणों में मिलती है। कुंभ और निकुंभ कुंभकर्ण की तीसरी पत्नी वज्रज्वाला के पुत्र थे। उनका वध भी राम ने किया। सीता की खोज में जाते समय हनुमान को राम एक अंगूठी के अतिरिक्त एक नूपुर तथा स्तनोत्तरीय भी देते हैं। रावण के विलास का वर्णन भी इसमें है। माना जाता है कि यह काव्य अपूर्ण था। चार-चार सर्गों के दो परिशिष्ट इसमें बाद में जोड़े गए। प्रथम परिशिष्ट में मेघनाद वध से सीता शुद्धि की रचना कवि अभिनन्द की है जबकि द्वितीय परिशिष्ट में मकराक्षवध से लेकर रामाभिषेक तक की कथा भीम कवि के द्वारा की गई है।

कार्याण्येव गुरुणि पण्डितानाम्। (अभिनन्द-रामचरित 14/35)

(विद्वानो के कार्य बड़े ही होते हैं।)

भोज तथा महिमभट्ट ने इस ग्रंथ का उल्लेख किया है। कालिदास को मिली शकारि की उपाधि की चर्चा कवि अभिनन्द ने की है।

ख्यातिं कामपि कालिदासरुतयोः नीतः शकारातिनां।

वाल्मीकि की कथा में राम और सुग्रीव का मिलन हनुमान के माध्यम से होता है जबकि रामचरित में सुग्रीव स्वयं ही राम के पास आकर स्वयं को श्रीराम को सेवक बताकर अपना परिचय देते हैं। सुग्रीव राम

जी के मित्र न होकर अनुचर के रूप में वर्णित किए गए हैं। षुक और सारण के द्वारा रावण के समक्ष जोकर राम की सेना की प्रशंसा करना अत्यधिक रोचक है। रावण की भावभंगिमा इस समय देखते ही बनती है।

अंगद और द्रुपर का युद्ध होना इस ग्रंथ की मौलिक दउभावना है। हनुमान जी को एक कपि स्त्री द्वारा पकड़ा जाना मनोरंजन एवं नवीनता की दृष्टि से विशेष है। सुरसा का नाम इसमें सरमा बताया गया है तथा हनुमान से उसकी भेंट होती है।

हिमालय की औषधियों का विवरण उनकी विशेषताओं के साथ बताया गया है। गुफा में हनुमान को रिझाने के लिए वारविलासिनी का आना तथा दो बार प्रेम प्रस्ताव प्रस्तुत करना तथा बिल दर्शन के साथ स्वयंप्रभा प्रसंग का सुन्दर वर्णन यहाँ मिलता है। स्वयंप्रभा द्वारा हनुमान की सहायता करना प्रमुख रूप से वर्णित है। राजा दिलीप, अज तथा दशरथ की वंशावली का उल्लेख भी इसमें मिलता है।

महाकवि अभिनन्द अपने आश्रयदाता राजा देवपाल के लिए वे विक्रमषीलनंदन, पृथ्वीपाल, भीम पराक्रम, युवराज नरेश्वर, पाल तिलक आदि अलंकारों का प्रयोग करते हैं। अदभुत रामायण आर बिलंका रामायण की कथा का आधार लिया गया है।

शैव रामायण को ग्रंथकार ने रामविजयकाव्य माना है जिसकी पुष्टि शैव रामायण के अंतिम श्लोक से होती है।

श्रीराम विजयं नाम पवित्रं पापनाषनम्। रामस्यचरितं पुण्यं सहस्त्रग्रीवमर्दनम।।

प्रकाशक : नाग पब्लिशर्स, जवाहर नगर, दिल्ली

चम्पू रामायणम्

(1062 ई.)

राजा भोजराज

व्याख्याकार : *पं. रामनाथ त्रिपाठी शास्त्री*

राजा भोज का नाम भोजराज तो कहीं भोजदेव, तो कहीं राजा भोज परमार मिलता है। परमारवंश के नवें राजा भोज मालवा की धार नगरी के अधिपति थे। वे बहुत अच्छे कवि, दार्शनिक और ज्योतिषी भी थे। ऐसी माना जाता है कि हनुमन्नाटक के संग्रहकर्ता दामोदर मिश्र राजा भोज के दरबार में ही थे। दामोदर मिश्र ने राजा भोज की आज्ञा से ही समुद्र से प्राप्त शिलालेखों पर अंकित कथा को हनुमन्नाटक नाम से व्यवस्थित किया। पिता सिन्धुराज की मृत्यु के पश्चात उन्होंने शासन संभाला। उनका राज्य अयोध्या, काशी, खजुराहो तक विस्तृत था। उनका शासन समय 1018 से 1063 माना जाता है। इसी समय में चम्पूरामायण की रचना हुई। राजा भोज की चम्पू रामायण ने रामकथा को एक नवीन गौरव प्रदान किया। चम्पू रामायण का आधार वाल्मीकि रामायण है। यह छह काण्ड में है। बालकांड से लेकर सुन्दरकांड तक की रचना भोज ने की है। इसका युद्धकांड लक्ष्मण सूरि ने पूर्ण किया है। चेदिराज कर्ण और मुजरात के प्रथम राजा भीम से युद्ध के दौरान भोज की मृत्यु हुई तब यह चम्पू रामायण अधूरा रह गया।

राजा भोज चम्पू रामायण में गद्य भाग संक्षिप्त है तथा पद्यों की बहुलता है। वाल्मीकि रामायण के काण्डों का जिन शब्दों से आरंभ हुआ है उन्हीं शब्दों से भोज ने बालकाण्ड को छोड़कर अन्य काण्डों का आरंभ किया है। यह तथ्य इस बात द्योतक है कि भोजदेव वाल्मीकि से कितना प्रभावित थे।

गच्छता मातुलकुलं भरतेन तदानधः।
शत्रुघ्नो नित्य शत्रुघ्नो नीतः प्रीतिपुरस्कृतः।। (वाल्मीकि रामायण-अयोध्याकाण्ड)
गच्छात दशरथेन निवृत्तिम्। (चम्पू रामायण-अयोध्याकाण्ड)

प्रविष्यतु महारण्यं दण्डकारण्यमाप्तवान।
रामो ददर्ष दुर्घर्षस्तापसाश्रममण्डलम।। (वाल्मीकि रामायण-अरण्यकाण्ड)
प्रविष्य विपिनं महन्तदनुमैथिलीवललभो।। (चम्पू रामायण-अरण्यकाण्ड)
सतां पुष्करिणीगत्वा पद्योत्पलझषाकुलम।
रामः सौमित्रिसहितो विललापःकुलेन्द्रियः।। (वाल्मीकि रामायण-किष्किन्धाकाण्ड)
सतां सतां बुद्धिमिव प्रसन्नं।
पम्पां वियोगज्वरजातकम्पः।। (चम्पू रामायण-किष्किन्धाकाण्ड)
ततो रावणनीतायाः सीतायाः शत्रुकर्षनः।
इयेष पदमन्वेण्टुं चारणाचरिते पाथि।। (वाल्मीकि रामायण-सुन्दरकाण्ड)
ततो हनूमान दशकण्ठनीतां।
सीतां विचेतुं पाथिचारणानाम।। (चम्पू रामायण-सुन्दरकाण्ड)

युद्धकाण्ड में लक्ष्मणसूरि ने आभास भी नहीं होने दिया कि चम्पूरामायण के दो रचनाकार हैं।

भोजने तेन रचनामपि पूरयिष्यन्नत्पीय सापि वचसा कृतिमंत्युदाराम्।
न व्रीडितोऽहमधुना नवरत्नहारसंगेन किन्नहृदि धार्यत एव तन्तुः।।

लक्ष्मणसूरि कहते हैं -

मुद्र मुदित जीविता जनकजां मोहकुलं राघवं
चूडारत्नविलोकनेन सुचिरं निध्याय च।
प्रारेमेहृदि लक्ष्मणः कलयितुं पौलत्स्य विध्वंसनं
धीरः पूरियुतुं कथांच विमलामेकेन काण्डेन सः।।

(सीताजी की चूड़ामणि को देखते दुखी मन से राघव देख रहे हैं। लक्ष्मण ने अपने हृदय में एक बाण से रावण का संहार करने का मनोरथ संकल्पित कर लिया और उन्हीं सीता राम को हृदय में धारकर लक्ष्मण नामक कवि ने एक काण्ड (लंका काण्ड) द्वारा भोज द्वारा प्रारंभ विमलकथा को पूर्ण करना आरंभ कर दिया।)

विश्वामित्र द्वारा राम को जृम्भकादि अस्त्रों का दिया जाना, राजा सगर की कथा, अहिल्या की कथा, राम का धनुषभंग करना, राम सहित सभी भाईयों का विवाह, राह में परशुराम जी का मिलना, राम का वनगमन, सीताहरण, रावण वध तथा राम के राज्याभिषेक की कथा वही है। निषाद, जटायु, शबरी आदि के प्रसंगों में रोचकता है। अरण्यकांड का हेमन्त ऋतुवर्णन, सुन्दरकांड का सायंकाल का वर्णन तथा किष्कन्धाकांड का वर्षाऋतु का वर्ण्न अदभुत है। रामरावण के युद्ध का सुन्दर वर्णन देखने को मिलता है। वानरों एवं राक्षसों ने युद्ध में नखों को अस्त्रों के रूप में प्रयोग किया है। वृक्षों के प्रहार से तोमरों को तोड़ दिया है। षिलाओं के प्रहार से मुदगलों को विनष्ट कर दिया है। रावण अंगद संवाद, रावण विभीषण संवाद तथा मंदोदरीविलाप में विलक्षण प्रभाव है।

चम्पूरामायण में अयोध्या को कोसल जनपद में अवस्थित बताया गया है।

अस्ति प्रषस्ता जनलोचना नामा नन्दसंदायिषु कोसलेषु।
आज्ञासमुत्सारित दानवानां राज्ञामयोध्येतिपुरी रघूणाम्।।

अपनी समृद्धि से सकल जनों के नेत्रों को आनंद प्रदान करने वाले उत्तर कौसल नामक जनपद में आज्ञा के द्वारा दानवों को खदेड़कर भगा देने वाले रघुवंशी राजाओं की अयोध्या नामक पुरी (राजधानी) है। रामकथा का यह तथ्य भी ध्यान देने योग्य है कि 14 वर्ष की सम्पूर्ण वनयात्रा में राम किष्किन्धा अथवा लंका पुरी के नगरीय क्षेत्र में प्रविष्ठ नहीं हुए। राम ने अपनी वनयात्रा में वेदश्रुति, गोमती तथा निष्यन्दिका इन तीन नदियों को पार किया। श्रृंगवेरपुर में अंगुदी वृक्ष को देखा।

निषादराज ने अपना राज्य राम के सम्मुख प्रस्तुत कर दिया - निषाद ने राम से कहा– आपका सेवक होने के नाते मैं अपने इस राज्य पर पहिले से ही आपकी सर्वतेमुखी प्रभुता मानता रहा हूँ, इसलिए आपसे निवेदन करता हूँ। आप इसे स्वीकार करें। पिता का आदेश रह जाएगा। मुझ दास को सौभाग्य मिलेगा। यह स्थान मुनिवृन्दों से भरा हुआ है। गंगाजी हैं, जो मातृतुल्य हैं। इससे आपका मातृवियोग भी कुछ कम होगा। यहीं 14 वर्ष रहें।

रामभद्र ने कहा- माता के वाक्य से वकल धारण करने वाला मेरा यह शरीर क्षत्रियोचित कार्य की अर्हता ही नहीं रखता है।

पुष्पक विमान में बैठकर राम लक्ष्मण और सीता लंका से अयोध्या वापस लौटे थे। यह कुबेर का विमान था रावण की मृत्यु के पश्चात विभीषण ने विमान में वस्त्र और गहने भरकर आकाश से बरसा की थी। यह विमान अदभुत था जिसमें अनेक लोग बैठ सकते थे। चलते समय विमान बहुत कोलाहल कर रहा था।

आकार में यह विमान देवभवन अर्थात मंदिर की तरह होता था और यह गर्जना करते हुए उड़ता था। भोज लिखते हैं– गर्जना करता हुआ यह यंत्र जब खेतों के उपर से उड़ता तो खेतों में छिपे हुए हाथी भाग खड़े होते।

सत्रहवीं शती के कवि राजचूड़मणि का कहना है कि भोज ने एक ही रात्रि में रामचरित रचा जिसे एक दिन में युद्धकांड रचकर चूड़ामणि पूरा कर रहा है।

भोजेन रामचरितं ग्रंथितं निषयैकया।
एकेन पूरयत्यहना श्रीचूड़ामणि दीक्षित: ।।

इस कथन से यह अनुमान होता है कि लक्ष्मणसूरि के अतिरिक्त चम्पूरामायण को चूड़ामणि ने भी अपने तरह से पूर्ण किया है।

राम के वनगमन पर राम कौशल्या को अपने पिता की आज्ञा मानने के पीछे तीन उदाहरण देते हैं– परशुराम द्वारा माता रेणुका का सिर काटना, महर्षि कण्डु द्वारा गौहत्या और पुरु द्वारा पिता ययाति की जरावस्था ले लेना। दशरथ की मृत्यु के बाद कौशल्या सती होने की हठ कर लेती हैं किंतु भरत उन्हें अनेक तरह की शपथ देकर रोक लेते हैं।

प्रकाशक : चौखम्बा कृष्णदास अकादमी, वाराणसी
(हस्तलिखित प्रति भोज शोध संस्था, धार के संग्रहालय में तथा पुस्तकाकार रूप में रामायण केंद्र, भोपाल में सुरक्षित है।)

भुशुण्डि रामायण

अज्ञात

व्याख्याकार : *पं. जटाशंकर दीक्षित शास्त्री*

कागभुशुण्डि का सर्वप्रथम उल्लेख योगवासिष्ठ रामायण में मिलता है। योगवासिष्ठ रामायण का रचनाकाल 1100 ई. से 1250 ई. के बीच माना गया है। भुशुण्डि रामायण की हस्तलिखित प्रतियों में इसे आदि रामायण तथा ब्रह्मरामायण भी कहा गया है। किंतु उनका साम्य मेल नहीं खाता। इसके रचनाकार का नाम भी स्पष्ट नहीं है। भक्ति की धारा में प्रवहमान कथावाचकों ने जिस प्रकार वाल्मीकि, व्यास अथवा शुकदेव के नाम पर अपनी काव्यप्रतिभा को समर्पित कर दिया उसी प्रकार भुशुण्डि रामायण के रचनाकार का नाम भी उसी दिव्य आलोक में स्थापित हो गया। भुशुण्डि रामायण का मूल स्वर प्राय: श्रृंगारी रामोपासना ही लक्षित होता है।

दशरथ की तीर्थयात्रा के प्रसंग में मथुरा के तीर्थों का वर्णन अत्यन्त विस्तार के साथ मिलता है। वषिष्ट मुनि ने भुशुण्डि रामायण में 522 श्लोकों में मथुरा के तीर्थों का उल्लेख किया है। इससे यह अनुमान भी लगाया जाता है कि इस रामायण का रचयिता निश्चय ही कोई मथुरावासी रहा होगा। मानस सहित परवर्ती रामायणों में जिस प्रकार भुशुण्डि रामायण का प्रभाव देखा जाता है उससे इसका रचनाकाल 1100 ई माना जाता है किंतु आधुनिक लिपि की हस्तलिखित पोथियां तथा उ ल्लिखित ज्योतिषगणना में अनुरूपता न होने के कारण और अयोध्या की प्रति पूजास्थल से प्राप्त होने से यह एक अर्वाचीन रचना होने का अंदेशा होता है। विद्वानों का एक मत यह भी है कि भुशुण्डि रामायण के रचयिता महन्त युगलयानन्यषरण हैं।

इस ग्रंथ के अंतिम प्रकरण सर्ग 14-24 में कागभुशुण्डि के जन्म की कथा दी है। इनके पिता चंड नामक काक थे जो अलवंसा देवी के वाहन थे। इनके 21 भाई थे। इनकी माताएं ब्राह्मी भगवती के रथ की हंसिनी थी। फिर ये सुमेरु पर्वत पर निवास करने चले गए। उनके सभी भाई मर गए और यह जीवित रहे। योगवशिष्ठ में कागभुसुंण्डि का रामकथा से कोई संबंध नहीं निकलता है।

भुशुण्डि रामायण को आदिरामायण का पूर्वखंड भी माना जाता है क्योंकि इसके सप्तम अध्याय का समापन इस तरह है–

आदि रामायणं नाम श्री रामचरितं शुभम।
आदि रामायणं दिव्यं ब्राह्मे कल्पे विनिर्मितम।।

भुशुण्डि रामायण के चारों खंडों के प्रत्येक अध्याय के अंत में लिखा है–

इति श्रीमदादिरामायणे ब्रह्माभुषुण्ड संवादे।।

भुशुण्डि रामायण पौराणिक पद्धति की रचना है जिसमें चार अध्यायों को पूर्वखंड, दक्षिणखंड, पश्चिमखंड एवं उत्तरखंड नाम दिया गया है। पूर्वखंड में रामजन्म से लेकर युवराज पद पर प्रतिष्ठित होने की कथा है। पश्चिम खंड में राम का विवाह और अयोध्या आगमन, दक्षिण खंड में वनगमन से लेकर राज्याभिषेक और उत्तरखंड में राम की परिकरों तथा प्रजा के साथ नित्यधाम यात्रा का वर्णन है। भुशुण्डि रामायण का संबंध अयोध्या में विशिष्टाद्वैत सिद्धांत से पोषित श्रीसंप्रदाय तथा श्रीसम्प्रदाय से है ।

भुशुण्डि रामायण में कागभुशुण्डि श्रोता के रूप में हैं। काल की बहन कालकण्टकी इनकी माता और सूर्य इनके पिता हैं। इन्होंने पक्षी रूप में जन्म लिया था। ब्रह्मा से वरदान प्राप्त कर इसने विष्णु वाहन गरुड़ को पराजित किया था। फिर वह अत्याचार करने लगा। देवताओं ने ब्रम्हाजी से रक्षा की प्रार्थना की तब ब्रह्मा ने स्वयं भुशुण्डि के पास जाकर उसे समझाया और प्रसंगवश राम की कथा जिसे आदि रामायण कहा जाता है कही। राम की कथा से भुशुण्डि इतने प्रभावित हुए कि वे राम के बड़े भक्त बन गए।

संस्कृत के इस विशाल ग्रन्थ की प्रमुख विशेषताएँ इस प्रकार हैं–

1. श्रीराम-जन्म मुहूर्त तथा रामनवमी-जानकीनवमी पर्व मनाने का विधिवत् वर्णन मिलता है। इसके अतिरिक्त अयोध्या, प्रमोदवनधाम, मन्दाकिनी, यमुना व सरयू नदी की उत्पत्ति तथा सरयू माहात्म्य का वर्णन किया गया है।
2. सेतु निर्माण, सेतु पारकर लंका पहुँचना, अंगद का दूतरूप में लंका आगमन, मेघनाद से प्रथम युद्ध व राम-लक्ष्मण का नागपाश में बँधना, कुम्भकर्ण वध, मेघनाद वध, राम-रावण युद्धावधि, रावण वध, विभीषण राज्याभिषेक, राम का अयोध्याप्रस्थान, भरत से मिलन, राज्याभिषेक व अयोध्या प्रवेश, जानकी-गर्भाधारण, सीतावनगमन, इत्यादि महत्वपूर्ण घटनाओं का तिथिवार वर्णन प्रस्तुत किया गया है।
3. भुशुण्डि रामायण में भगवान् राम के बालचरित्न का अद्भूत वर्णन है। रावण से कुमारों की रक्षा हेतु दशरथ द्वारा उन्हें सरयू पर गोप प्रदेश भेजा जाता है। वहाँ श्रीराम ने पूतना व विकटासुर वध, कौसल्या को विश्वरूपदर्शन, माखनलीला, वत्सचारणलीला एवं सीता व गोपियों संग दिव्य-रास लीलाएँ कीं।
4. भुशुण्डि रामायण में ब्रह्म राम द्वारा गोपियों को दिये गये भक्ति ज्ञानोपदेश का वर्णन है जिसे रामगीता कहा जाता है। रामगीता के इन तत्वपूर्ण उपदेशों से गोपियों के मानस नेत्र खुल गये और भावी वियोग से उत्पन्न उनकी चिन्ता दूर हो गयी। साथ ही ग्रन्थ में श्रीरामचन्द्रजी, सीताजी, भरत, लक्ष्मण, शत्रुघ्न तथा सरयूनदी के सहस्त्र नामों का वर्णन भी दिया गया है।

5. दशरथ अपने ज्येष्ठ पुत्र राम पर शासन का भार सौंपकर अपने प्रियजनों की एक विशाल मण्डली के साथ सप्तद्वीपस्थ तीर्थों का दर्शन करने के लिए कैकेयी सहित जाते हैं। काशी, प्रयाग, बदरी-केदारनाथ ब्रजप्रदेश में वे राम द्वारा कृष्णावतार में की गयी समस्त मधुर लीलाओं का श्रवण करते हैं।
6. भरत श्रीराम की पादुकाओं को लाकर सिंहासनारूढ़ करके स्वयं नन्दिग्राम में तपोमय जीवन व्यतीत करने लगते हैं। भरत ने रामपादुका-शासनकाल में निर्विघ्न तथा कल्याणकारी शासन-संचालन का कार्य किया।

राम की प्रतिभा से पूरा राज्य ही प्रभावित था। योग्य उत्तराधिकारी के राज्याभिषेक के लिए दशरथ ने अपने मंत्रिमंडल के समक्ष दो प्रस्ताव रखे। पहला-सारा राज्य चार पुत्रों में बराबर बराबर बॉट दिया जाए। तथा दूसरा- कौशल राज्य की अखंडता रक्षित करने के लिए पूरा दायित्व राम को सौंपा जाए। सभी मंत्रियों एवं उपस्थितों ने एक मत से दूसरे मत का अनुमोदन किया।

अयोध्या का राजा बनने के बाद राम और सीता सुखपूर्वक दिन व्यतीत कर रहे थे। एक दिन राम ने सीता से पूछा-तुम्हारे मन में कोई इच्छा है तो कहो। सीता ने कहा- मैं वन में रहने वाले मुनियों की स्त्रियों की दरिद्रता से दुखी हूँ। उन्हें भोजन वस्त्र आदि सामग्री भेंट देना चाहती हूँ।

राम की अनुमति के बाद सीता ऋषि मुनियों के आश्रम में उनकी तपस्विनी पत्नी के पास पहुंची। उन स्त्रियों ने आग्रह किया कि सीता कुछ दिन उनके साथ रहे और यह भी कि बहुत इच्छा है यहीं रहकर वे अत्यन्त शक्तिशाली संतान को जन्म दें। सीता उनके आग्रह पर कुछ दिनों के लिए रुक गई।

वहीं एक तापसी के मुख से एक दिन सीता ने प्रवाद सुना कि राम ने सीता का त्याग कर दिया है। रावण के यहाँ स्पष्टत: कामवष रखी गई स्त्री को राम ने कैसे स्वीकारा ? यह लोक में उपहास का विषय बना हुआ है। सीता यह सुनकर बहुत दुखी हुई और पुन: अग्नि परीक्षा के लिए प्रेरित हुई। तभी वाल्मीकि ने आकर उन्हें समझाया और उन्हें अपने साथ अपने आश्रम ले गए। वाल्मीकि आश्रम में सीता के लव और कुश दो पुत्र हुए। भुशुण्डि रामायण के अनुसार अपने स्वर्गारोहण के पूर्व राम ने अयोध्या के चक्रवर्ती साम्राज्य को अपने तथा भाइयों के पुत्रों में बॉट दिया। लव और कुश को क्रमश: कुशावली और अवंति का राज्य मिला। लक्ष्मण के पुत्रों को कारापथ, भरत के पुत्र पुष्कर को पुष्करावती और शत्रुघ्न के पुत्रों को मथुरा का राजा बनाया।

भुशुण्डि रामायण के अनुसार रामकथा की वाचन प्रक्रिया अलग है। ब्रह्माजी भुशुण्डि को कहते हैं कि सर्वप्रथम यह कथा प्रमोदवन में राम ने सीता को, फिर सीता ने लक्ष्मण को और लक्ष्मण ने भरत को सुनाई। हनुमान ने यह कथा स्वयं राम के मुंह से सुनी। पुन: हयग्रीव ने अगस्त्य को यह कथा सुनाई। उन्हीं से सुनकर ब्रह्माजी ने भुशुण्डि के समक्ष इस कथा का वाचन किया।

भुशुण्डि रामायण में रामकथा के अनेक रोचक एवं नवीन तत्व मिलते हैं। पूर्वखंड में श्रीराम के जन्म, मास, पक्ष, तिथि और नक्षत्र वर्णन सहित योग का उल्लेख है। उत्तरखंड में रामनवमी, जानकीनवमी पर्व , व्रत अनुष्ठान की महिमा का विधिवत वर्णन है। इसके अतिरिक्त अयोध्या, प्रमोदवनधाम, मंदाकिनी, यमुना व सरयू नदी की उत्पत्ति तथा सरयू महात्म्य का भी वर्णन है। भुशुण्डि रामायण में सेतुनिर्माण, लंका पहुंचना, मेघनाद युद्ध, राम लक्ष्मण को नागपाश में बांधना, कुभकर्ण वध, मेघनाद वध, रामरावण युद्धावधि, रावणवध,

विभीषण राज्याभिषेक, राम का अयोध्या प्रस्थान, राज्याभिषेक आदि महत्वपूर्ण घटनाओं का तिथिवार वर्णन प्रस्तुत किया गया है।

दशरथ की तीर्थयात्रा का वर्णन प्रथम बार इसी रामायण में प्राप्त होता है। राम की बाल लीलाओं का सुंदर रोचक वर्णन जैसा भुशुण्डि रामायण में है वैसा वाल्मीकि रामायण में भी नहीं है। रावण से रक्षार्थ चारों बालकों को गोप प्रदेश भेजा जाना, विकटासुरवध, कौशल्या को विश्वरूप दर्शन तथा गोपियों के साथ रासलीला का दिव्य वर्णन है। गोपियों को भक्ति ज्ञानोपदेष के साथ राम लक्ष्मण भरत शत्रुघ्न सीता और सरयू नदी के सहस्त्र नामों का वर्णन भी इसमें है। मानस पीयूष के अनुसार कागभुशुण्डि जी का निवास स्थान उत्तर दिशा में अवस्थित किंपुरुषवर्ष के उत्तर में हरिवर्ष, उसके उत्तर में इलावृत्तवर्ष है। इलावृत्तवर्ष के बाद रम्यकवर्ष पड़ता है। इसकी सीमा पर नीलगिरी है। वहीं ये कागभुशुण्डि निवास करते थे। (पृथ्वी के केंद्र में स्थित द्वीप को जम्बूद्वीप कहा गया है। इनके अलग-अलग वर्ष, वर्ण, उपद्वीप, समुद्र तथा देव होते हैं। किंपुरुषवर्ष के स्वामी हनुमान हैं। रम्यकवर्ष के अधिपति मनु हैं, जहां मत्स्य की पूजा होती है। हरिवर्ष में प्रहलाद रहते हैं जहाँ नरसिंह पूजा होती है।)

राम को मनाने आए भरत को समझाते हुए वशिष्ठ ने व्यवस्था दी कि राम अपनी पादुकाएं भरत को देदें। भरत ने नन्दिग्राम में कुटी में सिंहासन पर राम की पादुकाओं को प्रतिष्ठित किया तथा छत्र-चामर-व्यंजनादि से उनकी पंचकाल सेवा में रहने लगे। (पंचकाल अर्थात-उषा, प्रभात, मध्यान्ह, गोधूली एवं संध्या) प्रजा के सारे महत्वपूर्ण आवेदन पादुकाओं की सेवा में निवेदित होते थे। संदिग्ध विषयों पर आकाशवाणी से व्यवस्था प्राप्त होती थी। रावण और बाणासुर को यह व्यवस्था ठीक न लगी। उन्होंने वेश बदलकर रात्रि में पादुकाओं के हरण के असफल प्रयास भी किए।

राम को मनाने के लिए नन्दिग्राम के गोप गोपिकाएं सुखित और मांगल्या के साथ चित्रकूट आए। स्फटिक शिला पर सीता, सहजा और राम की अन्तरंग लीलाएं चलती रहीं। इसी कारण चित्रकूट की गणना राम के तीन प्रमुख विहारस्थलों में होने लगी। राम की रासलीला के तीन केंद्र हैं - प्रमोदवन महारास, चित्रकूट मध्यरास और लंका अधमरास के स्थल हैं।

भुशुण्डि रामायण के अनुसार राम ने पंचवटी में ही कुटी बनाकर चौदहवर्ष के वनवास का साढ़े बारह वर्ष का समय वहीं व्यतीत किया। जबकि अन्य रामायण यह संकेत देती हैं कि राम का निवास 10 वर्ष तक चित्रकूट में ही रहा। लक्ष्मणरेखा खींचे जाने का प्रसंग प्रथम बार भुशुण्डि रामायण में ही मिलता है।

बालीवध के लिए सुग्रीव द्वारा राम की दो परीक्षा ली जाती हैं। पहली-सात ताड़ के वृक्षों को एक ही बाण से भेदना और दूसरा-दुदुंभि नामक दैत्य के अस्थियों के ढ़ेर को राम के द्वारा उठाकर आकाश में फेंक देना। बाली का वध करने पर बाली राम से कारण पूछता है तब राम कहते हैं - मेरी पत्नी सीता को रावण हर कर ले गया है। उसकी खोज के लिए योग्य सहायक सुग्रीव से मित्रता की। बाली ने कहा- इतने छोटे से कार्य के लिए आपने सुग्रीव के साथ मिलकर मेरा वध किया। मुझे आज्ञा दी होती तो उसे अनायास ही पकड़ लाता। मैं उसे अपनी कॉख में पकड़कर स्त्रियों के मनोरंजन के लिए यहाँ ला चुका हूँ।

लंका जाने का सेतु निर्माण नल एवं नील वानरों ने किया। यह सेतु भुशुण्डि रामायण के अनुसार मात्र चार दिनों में तैयार हुआ। पौष माह कृष्ण 10 से कृष्ण 13 तक। तीन दिवस में 18 महापद्मसेना सेतु से पार हुई। लंका के निकट सेबल पर्वत पर पड़ाव बनाकर आठ दिनों तक लंका को घेरा गया।

रामकथा के पात्रों में सहजा नाम कहीं नहीं मिलता। भुशुण्डि रामायण में सीता की तरह सहजा को भी राम की स्वरुप शक्ति माना गया है। भुशुण्डि रामायण में सीता को मर्यादा शक्ति और सहजा को प्रेमाशक्ति की संज्ञा दी है। अयोध्या के निकटवर्ती ब्रजप्रदेश के निवास नन्दनगोप और राजनी की पुत्री सहजा हैं। सहजा के पति का नाम कुषलगोप है। राम के प्रति अलौकिक अनुराग की दृष्टि से सहजा और राम का वही सम्बन्ध है जो राधा और कृष्ण का है।

सहजा जानकी सीता मोदिनी राधिका रमा।
आनन्दिनी परालीला ललना लास्यकारिणी।। (भु. रामायण पूर्व - 48/22)

प्रकाशक : भुवनवाणी प्रकाशन, लखनऊ

रामायण मंजरी

(11 वी शती)

आचार्य क्षेमेन्द्र

आचार्य क्षेमेन्द्र (1025-1066 ई.) संस्कृत के प्रतिभाशाली काश्मीरी महाकवि थे। इनका उपनाम व्यासदास है। अभिनवगुप्त इनके गुरु थे। रामायण मंजरी ग्रंथ में इन्होंने लगभग 6400 पद्यों में रामकथा को प्रस्तुत किया है। सात काण्डों की कथा में कवि ने बालकाण्ड और अयोध्याकाण्ड को मिलाकर एक काण्ड कर दिया है तथा किष्किन्धाकाण्ड को किष्किन्धापर्व और किष्किधाकाण्ड में विभाजित किया है। रघुवंश, अग्निपुराण आदि की भाँति आचार्य क्षेमेन्द्र ने भी भरत को लक्ष्मण से ज्येष्ठ माना है। राम ने अपने सारथि मातलि के कहने पर रावण के ऊपर ब्रह्मास्त्र का प्रयोग किया। वह बाण रावण के हृदय में लगा और उसके शरीर को भेदकर पुन: श्रीराम के तुणीर में वापस लौट आया।

इति मातलिन: वीर: प्रेरितो रघुनन्दन:
ब्रह्मास्त्रमादधे दीप्तं यद् गस्त्यादवाप्तवान। (रामायण मंजरी- 6/1292)

तारा द्वारा राम को दिये गए श्राप का उल्लेख भी रामायणमंजरी में है।

सर्वदुखमयं तदस्तु भवतां श्ताध्यो विवेकादय: (रामायण मंजरी)

लंकादहन के समय राक्सियां सीता को सूचित करती है कि वह वानर अग्नि में जल रहा है तब सीता अश्रु बहाते हुए अग्निदेव से हनुमान की रखा के लिए प्रार्थना करती है -

सतीवृत्तेन यदि मे किंचिदस्ति तप: फलम्।
तेनास्तु भगवान्वह्निमारुतै: शषीषीतलं। (सुन्दरकाण्ड)

रामायणमंजरी में दुख में विवेकवादी, सुख में विनयवादी, बिना कहे प्राणप्रण से भी उपकारी और मित्र की चिन्ता में सदा व्याकुल रहने वाले मित्र को हृदयप्रिय और पुण्यप्राप्य माना गया है। असजजन को कालकूट के समान घातक नृषंस कहकर उसकी निन्दा की गई है। वाल्मीकि रामायण का प्रभाव रहने के बाद भी

रामायणमंजरी में अनेक मौलिक परिवर्तन देखने को मिलते हैं। राम द्वारा बचपन में मंथरा पर किए गए पादप्रहार की चर्चा अग्निपुराण के बाद रामायणमंजरी में विस्तार से मिलती है। उस घटना का प्रतिषोध मंथरा कैकेयी को भड़काकर लेती है और वही राम के वनवास का कारण बनता है।

रामायणमंजरी में युद्धकाण्ड तथा उत्तरकाण्ड के बीच रावण सत्क्रिया विभीषण अभिषेक, सीता की अग्निपरीक्षा, राम का अयोध्या आगमन तथा राज्याभिषेक का वर्णन किया गया है। संभवत: बिना किसी काण्ड के इनका वर्णन रामायणमंजरी में ही मिलता है। वाल्मीकि की वयोवृद्ध शबरी को रामायणमंजरी में अत्यन्त रुपसी लावण्ययुक्त तपस्विनी बताया गया है।

अंधमुनिपुत्र का नाम यज्ञदत्त है तो अरण्यपर्व में पंचाप्सर वर्णन में मण्डकर्णि ऋषि के स्थान पर दमकर्णि मिलता है।

रावण की माँ का नाम केकसी न होकर पुष्पोत्कटा है। विभीषण मातृवाक्यं प्रसंग भटिटकाव्य के अतिरिक्त रामायणमंजरी में ही मिलता है, जहाँ विभीषण की माँ विभीषण से अनुरोध करती है कि वह रावण को समझाए कि वह सीता को वापस कर दे अन्यथा रावण सहित सम्पूर्ण लंका नष्ट हो जाएगी।

राम द्वारा सीतात्याग का कारण लोकोपवाद है। राम अपने मित्र भद्र के मुख से सीता विषयक बात सुनकर उसका त्याग करते हैं।

प्रकाशक : चौखम्बा संस्कृत प्रतिष्ठान, वाराणसी

पादुका सहस्त्र

वेदांत देशिक

संस्कृत टीका : *श्रीनिवास*

सम्पादक : *पं. केदारनाथ तथा वासुदेव लक्ष्मण शास्त्री*

दक्षिण भारत के प्रकांड आचार्य एवं महान दार्शनिक श्री वेदांत देशिक ने वैदिक वांग्मय का विवेचन करते हुए पादुका सहस्त्रम की रचना की है। इस ग्रंथ में उस पादुका के वैशिष्टय में 1008 श्लोका संकलित हैं जिसे सिंहासन पर रखकर राम वनवास के समय भरतजी ने नंदीग्राम में तपस्या करते हुए अयोध्या के राज्य का संचालन किया। आचार्य वेदांत देशिक रामानुजाचार्य की परम्परा में भगवान विष्णु के घंटावतार के रूप में भी प्रसिद्ध हैं। इस काव्य में राम की चरण पादुकाओं की प्रशंसा में एक हजार पदों की रचना की गई है। ऐसा भी माना जाता है कि महाकवि वेंकटनाथ ने इस काव्य को एक रात्रि में ही रच डाला था। इस असाधारण काव्य में उन्होंने समझाया कि भगवान की पादुकाएं एवं नम्मलवार एक समान हैं। भगवान के चलने पर पादुकाओं की जो ध्वनि निकलती है उसका श्रवण ही भगवदभक्ति है। पादुका सहस्त्रम के श्लोकों का जाप एवं ध्यान विशिष्ट सिद्धियों को प्राप्त करने में सहायक है। पादुका सहस्त्र के पाठ से वही सिद्धि मिलती है जो श्रीरामायण के पाठ से। यही कारण है कि दक्षिण भारत में पादुका पूजन करने वाले नममलवार सम्प्रदाय को राम भक्ति में उच्च स्थान प्राप्त है।

मत है कि भगवान की पादुकाएं आचार्यों के समान हैं। इन्हें शठकोप भी कहा जाता है तथा मस्तक पर धारण किया जाता है जिससे प्रभु का आशीर्वाद मिलता रहे।

सत्याल्लोकात सकल महितात स्थानतो वा रघुणां
शंके मात: समधिकगुणं सैकतं सहयजाया:।
पूर्वं पूर्वं चिरपरिचितं पादुके यत् त्यजन्त्या
नीतो नाथस्तदिदमितरनीयतेनत्वयांसौ।।

(ओह पादुके! आपने पहले भगवान को श्रीवैकुण्ठ से सत्यलोक (ब्रहमाजी के स्लोक) में लाई तत्पष्चात उन्हें अयोध्या के रघुनिवास स्थान में लाइ उसके बाद आप उन्हें श्रीरंग पीठ पर ले आई।)

स्वाम श्र वेदांत देशिक ने अपने पूर्व आचार्यों के इस सिद्धांत पर बल दिया कि जीवों की सदगति तो आचार्यों के बल एवं शक्ति तथा उनके सम्बन्धों से ही संभव है।

भगवान के सेवक और दास बनकर हम उनकी चरण पादुकाओं जैसे बन गए हैं। नम्मलवार को श्रीरंगम भगवान की चरण पादुकाओं के रूप में पूजा जाता है। आचार्य वेदांत देशिक प्रभु के चरण वंदना के स्थान पर पादुकाओं की महिमा गने को श्रेष्ठ बताया हे।

वेदांत देशिक जी का यह सिद्धांत भी महतवपूर्ण है कि प्रभु के चरणवंदन से दौगुनी श्रेष्ठि की प्राप्ति उनकी पादुका वंदन से होती है क्योंकि पादुकाओं की संख्या दो है।

स्थिता समयराजत्पागतरा मोदके।
दुरंहसां सन्नातादा साध्यातापकरासरा।।
लोकताराकामचारा कविराज दुरावचा।
तारागेतपादराम राजते रामपादुका।।
जयति यतिराज सूक्तिर्जयतिमुकुन्दस्य पादुकायुगली।
तदुभयधनास्त्रित्रेदीमवन्ध्ययन्तोजयन्ति भुवि सन्तः।।1008।।

इति श्री कवितार्किक सिंहस्य सर्वतन्त्रस्वतंन्त्रस्य श्रीमदवैंकटनाथस्य वेदान्ताचार्यस्य कृतिषु श्रीरंगनाथपादुकासहस्त्रै।

इस ग्रंथ में दो छंद ऐसे आते हैं जो घोड़ा चालन समस्या का हल भी देते हैं।

चतुरंग तुरंग पद बंधनम -
स्थिरागसां सदाराध्या विहताकततामता।
सत्पादुकेसरासामा रंगराजपदं नय। 30.19(929)
स्थित समयराजपत्यागतरामादके गवि
दुरंहसां सन्नतादा साध्या तापकरासरा।। 30.20(930)

हे सतपाुके! कृपया मुझे भगवा की पादुकाओं तक ले चलो। आप ही समस्त पापों को नष्ट कराने वाली हो। जब आप चलती हो तो बड़ी आनंद दायक ध्वनि होती है।

प्रकाशक : तुकाराम जावाजी, बम्बई

रामलिंगामृत
(1608 ई.)

अद्वैत कवि

बनारस निवासी अद्वैतकवि के महाकाव्यरामलिंगामृत के अंश लोकसंदर्भों में पाए जाते हैं। 18 सर्गों में से 17 कथा संदर्भित हैं।

रामलिंगामृत दो गोपिकाओं के संवाद से आरंभ होता है। उसमें से एक रघुवंशीय गोपिका है जो रामचरित का वर्णन करती है। दूसरे सर्ग में राम जन्म के पूर्व ही माता कौशल्या को स्वप्न देकर दर्शन दे देते हैं। तृतीय सर्ग में सीता स्वयंवर का विस्तृत उल्लेख मिलता है। सीता जी अपनी सखियों द्वारा राम के सुन्दर रूप का वर्णन सुनकर राम के प्रति अनुरागवती चित्रित की गयी हैं। चतुर्थ सर्ग में विवाह का वैभवपूर्ण वर्णन है एवं लक्ष्मी उपस्थित होकर सीताजी को रामावतार का रहस्य बतलाती हैं। केवल राम और सीता के विवाह का उल्लेख ही इसमें मिलता है। अन्य भाइयों के विवाह की चर्चा नहीं है।

वनवास प्रसंग में सीता जी वाल्मीकि की सीता की भाँति ही प्रस्तुत की गयी हैं। कैकेयी भरत के समक्ष स्वीकारती है कि मैंने देवराज की प्रेरणा से रावण वध हेतु राम को वन भेजा था।

सीताहरण का सूत्र नारद हैं। शूर्पणखा विरुपण के पश्चात नारद रावण के समक्ष सीता के अपूर्व सौंदर्य की चर्चा करते हैं जिससे आकृष्ट होकर रावण सीता का हरण कर लेता है। केवट का प्रसंग सीताहरण के पश्चात आता है। अहल्या का उद्धार भी सीता की खोज करते समय ही होता है।

सीता जी की खोज के लिए श्रीराम शिवलिंग की पूजा करते हैं। राम हनुमान को मुद्रिका के अतिरिक्त एक पत्र भी सीता को देने के लिए कहते हैं। यह कवि की नवीन उद्‌भावना है। रणक्षेत्र में भी रावण का एक लम्बा संवाद है जिसमें वह राम को शिव का अवतार मानता है। वह राम को प्रणाम करता है और अपने भाग्य को सराहता है। रावण कहता है कि शिव की पूजा करने के कारण राम विजय प्राप्त करने में समर्थ हुए। (सर्ग 12) विभीषण को प्रह्लाद का अवतार बताया गया है।(1/13) इंद्रजीत की पत्नी सुलोचना की सखी शांतिमती उसे सती बन जाने का परामर्श देती है। 15 वे सर्ग में सीता कुंभकर्ण के पुत्र कुंभगर्भ का वध करती है। यह प्रसंग भी इस ग्रंथ की मौलिक उदभावना है जिससे सीता के भैरवी रूप का परिचय होता है।। इसमें राम और शिव में अभेद बताया गया है। युद्ध के पूर्व राम अपना शिवरुप प्रकट करते हैं।

रावण को जय का अवतार बताया गया है इसी कारण राम का अवतार हुआ। इसका कारण भृगु का शाप है। रामलिंगामृत की सीता साक्षात लक्ष्मी स्वरुपा हैं, वे शक्ति में दुर्गा हैं, विलास में रमा हैं। त्रयोदश सर्ग में राम और सीता के अन्तरंग प्रेम को प्रदर्शित किया गया है। कथा में लवकुश युद्ध के पश्चात सीता राम के साथ अयोध्या लौट आती हैं। रामलिंगामृत में सीता की अग्नि परीक्षा तथा सीता त्याग का उल्लेख नहीं किया गया है किन्तु लवकुश का जन्म वाल्मीकि के आश्रम में ही प्रदर्शित किया गया है। राम स्वयं सेना लेकर जाते हैं और सीता के साथ दोनों राजकुमारों को लाते हैं (14 सर्ग)।

17 वें सर्ग में कवि ने रामाश्वमेध के वर्णन के पश्चात सीताराम के परलोकगमन का चित्रण किया है।

हस्तलिखित प्रति : ब्रिटिश कौंसिल लायब्रेरी, चंडीगढ़

तत्वसंग्रह रामायण

रामब्रह्मानंद (17 वीं शताब्दी)

व्याख्याकार : आचार्य पं. श्रीचक्रपाणि त्रिवेदी

परम्परा से प्राप्त कथाओं को जोड़कर मूलतत्व का संग्रह करने के कारण इस ग्रंथ का नाम तत्वसंग्रह रामायण हुआ। इसमें राम को त्रिमूर्ति (ब्रह्मा, विष्णु और शिव) तथा परब्रह्म का अवतार माना गया है। भरत और शत्रुघ्न को शंख और चक्र का अवतार माना गया है। पार्वती संवाद के माध्यम से रामकथा का अद्वैत एवं दास्यभक्तिमूलक पल्लवन हुआ है।

तत्वसंग्रह रामायण में अनेक मौलिक दृश्य देखने को मिलते हैं। हनुमान को पार्वती का पुत्र और रुद्रअवतार कहा गया है। राम ने हनुमान को गले लगाकर यह कहा कि जहाँ कहीं भी मेरे नाम का उच्चारण होगा वहाँ तुम उपस्थित रहोगे। सुतीक्ष्ण मुनि के आश्रम से बिदा लेते समय सीता भूमिदेव से रत्नजड़ित पादुकाओं का एक जोड़ा ग्रहण करती है जिससे राम पादपीड़ा और भूखप्यास से मुक्त होते हैं। सीता स्वयंवर में शिव की उपस्थिति, लक्ष्मणरेखा का सीता द्वारा उल्लंघन करना मौलिकता लिए हुए है। राम का सुग्रीव को अपना शिवरुप दिखाना इस रामायण की विशेषता है। अहिल्या प्रकरण में इन्द्र मुर्गे का रूप धारण कर बॉग देते हैं जिससे गौतम ऋषि भ्रम में पड़ जाते हैं कि प्रात:काल होने वाली है।

तत्वसंग्रह रामायण के अनुसार सीताहरण का प्रमुख कारण वृन्दा का शाप था। गोदावरी ने सीता के सम्बन्ध में प्रशन करने पर उत्तर नहीं दिया तो राम ने उसे श्राप दिया कि तुममें नहाने वाला चाण्डाल हो जाएगा। ब्रह्मादि देवताओं के प्रार्थना करने पर अनुग्रह करके राम ने अपने श्राप से गोदावरी की धारा को उस कूप में मिला दिया जिसमें शबरी नहाती थी। तत्वसंग्रह रामायण के अनुसार कन्याकुमारी समुद्र की पुत्री थी (6/6)। राम के प्रति आकर्षित होकर कन्याकुमारी ने विवाह का प्रस्ताव रखा किंतु राम ने यह कहकर कि वे युद्ध की तैयारी कर रहे हैं, प्रस्ताव ठुकरा दिया तथा सेतु निर्माण की अनुमति माँगी।

रावण पृथ्वी को खोदकर भूभाग सहित सीता को रथ पर बैठाता है। सीता रावण से राम की कुषल क्षेम पूछती है तो रावण उनकी हस्तरेखा देखकर ही उत्तर देने की प्रतिज्ञा करता है। अशोकवन में रावण सीता संवाद के समय हनुमान प्रकट होकर रावण पर प्रहार करते हैं। हनमान रावण की सभी रानियों के वस्त्र एकत्रकर फेंक देते हैं। यह कथा भी रोचक है कि हनुमान रावण और मन्दोदरी के बालों में आपस में गॉठ लगाकर शैया के पास बॉध देते हैं और एक संदेश लिखकर छोड़ देते हैं कि जब मन्दोदरी रावण के मुख पर थप्पड़ मारेगी तभी यह गॉठ खुलेगी।

वाल्मीकि रामायण में रावण की सीता पर कामासक्ति प्रभावी है किन्तु तत्वसंग्रह रामायण में रावण राम के आने की प्रतीक्षा करता है क्योंकि उसे विष्णु के हाथों मुक्ति पाने की इच्छा है। अष्टादषभुजा वाला विकराल स्वरुप रखकर सीता ही रावण का वध करती है।

तत्वसंग्रह रामायण में कई तीर्थों का महत्व सिद्ध करके उनका सम्बन्ध राम से जोड़ा गया है जैसे– वाराणसी, गया, गोदावरी धनुषकोटि आदि।

प्रकाशन : चौखम्बा संस्कृत प्रतिष्ठान, दिल्ली

राघवोल्लास महाकाव्यम

(17वी शताब्दी)

अद्वैत यति

सम्पादक : *डॉ. रामकिशोर झा*

राघवोल्लास महाकाव्यम अद्वैतयति, अद्वैताश्रम अथवा अद्वैत रामभिक्षु द्वारा 17 वीं शताब्दी के प्रारंभिक चरणों में प्रणीत एक विलक्षण महाकाव्य है। उल्लास पद से सहज ही स्पष्ट हो जाता है कि इसमें राम के चरित्र के उल्लास प्रदान करने वाले पक्षों को रखा गया है। कथा प्रवाह की दृष्टि से सम्पूर्ण कथा राम के वनगमन से दुखी कौशल्या द्वारा सुमित्रा को सम्बोधित करते हुए कही गई है।

इसकी पाँच हस्तलिखित प्रतियॉ प्राप्त हुईं। संस्कृत साहित्य के इतिहास ग्रंथों में इसका उल्लेख कहीं नहीं मिलता। राघवोल्लास महाकाव्यम को प्रकाश में लाने का श्रेय डॉ. थ्रेयोडार आफ्रेक्ट, प्रो. वी राघवन तथा फादर कामिल बुल्के को जाता है ।

अन्त:साक्ष्य के आधार पर कवि का वास्तविक नाम मुरारि है जो संन्यासी हो गए थे। दीक्षागुरु रामकृष्णाश्रम थे। वे द्वारका शारदापीठ की शंकराचार्य परम्परा के आचार्य थे। इस परम्परा के आचार्यों के नाम में आश्रम पद का प्रयोग होता है अत: कवि मुरारि का नाम हुआ अद्वैताश्रम। महाकवि तुलसीदास और अद्वैतयति के काव्य में कुछ साम्य देखने को मिलता है। मानस के अंत में तुलसी ने अपने आराध्य से प्रार्थना की है–

कामिहिं नारि पियारि जिमि लोभहिं प्रिय जिमि दाम।
त्यौं रघुनाथ निरन्तर, प्रिय लागहुँ मोहिं राम।।

राघवोल्लास महाकाव्य की समाप्ति का यह पद भी अपने आराध्य से जुडे रहने का भाव है।

सम्प्रार्थये त्वां रघुनाथनाथमनेकबारं पूरतो निपत्य।
भक्तिर्दृढ़ा पादयुगेऽनुगस्य देयाऽभिलाषो न परोस्पृहस्य।।

12 सर्गों का यह महाकाव्य 1622 पदों में व्याप्त है। प्रथमसर्ग में राम के वनगमन का कारुणिक दृष्य, द्वितीय तृतीय में वन में राम लक्ष्मण और सीता के वन्यजीवन की घटनाएं, चौथे सर्ग में पुत्र वियोग से दुखी कौशल्या सुमित्रा को रामजन्म से कथा सुनाती है। पॉचवे सर्ग में दशरथ रामलक्ष्मण को विश्वामित्र के साथ वन में भेजने में असहमति दिखाते हैं। तब राम अपने पिता को समझाते हैं -

श्रुत्वाभवन विस्मितमानसास्ते

वशिष्ठमुख्या मुनयो नयज्ञा: ।।

आठवें सर्ग नें सीता का स्वयंवर से पूर्व राम को स्वप्न में देखना, अंतिम सर्ग में मार्ग में परशुराम का आगमन दिखाया है। ग्यारहवें सर्ग में हाथी राम को ईश्वर समझकर अपनी पीठ से उतारते समय अश्रुधारा प्रवाहित करता है।

कथाक्रम में व्यवधान तथा कुछेक पदों के बाद में जोड़े जाने का अनुमान भी हस्तलिखित प्रति को देखकर होता है। अद्वैतयति ने एक ही सर्ग में अनेक छंदों का प्रयोग किया है। यह श्रृंगार प्रधान महाकाव्य है तथा द्वितीय सर्ग में रामसीता के प्रणयप्रसंग भी हैं।

अद्वैतयति की संवेदनाएं तीव्र हैं तथा अपने मर्म से प्रभावित करती हैं–

माता यदि भवति कोपयुता तनूजे।

तातस्तदा व्रजति तस्य शरण्यभावं।।

विशेष यह भी कि वे तुलसीदासजी के समकालीन थे और काशी के असीघाट पर जिस समय तुलसीदास मानस की रचना कर रहे थे ठीक उसी समय वहीं थोड़ी ही दूरी पर मानसरोवर घाट पर अद्वैतयति भी रामकथा लिख रहे थे– राघवोल्लास महाकाव्यम–

वाराणस्यां शिवस्थाने मानसाक्ष्ये सरोवरे

अद्वैतेन कृतं काव्यं सीताकान्त वियोगत: ।।

प्रकाशन : राष्ट्रीय संस्कृत संस्थान, इलाहाबाद

रामाश्वमेध

(ई. 1836)

(उत्तर रामायण)

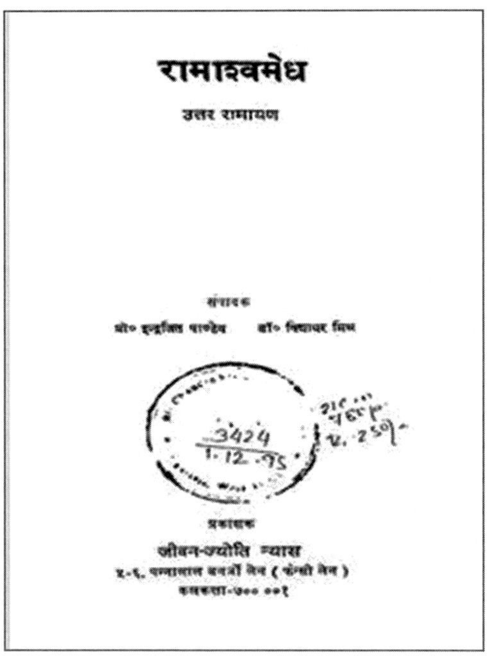

मधुसूदनदास

सम्पादक : *विद्याधर मिश्र*

इस कथा में शेष और वात्स्यायन के स्थान पर व्यासजी और सूतजी के माध्यम से कथा का आरंभ करवाया गया है। पदमपुराण के पातालखंड के प्रथम अध्याय के चौथे श्लोक के अनुवाद से कथा का आरंभ है। जब श्रीराम अयोध्या में प्रवेश करते हैं तों यह वर्णन वात्स्यायन करते हैं। पाँच गुप्तचरों से राम की प्रशंसा में भिन्न-भिन्न बातें कही गई हैं। छठवें गुप्तचर से रजक द्वारा राम और सीता को गृह से निकाले जाने की बात करना और उसकी माँ द्वारा सीता को शुद्ध एवं पवित्र कहलाना वाल्मीकि रामायण से भिन्न है। वाल्मीकि रामायण में रजक का उल्लेख नहीं है किंतु वाराहपुराण तथा रामाष्वमेध में रजक के चरित्र को उभारा गया है।

शेष ने जो कथा व्यास को सुनाई थी वही कथा सूत ने ऋषियों को भी सुनाई थी। सूत ने व्यास से राम के अश्वमेध की कथा सुनने के लिए निवेदन भी किया था। रामायण में अनेकानेक अश्वमेध यज्ञ कराए जाने का वर्णन है। राज्याभिषेक के पश्चात श्रीराम ने सौ अश्वमेध यज्ञ कराए थे। राजधर्म की रक्षा के लिए अश्वमेध कराया जाना किसी भी राजा के चक्रवर्ती होने का प्रमाण होता था। श्रीराम के द्वारा कराए गए अश्वमेध में उनके भाई भरत एवं लक्ष्मण विशेष सहयोगी रहे।

अश्वमेधो महाया: पावन सर्वपाप्मनाम्।
पावनस्तव दुर्घर्षौ रोचतां रघुनन्दन।

अनेक पुराणों में भी श्रीराम के द्वारा अश्वमेध कराए जाने की कथा मिलती है। पदमपुराण के पातालखंड में श्रीराम द्वारा कराए गए अश्वमेध को आधार बनाकर उसका हिन्दी में पद्यानुवाद अनेक कवियों ने किया है।

1739 में कवि मधुसूदन दास, कवि नारायण दास सहित अनेक नाम उल्लेखनीय हैं। ग्रंथ की पुष्पिका में ग्रंथकार ने स्वीकार किया है कि यह ग्रंथ पदमपुराण के पातालखंड के शेष और वात्स्यायन के संवाद का अनुवाद है। स्वतंत्र ग्रंथ के रूप में भी रामाष्वमेध का अपना महत्व है। पदमपुराण की कथा होने के बाद भी कवि ने अनेक मौलिक उदभावनाएं की हैं।

जेहि विधि व्यास सूत सन गावा। श्री अनन्त मुनिवरहिं सुनावा।
मति मैं निज मति के अनुसारा। बरनहुँ रघुपति चरित उदारा।।

पदमपुराण में श्रीराम का वाल्मीकि आश्रम जाना, लव और कुश से मिलना, सीता को बुलाना तथा एक नहीं दो दो अश्वमेध कराने का प्रसंग सर्वथा नवीन है। यज्ञाष्व के कारण प्रमुख राजाओं के मध्य युद्ध की स्थिति बनती है, अनेक राजा सम्मानित होते हैं तथा अनेकों को बंदी बना लिया जाता है।

श्रीरामचन्द्र द्वारा अश्वमेध यज्ञ का अनुष्ठान, घोड़े के साथ गई हुई सेना के साथ सुबाहू, दमन, विद्युन्माली, वीरमणि, शिव तथा सुरथ आदि का भीषण संग्राम होता है। अन्त में राम के पुत्र लव और कुश के साथ भी युद्ध होता है। श्रीराम युद्ध का निवारण करते हैं और पुत्रों सहित सीता का अयोध्या में आगमन के साध कथानक समाप्त होता है।

रत्नग्रीव का तीर्थ पावन, सुबाहू और सैन का समागम, लक्ष्मीनिधि (सीता के भाई) और सुकेत का गदा युद्ध, चित्रांग वध तथा अश्व का प्रसंग विशेष रूप से मनोरंजक हैं। ग्रंथ की मौलिकता में च्यवनोपाख्यान भी है जब शत्रुध्न अश्व को ढूंढते हुए च्यवन ऋषि के आश्रम में पहुँचते हैं।

प्रकाशन : जीवन ज्योति न्यास, कलकत्ता

शैव रामायण

(1899 ई.)

लेखक/अनुवाद : डॉ. रामबहादुर शुक्ल

शैव रामायण के अंतिम अध्याय में ग्रंथ की पुष्पिका में '12 संमत् 1956 फाल्गुन शुद्ध चतुर्दश्यां लिखितम्' से विदित होता है कि इस ग्रंथ की रचना (अनुवाद) 19 वी शताब्दी में हुई है तथा यह एक अर्वाचीन ग्रंथ है। कथा का मुख्य आधार वाल्मीकि रामायण के लंकाकाण्ड तथा उत्तरकांड से लिया गया है।

शैव रामायण में बहुत से रावणों का वर्णन मिलता है। दशग्रीव, पाताललंका के शतकग्रीव, शाकद्वीप के शतकन्धर आदि। पुष्करद्वीप के शासक काष्यप के पुत्र सहस्त्रकंठ शैव रामायण के प्रतिनायक हैं। शैव रामायण के प्रमुख पात्र सहस्त्रकंठ और राम ही हैं। सहस्त्रकंठ पुष्कर द्वीप का राजा है। वे दिति और कश्यप का पुत्र है तथा यज्ञ का विरोध करने वाला मायावी राक्षस भी है। वह शस्त्र तथा मल्लयुद्ध दोनों में पारंगत है। पृथ्वी तथा आकाश दोनों में समभाव से युद्ध कर सकता है।

श्रीराम और सहस्त्रकंठ के मध्य युद्ध का कारण अश्वमेध यज्ञ के अश्व का अपहरण है। सहस्त्रकंठ के आदेश पर राक्षसगण हनुमान को पकड़ने आते हैं तो वे सभागार का स्तम्भ उखाड़कर उसे मारते हैं। सहस्त्रकंठ के बाणों से सुग्रीव, अंगद, नल तथा नील सभी घायल हो जाते हैं। हनुमान शुक का रूप धारण करके सहस्त्रकंठ की सभा में पहुँचते हैं। सहस्त्रकंठ से राम, लक्ष्मण, भरत और शत्रुघ्न चारों भाइयों से युद्ध दिखाया गया है। अन्य रामायणें में सहस्त्रकंठ का वध सीताजी के द्वारा बताया गया है किंतु शैव रामायण में यह कार्य राम ने किया।

राक्षस होने पर भी सहस्त्रकंठ मोक्ष का अभिलाषी एवं विष्णु का भक्त बताया गया है। उसकी तपस्या से संतुष्ट होकर विष्णु ने स्वयं ही उसे मोक्ष रूप में अपने चरणों में रहने का अभीष्ट वरदान दिया था।

इसी कारण मृत्यु उपरांत सहस्त्रकंठ शेषनाग की योनि में परिणत हो जाते हैं और विष्णु की शैया बन जाते हैं। यह इस ग्रंथ की मौलिक विशेषता है।

शैव रामायण 12 अध्यायों में विभक्त है। इसका आरंभ तथा समापन अश्वमेध यज्ञ से होता है। निन्यानवे यज्ञों में सीता स्वयं साथ रहीं किंतु सौवे अश्वमेध यज्ञ में सीता के त्याग के कारण स्वर्णप्रतिमा के साथ यज्ञ पूर्ण होता है।

शैव रामायण के प्रथम अध्याय में कैलाशपर्वत का वर्णन, राम का अश्वमेध यज्ञ का वर्णन है। द्वितीय अध्याय में पुष्कर द्वीप का वर्णन, बृहस्पति द्वारा भरत को युद्ध की मंत्रणा, तृतीय अध्याय में महर्षि जाबालि द्वारा सहस्त्रकंठ के पूर्वजन्म का वर्णन भी है। जाबालि के परामर्श से ही राम सुग्रीव, विभीषण सहित पुष्कर पहुँचते हैं। युद्ध का वर्णन अत्यन्त विस्तार से है। सहस्त्रकंठ की मृत्यु के पश्चात उसका पुत्र पुष्कराक्ष विभीषण के परामर्श से राम की शरण में आया और श्रीराम ने उसको अभय प्रदान किया। राम के आदेश पर भरत चित्रपुरी में पुष्पराक्ष का राज्याभिषेक करने जाते हैं। वहाँ चित्रपुरी में सहस्त्रग्रीव की पटरानियों के रोदन का दृश्य भी अत्यन्त भावपूर्ण है।

राम द्वारा सरयू तट पर यज्ञशाला एवं यज्ञवेदी का निर्माण तथा कुश एवं लव के राज्याभिषेक के साथ ही कथा का समापन होता है।

प्रकाशन : शिवसंस्कृत संस्थान, वाराणसी

जानकी जीवनम्

अभिराज राजेंद्र मिश्रा

अनुवाद : *डॉ. दशरथ द्विवेदी*

21 सर्गों के इस संस्कृत महाकाव्य का लेखन अपने प्रवास के समय राजेंद्र मिश्रा ने डेनपसार (इंडोनेशिया) में 1988 ई में किया। यह नायिका प्रधान रचना है। इसमें सीता के जन्म से लेकर अश्वमेध यज्ञ तक सीता का चरित्र उपनिबद्ध है। राम द्वारा सीतात्याग की घटना इसमें नहीं है।

इक्कीस सर्गों में विभक्त इस महाकाव्य में अनेक नवीनताएं है। कथा क्रम इस प्रकार है -

प्रथम सर्ग : **अवतार :** सीताजन्म, राजा जनक द्वारा इन्द्र को प्रसन्न करने के लिए हल चलाना। सीरध्वज जनक के कुलगुरु महर्षि गौतम के पुत्र शतानंद राज्य में अकाल निवारण हेतु जनक को भूमि में हल चलाने का परामर्श देते हैं। वहीं सीता की प्राप्ति होती है।

पुरा विदेहेषु ववर्ष नाभ्रं बहूनि वर्षाणि किल व्यतीयुः ।
प्रजासु हाहाकृतवेदनोत्थं निकामदुःखं प्रमुखीवभूव ।।

द्वितीय सर्ग : **शिशुकेलि :** सीता की मनोहर बाललीलाएं, मछली के समान जल में तैरने की स्पर्द्धा, कपोत शावकों को चावल खिलाना, शिव के धनुष का पूजन, मैना की मधुर बोली की नकल।

तृतीय सर्ग : **स्मरांकुर :** सखी प्रसंग, यौवनावस्था में प्रवेश।

चतुर्थ सर्ग : **राघवानुराग :** राम के चरित्र को सुन सीता का राम के प्रति अनुराग उमड़ना।

पंचम सर्ग : **रघुराज संगम :** राम लक्ष्मण का मिथिला पहुँचना, विलासवन में मधुर गीतों की ध्वनि।

षष्ठम सर्ग : **पूर्वराग :** वाटिका में मंदिर का दृश्य और सीता और राम का प्रथम दर्शन।

सप्तम सर्ग : **स्वयंवर :** राम द्वारा पिनाक भंग, राजा दशरथ को राम विवाह हेतु आमंत्रण।

अष्ठम सर्ग : **श्वसुरालय :** बारात आगमन, चारों भाइयों कोविवाह एवं बिदाई।

नवम सर्ग : **वहवाचार :** त्रिवाह का उत्सव

दशम सर्ग : **वनवास :** बारह वर्ष तक अयोध्या में रहने के बाद राम के राज्याभिषेक सम्बन्धी निर्देष, कैकेयी मंथरा संवाद, दशरथ के वरदान की चर्चा और राम को चौदह वर्ष के लिए वनवास।

एकादश सर्ग : **रावणापहार :** वन में ऋषि भारद्वाज से मिलन, भरत मिलाप, पंचवटी में गोदावरी के किनारे शूर्पणखा प्रसंग, खरदूषण वध, मारीच प्रसंग, सीता हरण, जटायु प्रसंग।

द्वादश सर्ग : **अशोक वनाश्रय :** अशोकवन में सीता का त्रिजटा के सानिध्य में आश्रय।

त्रयोदश सर्ग : **हनुमत्प्राप्ति :** जटायु द्वारा राम को रावण का पता देना, हनुमान और सुग्रीव से मिलना, बाली वध, सीता की खोज, हनुमान द्वारा लंका का विनाश।

चतुर्दश सर्ग : **लंका विजय :** राम रावण युद्ध, लंका विजय।

पंचदश सर्ग : **अग्निपरीक्षा :** राम द्वारा सीता की अग्निपरीक्षा लिया जाना। लक्ष्मण द्वारा लकड़ियों की चिता तैयार करना, अग्निदेव द्वारा सीता को गोद में लेकर प्रकट होना।

षोडश सर्ग : **राज्याभिषेक :** राम की अयोध्या वापसी तथा राज्याभिषेक।

सप्तदश सर्ग : **जनापवाद :** दुर्मुख गुप्तचर द्वारा जनापवाद की सूचना, राम द्वारा राजसभा का आयोजन, भरत शत्रुध्न के साथ मंत्रणा।

अष्टादश सर्ग : **अपवाद निर्णय :** रजक द्वारा अपनी त्रुटि से अवगत कराते हुए स्वयं के वध का प्रस्ताव देना। सभासदों के द्वारा सीता के पावन चरित्र की चर्चा रजक को क्षमादान और सीता को निर्दोष बताने का निर्णय।

एकोनविश सर्ग : **लवकुश का जन्म :** लवकुश का अयोध्या के राजावन में जन्म, विद्याध्ययन हेतु वाल्मीकि आश्रम जाना, सीता का भी साथ जाना।

विश सर्ग : **अश्वमेध :** नैमिषारण्य में राम द्वारा अश्वमेध का आयोजन, कुषलव का प्रसंग।

एकविष सर्ग : रामायणगानम।

अनेकानेक नवाचारों से युक्त इस महाकाव्य में मिथिला की कुमारियों का कजलीगायन विशेष है। सीता द्वारा मातृत्व की प्राप्ति एवं राम के साथ सीता द्वारा यज्ञ की दीक्षा लेने के रूप में फल है।

वियदुपरिसुनीलं नीलसिन्धुष्च नीचैरुभयमपिसमानं।
इह गगन पृथिव्योर्लक्ष्यते नैव भेदो निखिलमपि
विहायस्सागरो वा विभाति।।

सीता के उग्र रूप को देखकर रावण भयभीत हो उठता है। कैकेयी के वरदान, वेदवती द्वारा रावण को दिये शाप की कथा को प्रमुखता से उभारा गया है। लक्ष्मण- शत्रुध्न संवाद इस काव्य की मौलिकता है। प्रत्येक अध्याय की फलश्रुति लिखते समय कवि ने कालिदास, श्री हर्ष, जयदेव, बिल्हण, पं राज जगन्नाथ जैसे कवियों का स्मरण किया है।

मूलं श्री रवि कालिदास कविता श्री हर्ष वाणी तनु:
यत्रं श्री जयदेव वचनं श्रीविल्हणोक्तं सुभम।

प्रकाशन : राधा पब्लिकेशन्स, दरियागंज, नई दिल्ली

श्रीभार्गवराघवीयम

(2002 ई.)

जगदगुरु रामभद्राचार्य

श्रीभार्गवराघवीयम महाकाव्य में परशुराम (भार्गव) और राघव (राम) की कथा है। इसमें संस्कृत तथा प्राकृत भाषा के श्लोक हैं। 21 सर्गों में प्रत्येक में 101 श्लोक। प्रथम नौ सर्गों में परशुराम के नौ गुणों का वर्णन है तथा शेष 12 में रामकथा का।

परशुराम द्वारा शस्त्र त्यागने के पश्चात रामअवतार की भूमिका बनती है। अंतिम सात सर्ग मानस के अनुसार हैं जिसमें विश्वामित्र द्वारा राम की शिक्षा से लेकर अंत में उनके विवाह तक की रोचक कथा है।

श्रीभार्गव राघवीयम में भगवान परशुराम के जीवन का विस्तार से परिचय दिया गया है। वे शिवजी से 18 विद्याओं की शिक्षा प्राप्त करते हैं। माता रेणुका की कथा, सहस्त्रबाहू प्रसंग, 21 बार पृथ्वी को क्षत्रियविहीन करने की कथा, परशुराम और गणेश का युद्ध की कथाएं इसमें हैं। रावण के अत्याचार से आक्रांत पृथ्वी गौ के रूप में सुमेरु पर्वत जाती है जहाँ वह श्रीराम से अवतार लेकर रावण का संहार करने का अनुरोध करती है।

राम अपने तीन विष्णु अंशों के संग क्षीरसागरवासी विष्णु भरत के रूप में, वैकुण्ठवासी विष्णु लक्ष्मण रूप में और श्वेतद्वीपवासी विष्णु शत्रुघ्न के रूप में अवतार लेते हैं। राम सीता से भी अवतरित होने का निवेदन करते हैं। श्रीराघवावतरणम् सर्ग में राजा दशरथ के यहाँ चार पुत्र उत्पन्न होते हैं। परशुराम महेन्द्र पर्वत पर भगवान राम के बाल रूप का ध्यान करते हुए रोमांचित हो उठते हैं।

पुण्यारण्य (पुनौरा, सीतामढी) में सुनयना और राजा जनक स्वर्ण के एक हल से वैशाख शुक्ल पक्ष नवमी (सीतानवमी) को भूमि जोतते हैं तब स्वर्ण सिंहासन पर आसीन और अपनी आठ सखियों के साथ सीता षोडशवर्षीया किशोरी के रूप में पृथ्वी से प्रकट हो जाती हैं। परशुराम स्वयं भविष्यवाणी करते हैं कि रघु के वंशज श्रीराम ही धनुष का भंजन करेंगे। राम अहल्योद्धरणम् सर्ग में अहिल्या का उद्धार करते हैं।

विश्वामित्र राम एवं लक्ष्मण को बला और अतिबला नामक दो विद्याएँ प्रदान करते हैं, जो उन्हें कुछ खाए, पिए और सोए बिना भी जीवनधारण कराने में सक्षम हैं। विश्वामित्र अपने समस्त दिव्यास्त्र भी राम को समर्पित कर देते हैं। राम और सीता का विवाह होता है। लक्ष्मण, भरत और शत्रुघ्न का विवाह भी होता है।

विवाहोपरांत रामायण की शेष घटनाएं अत्यन्त संक्षेप में हैं। राम बारह वर्ष अयोध्या में व्यतीत करते हैं और इसके पश्चात कैकयी की आज्ञाओं का अनुसरण करते हुए वन के लिए प्रस्थान करते हैं। राम सीता का हरण करने वाले रावण का संहार करते हैं, सुग्रीव एवं हनुमान के साथ अयोध्या पुनः वापिस आते हैं और पुनः परशुराम उनको नमन करते हैं। अंतिम अध्याय में श्रीराम परशुराम को महेन्द्र पर्वत पर भेज देते हैं।

इस ग्रंथ में कथा के नायक परशुराम जी हैं। अपने अभिनव प्रयोग एवं व्याकरण जन्य विशेषताओं के कारण इस महाकाव्य का विशेष स्थान है।

छंद वैविध्य की दृष्टि से भी ग्रंथ अनूठा है।

त्रिजगदवन हत हरिजननिधुवन,निजवन रुचिजित शतषत विधुवन।
तरुवर विभवविनतसुरवर वन, जयतिविरति घन इव रघुवरवन।।
मदनमथन सुखसदन विधुवदन, गदितविमलवर विरुद कलिकदन।
शमदमनियममहित मुनितनधन, लससि विबुधमणिखि हरिपरिजन।।

बीसवें सर्ग में एकाक्षरी श्लोक का प्रयोग नवीन है। इसमें मात्र एक व्यंजन का प्रयोग किया जाता है।

कः कौः केककेकाकः काककाकाककः।
काकः काकः ककः काकः कुकाकः काककक कुकः।

(परब्रह्म (कः) राम पृथ्वी (कौ) और साकेतलोक (के) में दोनों स्थान पर सुशोभित हैं उनसे सम्पूर्ण ब्रह्मांड में आनन्द निसृत होता है। वह मयूर की केकी (केककेकाकः) एवं काक (काकभुशुण्डि) की कांव कांव (काककाकाककः) में आनंद और हर्ष की अनुभूति करते हैं।

प्रत्येक सर्ग का समापन श्री शब्द से हुआ है।

श्रीभार्गवराघवीयम महाकाव्य को 2005 में संस्कृत साहित्य अकादमी का पुरस्कार मिला। प्रधानमंत्री श्री अटलबिहारी वाजपेयी ने इसका लोकार्पण किया।

प्रकाशन : जगदगुरु भद्राचार्य विकलांग विश्वविद्यालय, चित्रकूट

नाट्य खंड

- प्रतिमा नाटकम
- अभिषेक नाटकम
- कुन्दमाला
- अद्भुतदर्पण
- महावीरचरितम
- उत्तररामचरितम
- आश्चर्यचूडामणि
- अनर्घराघवम
- प्रसन्नराघवम
- बालरामायणम
- मैथिली कल्याणम
- उल्लाघराघवम
- अंजनापवनंजय
- उन्मत्तराघवम
- हनुमन्नाटक
- आनंद रघुनंदन
- सीतारावणसंवादझरी

प्रतिमा नाटकम्

(दूसरी शताब्दी)

महाकवि भास

व्याख्याकार : *श्री जगदीषचन्द्र मिश्र*

संस्कृत के प्रसिद्ध नाटकों में प्रतिमा नाटक का विशेष स्थान है। महाराज दशरथ की मृत्यु के उपरांत ननिहाल से अयोध्या लौटते भरत मार्ग में स्थित देवकुल में पूर्वजों की प्रतिमायें देखते हैं। वहाँ दशरथ की प्रतिमा देखकर वे उनकी मृत्यु का अनुमान कर लेते हैं। प्रतिमा दर्शन की घटना प्रधान होने से इसका नाम प्रतिमा नाटक रखा गया है। प्रतिमा निर्माण की कथा भास की अपनी मौलिकता है।

प्रतिमा नाटक में सात अंक हैं तथा राम के वनगमन से लेकर रावणवध तथा राम के राज्याभिषेक तक की कथा है। नाटक की कथा में पर्याप्त नाटकीयता है। दासी के हाथ में वल्कल देख परिहास में ही सीता उसे पहन लेती है। वह समय राम के अभिषेक का ही था। राम सीता को वल्कल पहने देख कहते हैं तुमने पहना तो मैंने भी पहन लिया।

कैकेयी द्वारा राम को वन दिए जाने को राम सर्वथा उचित बताते है। दशरथ मूर्छित हैं तभी लक्ष्मण वहां आते हैं और आवेष में राम से कहते हैं कि संसार को युवती रहित करने का मेरा निश्चय है। राम इसे मंगल बताकर सीता को पहले से ही मिला वल्कल लेकर पहन लेते हैं। सीता भी राम के न चाहने पर भी लक्ष्मण के समर्थन में राम के साथ वन जाने को प्रस्तुत हो जाती है और लक्ष्मण भी वल्कल धारण कर लेते हैं।

कथा में नवीनता है। राम का राज्याभिषेक आधा हो चुका है। शत्रुघन के हाथों में अभिषेक का घट है जबकि प्रचलित राम कथा के अनुसार शत्रुघन उस समय भरत के साथ अपने मामा के घर पर थे। अभिषेक बंद कराने के लिए मंथरा राजा के कान में कुछ कहती है। कैकेयी द्वारा भरत पर यह रहस्य प्रकट किया जाता है कि दशरथ को शाप था कि वे पुत्र वियोग में मरेंगे। इसीलिये मैंने अपराधिनी बनते हुए राम को वन में भेजा। राज्य के लोभ से नहीं। मैं 14 दिन कहना चाहती थी किन्तु मुंह से 14 वर्ष निकल गया। भरत रावण

के विरुद्ध युद्ध हेतु राम की सहायता हेतु सपरिवार सेना सहित पहुँचते हैं किन्तु तब तक राम रावण पर विजय प्राप्त कर चुके होते हैं। वहीं राम का अभिषेक हो जाता है। कथा विभाजन इस प्रकार है—

प्रथम अंक : श्रीराम के पट्टाभिषेक का विचार, उसमें विघ्न और राम का वनगमन वर्णित है। सीता द्वारा परिहास में वल्कल पहनना भास की मौलिकता है।

द्वितीय अंक : दशरथ को दु:ख और उनका मरण दिखाया गया है।

तृतीय अंक : भरत अपने मामा के घर से वापस अयोध्या आते समय प्रतिमागृह जाते हैं। वहाँ अधिकृत देवकुलिक के मुख से दशरथ की मृत्यु और उसके बाद राम के वनगमन के बारे में सुनकर मूर्छित हो जाते हैं। वहाँ प्रतिमादर्शन के लिये कौसल्या आदि माताएँ भी आयीं हैं। शोकविह्वल भरत कैकेयी को नमस्कार नहीं करते बल्कि उनको कठोर वचन कहते हैं। फिर राम से मिलने चित्रकूट जाते हैं।

चतुर्थांक : राम से मिलकर भरत राज्य पुनः ग्रहण करने की प्रार्थना करते हैं। किन्तु जब राम भरत की प्रार्थना नहीं माने पर उनकी पादुकाओं को साक्षी कर राज्य संचालन करने का संकल्प लेते हैं।

पंचमांक : सीता कांचनमृग को मारने के लिए राम से आग्रह नहीं करती। परिव्राजक वेषधारी रावण राम की कुटी में आकर अपना परिचय श्राद्धकल्प में निष्णात के रूप में देता है और कहता है कि हिमालय के सप्तम शिखर पर सुवर्णमृग समर्पित करें तो उसके बाद पिता को सद्गति मिलेगी। संयोग से उसी प्रकार का मृग वहाँ दिखाई देता है। राम उस मृग के पीछे दौड़ते हैं। तभी रावण भी सीता को हर लेता है। सुमंत्र का वन में जाना तथा लौटकर भरत को सीताहरण का समाचार देना कवि की मौलिकता है।

छठा अंक : भरत सुमन्त्र के मुख से राम के वनगमन के रहस्य को जानकर कि माता दोषरहित हैं, कैकेयी से क्षमा माँगते हैं। रावणवध के लिए राम की सहायता के लिए सेना लेकर वन को चल देते हैं।

सप्तम अंक : मध्य मार्ग में ही विजयी राम का भरत से मिलाप होता है। कैकेयी राम को पट्टाधिकार स्वीकार करने की सूचना देतीं हैं। सप्तम अंक में राम का वन में ही राज्याभिषेक इस नाटक में मौलिक ही है।

प्रकाशक : चौखम्बा सुरभारती प्रकाशन, वाराणसी

अभिषेकनाटकम्

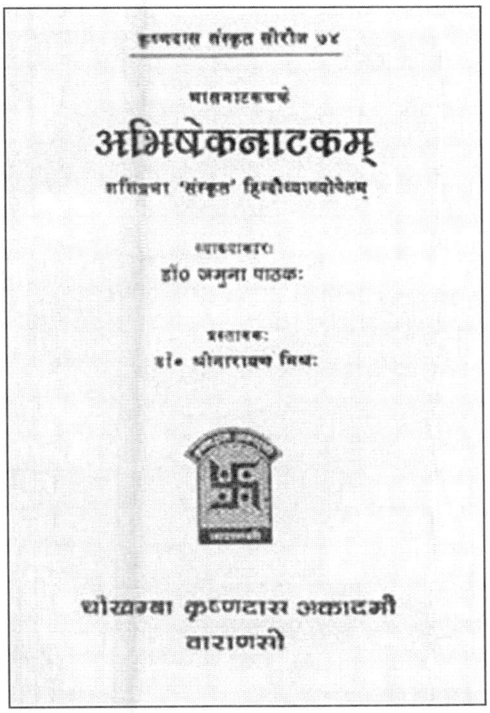

महाकवि भास

व्याख्याकार : *डॉ. जमुना पाठक*

महाकवि भास कृत इस नाटक में छः अंक हैं। किष्किंधाकाण्ड से युद्धकाण्ड की समाप्ति तक की कथा अर्थात् बालिवध से राम राज्याभिषेक तक की कथा वर्णित है। रामराज्याभिषेक के आधार पर ही इसका नामकरण किया गया है। प्रथम अंक किष्किन्धा से आरंभ होता है। बाली ने अनुज सुग्रीव की भार्या और उसके धन का हरण कर लिया है। सात साल के वृक्षों को भेदकर राम सुग्रीव को मित्र बनाते हैं। बाली को बाण लगने पर वह गिरकर मूर्छित हो जाता है किंतु चेतना आने पर वह बाण को देखता है जिस पर राम का नाम लिखा हुआ है। बालिवध को न्यायसंगत दिखाने का श्रम भी किया गया है। अशोकवन के विध्वंश का समाचार शंकुकर्ण नामक परिचर रावण को देता है। रावण के चले जाने पर जब हनुमान वानर रूप में उपस्थित होकर रामकथा सुनाते हुए स्वयं को रामदूत कहते हैं तब प्रथम तो सीताजी को शंका होती है किंतु यह सोचकर बात करने का निश्चय करती हैं कि वह आर्यपुत्र का नाम तो ले रहा है। यह सूचना मिलने पर कि हनुमान ने पाँच सेनापतियों तथा अक्षयकुमार का वध कर दिया है, मेघनाद हनुमान को पकड़ने के लिए जाता है। विभीषण भी रावण का साथ छोड़कर राम की षरण में आ जाते हैं। समुद्र के किनारे राम वानरसेना के साथ विचार कर रहे थे तभी विभीषण आकाशमार्ग से वहाँ उतरते हैं। सेना का शिविर सुबेल पर्वत पर बनता है। सेना की गिनती होने पर दो वानर अधिक निकलते हैं। विभीषण बताता है कि ये दो रावण के गुप्तचर राक्षस शुक और सारंग हैं। राम उन्हें क्षमा कर देते हैं। इन्द्र के मातलि के रथ पर बैठकर राम रावण का वध करते हैं। राम के राज्याभिषेक के समय दशरथ का उपस्थित रहना इस नाटक की मौलिकता है। जटायु से समाचार लेकर हनुमान का लंका जाना भी इस कथा का विचित्र प्रसंग है जबकि जटायु की मृत्यु तो पहले ही हो चुकी थी। लक्ष्मी का रावण को छोड़कर राम के पास जाना भी विशेष है। बाली वध के समय उर्वशी तथा गंगा के दर्शन भी इस नाटक की मौलिक सर्जना है।

लक्ष्मण का चरित्र इस नाटक में विशेष प्रस्फुटित नहीं हो सका है। सुग्रीव के चरित्र को विशेष रूप से उभारने का प्रयास है। राम-रावण युद्ध अपनी विशिष्टताओं में बेजोड़ है। कुम्भकर्ण और इंद्रजीत की मृत्यु के पश्चात् रावण राम और लक्ष्मण के सिर की प्रतिकृति सीता को दिखाकर उनकी मृत्यु की बात कहता है किन्तु सीता रावण की बात का विश्वास नहीं करती। राम रावण का वध करते हैं। राम की इच्छा से सीता अग्नि में प्रवेश करती है। अग्निदेव उज्ज्वल सीता को अंक में लेकर प्रकट होते हैं। वे राम से निवेदन करते हैं कि सीता भगवती लक्ष्मी का स्वरुप है। सीता की अग्निपरीक्षा के पश्चात राम सीता को स्वीकार करते हैं तथा अग्निदेव राम का अभिषेक करते हैं।

नाटक में युद्ध विवरण की अधिकता है। प्रथम अंक में बाली और सुग्रीव का युद्ध संक्षिप्त है किन्तु चौथे एवं पांचवे अंक में राम और रावण का युद्ध दृश्य बहुत लंबा है। छठवे अंक में तीन विद्याधर राम और रावण के युद्ध की विशेषताओं का आँखों देखा विवरण प्रस्तुत करते हैं। भाषा में संस्कृत का बाहुल्य है। प्राय: वानर भी संस्कृत बोलते हैं जो कही कभी व्यवधान-सा लगता है। नाटक में चम्पू शैली है। गद्य एवं पद्य दोनों में संवाद सुंदर प्रस्तुति है।

प्रकाशक : चौखम्बा कृष्णदास अकादमी, वाराणसी

कुन्दमाला

(5वीं शती)

महाकवि दिङ्नाग

अनुवाद : *वागीश्वर विद्यालंकार*

महाकवि दिङ्नाग दक्षिण भारत के कवि थे शोधकर्ता बर्नेल को कुंदमाला की पांडुलिपि तंजौर महल के ग्रंथालय से प्राप्त हुई थी। यह अति प्राचीन नाटक है। कुन्दमाला में रामकथा के विशेष पक्ष की गाथा है।

प्रथम अंक : नाटक का प्रारंभ गणेश एवं शिव की प्रार्थना से होता हैं। सूत्रधार नटी के साथ बात करता है तभी वह सीतात्याग का करूण दृश्य देखता है। लक्ष्मण सीता को गंगा किनारे का मार्ग दिखाते हैं। वे सीता से कहते है कि राम ने उनका त्याग कर दिया है। सीता को आधात लगता है और लक्ष्मण उन्हें त्यागकर चले जाते हैं। तभी वाल्मीकि ऋषि आकर सीता को अपने आश्रम ले जाते है। सीता गंगा की प्रतिज्ञा करती है कि यदि उन्हें सुखपूर्वक प्रसव होगा तो वे गंगा को कुंद पुष्पों की माला अर्पित करेगी।

द्वितीय अंक : वेदवती और यज्ञवती के संवाद से ज्ञात होता है कि सीता ने दो बालकों को जन्म दिया जिनका नाम कुश एवं लव हैं। उनकी चर्चा से ज्ञात होता है कि राम ने नैमिषारण्य में अश्वमेध का आयोजन किया है। वेदवती बाद में सीता से मिलती है और सीता के दुःख का कारण राम को बताती हैं किंतु सीता के मनोभाव जानकर वेकहती हैं कि शीघ्र ही उन्हें अश्वमेध यज्ञ के कारण राम दर्शन देंगे।

तृतीय अंक : राम लक्ष्मण के साथ गोमती तट पर विहार कर रहे थे कि राम को सीता प्रवाहित कुंदमाला मिलती है। राम गोमती के किनारे पदचिह्न देखकर अनुमान करते है कि सीता यहीं किसी स्थान पर हैं। राम और लक्ष्मण लताकुंज में आराम करते हैं, सीता भी लताकुंज में पुष्प चुन रही थी और वहां राम को देखकर सीता छुप जाती हैं और चुपके से राम की बात सुनती है किंतु बाद में आश्रम मर्यादा का विचार कर वहाँ से चली जाती हैं।

चतुर्थ अंक : वेदवती यज्ञवती से कहती हैं कि तिलोत्तमा सीता बनकर राम की परीक्षा लेंगीं परंतु कौशिक वेदवती की बात सुन लेता है। आश्रम की स्त्रियॉ वाल्मीकि से निवेदन करती है कि अश्वमेध यज्ञ के कारण पुरुष नैमिषारण्य विचरण कर रहे हैं तो वे पुष्करिणी कैसे स्नान करे सो वाल्मीकि उन्हें वरदान देते है कि स्नान के समय उन्हें कोई नहीं देख पायेगा। सीता पुष्करिणी के जल में हंस देख रही है तभी राम वहाँ आते है। वाल्मीकि के वर के कारण राम सीता को नहीं उसके प्रतिबिंब को देखते है और मूर्छित हो जाते हैं। सीता अपनी शाल से उन्हें हवा देती हैं। राम जागकर उस शाल को खींच लेते है। सीता राम की शाल लेकर वहाँ से चली जाती है। तभी राम का मित्र कौशिक कहता है कि शायद यह तिलोत्तमा की माया थीं लेकिन राम कहते हैं कि कोई स्त्री उन्हें वस्त्राचंल से हवा नहीं दे सकती।

पंचम अंक : राम अपने दरबार में रामायण गायन का आयोजन करते हैं। लव और कुश दरबार में आते हैं। सिंहासन पर बैठे राम उन दोनों को अपनी गोद में बैठाते है तभी कौशिक कहता है कि इन्हें सिंहासन से उतार दे क्योंकि रघुकुल के अतिरिक्त जो बेठेगा उसके शीश के टुकड़े हो जायेगा परंतु लव-कुश को कुछ नहीं हुआ। राम सोचते है कि संभवत यह दोनों सीता की संतान है।

षष्ठ अंक : लव और कुश दशरथ विवाह से सीता निर्वासन की कथा सुनाते हैं परंतु उन्हें आगे की कथा ज्ञात नहीं थीं इसलिए राम कण्व को बुलाते हैं। वे राम को बताते हैं कि लव कुश उनके पुत्र है। राम, लव और कुश मूर्छित हो जाते हैं। वाल्मीकि सीता के साथ वहाँ आकर उन्हें जगाते हैं। वाल्मीकि राम पर क्रोधित होते हैं और सीता से कहते है कि अपनी पवित्रता का प्रमाण दे। पृथ्वी दिव्य रूप लेकर सीता की पवित्रता प्रतिपादित करती है। अंत में राम सीता और उनके पुत्रों को स्वीकार कर लेते हैं और भरतवाक्य द्वारा नाटक का अंत होता है।

प्रकाशक : भारतीय संस्कृत भवन, जालंधर

अद्भुतदर्पणम्
(660 ई.)

श्री महादेव कवि

अनुवाद : *डॉ. वीणा मिश्रा*

श्री महादेव कवि द्वारा प्रणीत दस अंको का यह नाटक अदभुत रस से युक्त है। मानव, राक्षस, भालू, वानर आदि के साथ ही नगर की अधिष्ठात्री देवी लंका और राजोद्यान की अधिदेवी निकुम्भिला इसके महत्वपूर्ण पात्र हैं। इसमें मेघनाद द्वारा निकुम्भिला देवी की स्तुति में किए जा रहे यज्ञ का वर्णन है। लंका में पहुँचने पर राम अंगद को दूत बनाकर भेजते हैं किंतु रावण दूत का अपमान कर उसे लौटा देता है। रावण युद्ध के लिए मायावी राक्षसों की एक विशाल सेना को तैयार करता है और मायावी शम्बर वानरवेष धारण कर राम की सेना में घुस जाता है। राम की सेना के अनुभवी सेनापति जाम्बवान की दृष्टि से वह बच नहीं पाता और जाम्बवान उसे पकड़ लेता है किंतु मायावी राक्षस अदृश्य हो जाता है।

जाम्बबान दधिमुख वानर को शम्बर समझ कर दण्ड देना चाहता है किंतु यह रहस्य भी खुल जाता है। शम्बर प्रण करता है कि वह दधिमुख को मरवा डालेगा और दधिमुख का वेश धारण कर राम को बताता है कि अंगद और रावण एक हो गए हैं। मायावी राक्षस अंगद के वेश में सुग्रीव के कृत्रिम सिर को उनके सम्मुख लाकर पटक देता है। मायावी की बात पर लक्ष्मण को विश्वास नहीं होता। तभी सुग्रीव वहाँ पहुँच जाते हैं और मायावी का रहस्य खुल जाता है।

इधर रावण का सेनापति शम्बर को वास्तविक अंगद समझकर बंदी बना लेता है। शम्बर अपनी वास्तविकता उसे बताता है तब जाम्बवान उसे पुन: पकड़ लेता है। सेनापति शम्बर के मारे जाने पर रावण स्वयं युद्धभूमि में आता है।

युद्ध की योजना पर मंत्रणा करते समय विभीषण राम को वह अदभुत दर्पण देता है जिसे रावण ने उपहार में अपने ससुर से प्राप्त किया था। इस दर्पण के माध्यम से तीन योजन के घेरे में घटने वाली समस्त गतिविधियों को इसमें देखा जा सकता है। कुंभकर्ण और इन्द्रजीत मारे जाते हैं और हनुमान लंका को ध्वस्त कर देते हैं। फिर मायायुद्ध चलता है और अन्त में रावण भी मारा जाता है। राम का रूप रखकर मयासुर सीता पर परगृहवास का कलंक लगाता है और उसे त्यागने की घोषणा करता है। सीता भरम में आ जाती हैं और अग्निप्रवेश करती है। परन्तु तभी आकाशवाणी होती है और सीता की शुद्धता प्रमाणित होती है। आकाश से सभी देवता और दशरथजी राम और सीता को आशीर्वाद प्रदान करते हैं।

प्रकाशक : मनीष प्रकाशन, वाराणसी

महावीरचरितम्

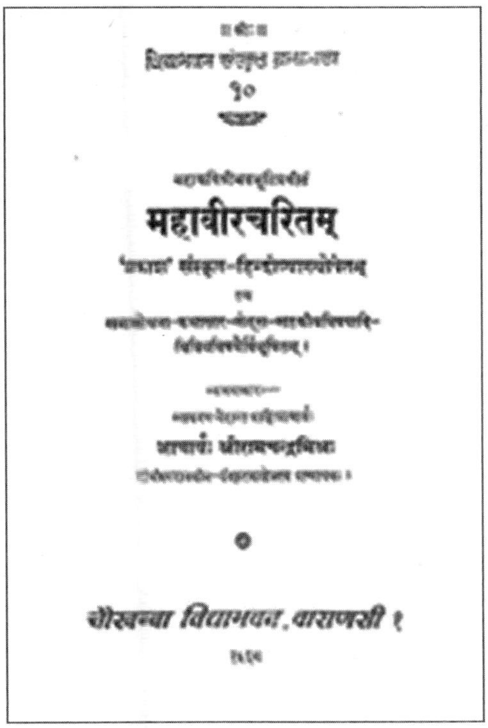

महाकवि भवभूति

व्याख्याकार : *आचार्य रामचन्द्र मिश्रा*

महावीरचरित नाटक भवभूति द्वारा रचित रामकथा का पूर्वार्द्ध है। उत्तररामचरित में उत्तरार्द्ध की कथा है।

प्रस्तावना सूत्रधार (कथाकार) के साथ ईश्वर प्रार्थना करते हुए आरंभ होती है। इसके बाद भवभूति और नाटक के विषयों का प्रस्तुतिकरण है। ऋषि विश्वामित्र ने राक्षसों के विरुद्ध यज्ञ की रक्षा के लिए अपने शिष्यों राम और लक्ष्मण को बुलाया है। उन्होंने राजा जनक को भी यज्ञ स्थल पर आमंत्रित किया है, लेकिन वे उपस्थित नहीं हो पा रहे हैं और अपने भाई कुशध्वज और बेटियों सीता और उर्मिला को अपने प्रतिनिधियों के रूप में भेजते हैं।

राजा जनक ने सीता स्वयंवर की घोषणा की। रावण के दूत ने आकर जनक को सूचित किया कि आप रावण को अपनी कन्या प्रदान करें क्योंकि वे उच्चप्रतिष्ठित हैं। वे स्वयंवर में नहीं आ सकेंगे। राजा जनक ने उसकी बात पर ध्यान देना भी उचित नहीं समझा। राम और सीता का विवाह हुआ। रावण ने इसे अपना अपमान माना। ठीक इसके पूर्व ही राम ने ताड़का और सुबाहू का वध भी किया था। इस कारण वह राम को अपना शत्रु मानता था। रावण के मंत्री माल्यवान ने उसे समझाया कि इसके लिए कोई युति करनी पड़ेगी। परशुराम से मिलकर उसके मंत्री ने राम के विरुद्ध भड़काया। परशुराम ने राम का विरोध तो किया किंतु उनसे परास्त हुए। फिर रावप ने अपनी बहन शूर्पणखा को मंथरा दासी के रूप में अयोध्या में राम के पहुँचने के पहले ही यह संदेश देने को कहा कि कैकेयी आपको 14 वर्ष का वनवास देना चाहती है। राम को वनवास हुआ और सीता और लक्ष्मण के साथ वे वन को चले गए। लक्ष्मण द्वारा राक्षस कबंध का वध और श्रमण की मुक्ति की कथा भी भिन्न है। श्रमण सुग्रीव के साथ सेना में शामिल हो गया था। माल्यवान ने ही बाली को राम पर आक्रमण करने के लिए उकसाया था।

नाटक में शूर्पणखा राम और लक्ष्मण की नाक काटने की लालसा करती है। दानव खर, दूषण और त्रिशिरा प्रतिशोध में हमला करते हैं। माल्यवान को आशा थी कि अकेले रहने पर राम को खर की सेना परास्त कर देगी और सीता का अपहरण खर करेगा। किंतु खर इसमें सफल न हो सका। गिद्ध जटायु राम और लक्ष्मण को एक हिरण का पीछा करते हुए देखता है। रावण सीता का अपहरण करता है। सीता की रक्षा के प्रयास में जटायु की मृत्यु हो जाती है। मृत्यु से पूर्व वही राम को सीता के अपहरण की सूचना देता है। माल्यवान ने बाली को उसकी इच्छा के विरुद्ध राम को परास्त करने के लिए उकसाया। युद्ध में बाली मारा गया। मरते समय उसने सुग्रीव और अंगद को राम की शरण में दे दिया।

अब तक माल्यवान को कोई सफलता नहीं मिली थी अन्त में उसने राम और रावण का युद्ध करवाया जिसमें रावण पराजित हुआ। उसके स्थान पर विभीषण राजा हुआ। राम को सीता मिली। वे अयोध्या आकर राज्य करने लगे। इस नाटक में परशुराम के साथ दशरथ और विश्वामित्र का विवाद भी दिखाया गया है।

नवीनता की दृष्टि से महावीरचरित नाटक अनेक प्रसंगों से सबको चौंकाता है। अनेक नवीन छंदों की योजना है जो काव्य की दृष्टि से भी उत्तम है।

प्रकाशक : चौखम्बा विद्याभवन, वाराणसी

उत्तररामचरितम्

(700 ई.)

महाकवि भवभूति

सम्पादक : *शरदरंजन रॉय*

महाकवि भवभूति का नाम कालिदास के समकक्ष ही विख्यात है। उत्तररामचरितम् महाकवि भवभूति का अत्यन्त प्रसिद्ध संस्कृत नाटक है। रामकथा के क्रमिक विकास की दृष्टि से भी इसका महत्व सर्वथा प्रासंगिक है। कवि भवभूति यषोवर्मा की राजसभा में पण्डित पद पर पदस्थ थे। उन्होंने रामकथा के पूर्वार्द्ध को महावीरचरितम् तथा उत्तरार्द्ध को उत्तररामचरितम् के रूप में लिखा है। सीता के प्रति राम के अनिर्वनीय प्रेम, प्रजारंजन व्रत की पराकाष्ठा का मर्मस्पर्शी वर्णन मिलता है।

सात अंकों में निबद्ध उत्तररामचरितम् भवभूति की सर्वश्रेष्ठ नाट्यकृति है। इसकी कथा राम के राज्याभिषेक के पश्चात आरंभ होती है। प्रथम अंक के आरंभ में ही राम की विनम्रता का सुन्दर संवाद है। कंचुकी ने प्रवेश करके पहले राम को रामभद्र और फिर बाद में महाराज के रूप में सम्बोधित किया। राम ने कंचुकी से कहा– मेरे पिता के परिजनगण मेरे लिए रामभद्र शब्द का ही प्रयोग करते हैं। यही सुन्दर है। आप मुझे जिस रूप में सम्बोधित करते हैं उसी तरह बोला कीजिए।

राम– (सस्मितम्) आर्य! ननु रामभद्र! इत्येव मां प्रत्युपचार: शोभते तातपरिजनस्य। तद् यथाभ्यस्तमभिधीयताम्। (उत्तररामचरित अंक 1)

चौदह वर्ष के वनवास के पश्चात राम के अयोध्या वापस आने पर उनका अभिषेक होता है। राजा जनक सहित अनेक ऋषिगण तथा वन में सहायक वानर मित्र और राक्षस भी इस राज्याभिषेक में सम्मिलित होते हैं। राम की माताएं दशरथ के जामाता ऋष्यश्रृंग के यज्ञोत्सव में चली गई हैं। दुर्मुख नामक एक गुप्तचर द्वारा सीता के संबंध में लोकोपवाद के कारण राम की आज्ञा से लक्ष्मण को वन में छोड़ने जाते हैं। मथुरा

में उत्पात की सूचना मिलने पर वे शत्रुधन को लवणासुर के वध के लिए भेजने का निश्चय कर सीता को सोते हुए ही भूमि को उनकी रक्षा का भार देकर बाहर निकलते हैं। जागने पर सीता स्वयं को अकेला पाती हैं। द्वितीय अंक में कथा बारह वर्ष बाद की है। विषकम्भक और आत्रेयी (वाल्मीकि आश्रम के विद्यार्थी) के वार्तालाप से सूचना मिलती है कि वाल्मीकि आश्रम में लव और कुश दो मेधावी विद्यार्थी भी विद्याध्ययन कर रहे हैं जिन्हें बाल्यावस्था से ही जृम्भकास्त्र सिद्ध है। ऋषि वाल्मीकि एक रामायण काव्य की रचना कर रहे हैं और राम ने सीता की स्वर्णमयी प्रतिमा की स्थापना करके अश्वमेध यज्ञ का समारम्भ किया है। अश्व की रक्षा के निमित्त लक्ष्मण के पुत्र चन्द्रकेतु को नियुक्त किया है। राम शम्बूक का वध करते हैं। वह दिव्य शरीर धारण करके दण्डकारण्य की प्रकृति का वर्णन करता है। तब राम अगस्त्य ऋषि के आश्रम की ओर प्रस्थान करते हैं। तृतीय अंक में तमसा और मुरला सखियाँ परस्पर संभाषण में बताती है कि सीता ने त्यागे जाने के दुख में गंगा में शरण ली। वहीं जल में लव कुश का जन्म हुआ। गंगा और पृथ्वी सीता को रसातल में संभाल कर ले गई और बालकों को गंगा देवी ने महर्षि वाल्मीकि को सौंप दिया। इसके बाद सीता छाया रूप में प्रकट होती हैं। राम पंचवटी में प्रवेश करते हैं किन्तु वे सीता को देख नहीं पाते। वे सीता के शोक में विलाप करते हैं।

चतुर्थ अंक में वाल्मीकि आश्रम में कौशल्या और जनक जी का मिलना होता है। वे परस्पर सांत्वना प्रदान करते हैं। इसी समय अन्य बालकों के साथ लव आकर उनका अभिवादन करता है। वह अपना परिचय वाल्मीकि के शिष्य के रूप में देता है। विप्र वटु लव को इसी बीच अश्वमेध-अश्व के दर्शन करने के लिए बुलाते है। लव वहां जाकर अश्वरक्षकों की घोषणा श्रवण करता है। उसे सुनकर लव को क्रोध आता है और वह अश्वमेध यज्ञ के घोड़े को पकड़ लेता है।

पंचम अंक में लव की बाण वर्षा से सैनिक विचलित हो उठते हैं। इसी बीच कुमार चंद्रकेतु युद्ध क्षेत्र में प्रवेश करते हैं। वे प्रथम दर्शन से ही सारथि सुमंत्र से लव की वीरता और क्रोध एवं ओजपूर्ण मुखश्री की प्रशंसा करते हैं। तदनंतर दोनों का युद्ध प्रारंभ होता है। लव जृम्भकास्त्र का प्रयोग करते हैं। उसे देखकर सुमंत्र और चंद्रकेतु दोनों को विस्मय होता है। युद्ध विराम के बाद दोनों मिलते हैं तथा अनुराग का उद्‌भव होता है। बातचीत में ही सुमंत्र रामभद्र की चर्चा करते हैं। लव अपने इस कृत्य (अश्वग्रहण) में रक्षकों की दर्पपूर्ण "राक्षसीवाणी" को ही कारण बताते है। दोनों युद्धक्षेत्र में पुन: उतरने के लिए प्रस्तुत होते हैं।

षष्ठ अंक में दोनों वीरो (लव तथा चंद्रकेतु) के युद्ध का वर्णन एक विद्याधर और उसकी स्त्री के संवाद के रूप में किया गया है। युद्ध में वे परस्पर आग्नेय, वारुण और वायव्य अस्त्रों का प्रयोग कर रहे हैं। इसी बीच राम युद्धस्थल में पहुँचते हैं तथा लव को देखकर वात्सल्य से भर उठते हैं। चंद्रकेतु लव के द्वारा प्रयुक्त जृम्भकास्त्र के संबंध में राम को सूचित करते हैं। यह ज्ञात कर राम को बड़ा आश्चर्य होता है। राम उनका आलिंगन करते हैं। दोनों बालकों के दर्शन से राम को संदेह होता है कि क्या ये सीता के ही पुत्र हैं। कुश और लव से सीता परित्याग संबंधी रामायण से कतिपय श्लोक श्रवण कर राम की वेदना और भी जागृत हो जाती है। सेना के साथ लव के युद्ध की सूचना सुनकर वशिष्ट, वाल्मीकि, जनक, अरुंधती और माताएँ वहाँ आती हैं। राम बालकों का स्वागत करते हैं।

सप्तम अंक में एक दिव्य नाटक का अभिनय होता है। परित्यक्ता सीता गंगा में कूद पड़ती हैं। किंतु भागीरथी और पृथ्वी सीता को जल से बाहर ले प्रगट होती हैं। पृथ्वी राम की कठोरता की निंदा करती है। गंगा उसका कारण बतलाती है। दोनों सीता को आदेश देती हैं कि तुम इन शिशुओं का तब तक पालन करो जब तक वे वाल्मीकि मुनि के संरक्षण में रखने योग्य बड़े न हो जाएँ। इस दृश्य को वास्तविक समझकर राम शोकावेग से मूर्छित हो जाते हैं। तब नेपथ्य से स्वर होता है– देवि अरुंधती, हम पृथ्वी और गंगा दोनों पवित्र व्रत वाली वधू सीता को आपको अर्पण कर रही हैं। आप हमें अनुग्रहीत करें। इसी बीच लवणासुर को मारकर शत्रुघन भी आ जाते हैं। चारों ओर प्रसन्नता का वातावरण छा जाता है।

कोमल एवं कठोर भावों की रुचिर व्यंजना, रमणीय और भयावह प्रकृति चित्रों का कुशल अंकन इस नाटक की विशेषताएँ हैं। उत्तररामचरित में नाटकीय व्यापार की गतिमत्ता अवश्य शिथिल है और यह कृति नाटकत्व की अपेक्षा काव्यतत्व और गीति नाट्यत्व की अधिक परिचायक है। भवभूति की भावुकता और पांडित्यपूर्ण शैली का चरम परिपाक इस कृति में पूर्णत: लक्षित होता है।

प्रकाशक : भारतीय कला प्रकाशन, दिल्ली

आश्चर्यचूड़ामणि:

(नवी शताब्दी)

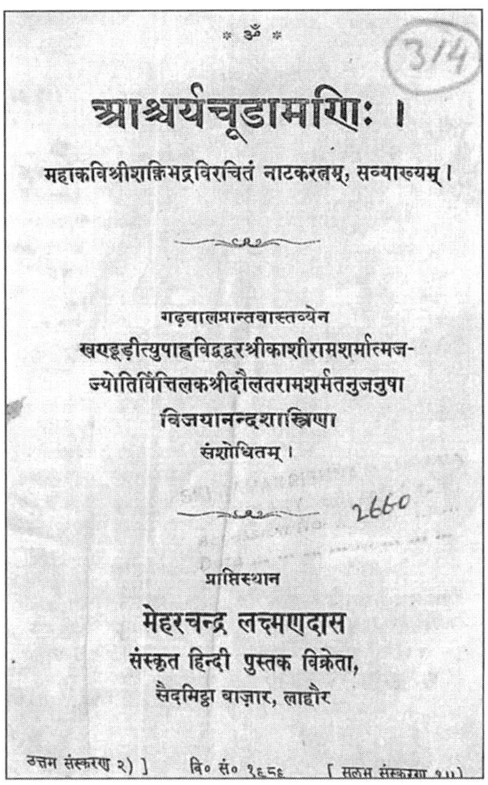
ॐ
आश्चर्यचूडामणिः ।
महाकविश्रीशक्तिभद्रविरचितं नाटकरत्नम्, सव्याख्यम् ।

गढ़वालप्रान्तवास्तव्येन
खण्डूड़ीत्युपाह्वविद्वद्वरश्रीकाशीरामशर्मात्मज-
ज्योतिर्विंत्तिलकश्रीदौलतरामशर्मतनुजनुषा
विजयानन्दशास्त्रिणा
संशोधितम् ।

प्राप्तिस्थान
मेहरचन्द्र लक्ष्मणदास
संस्कृत हिन्दी पुस्तक विक्रेता,
सैदमिट्ठा बाज़ार, लाहौर

उत्तम संस्करण २)] बि० सं० १६८६ [सुलभ संस्करण १)

महाकवि शक्तिभद्र

संशोधन : *पं. काशीराम शर्मा*

महाकवि शक्तिभद्र भास, कालिदास एवं भवभूति के परवर्ती कवि हैं। शूर्पणखा के आगमन से सीता की अग्निपरीक्षा तक की कथा का विस्तार है। इस नाटक में सात अंक हैं।

नाटक की कथा में अनेक नवीन प्रयोग हैं। सीताहरण के बाद रामविलाप, सुग्रीव मैत्री, सीतान्वेषण, युद्धवर्णन आदि सूचनाएं संकेत में ही प्रदान कर दी गई हैं।

इस नाटक की विशेषता यह है कि राम और सीता के पास मुनियों के द्वारा दी गई एक अंगूठी और एक चूड़ामणि है। ये दोनों ही रत्न बहुत विशेष हैं जिनके प्रभाव से छदमवेषी राक्षस राम और सीता के स्पर्श से अपने वास्तविक रूप में दिखाई देने लगते हैं। आश्चर्य चूड़ामणि में सीताहरण का प्रसंग एकदम नवीन है। राम के मृग के पीछे जाने और लक्ष्मण के उनकी सहायता के लिए लाने के बाद रावण और उसके सारथि ने क्रमश: राम और लक्ष्मण का रूप धारण किया था। नाटक में रावण सीता के पास साधु के वेश में न आकर रथ पर राम के रूप में आरूढ़ होकर आता है जिसका सारथी लक्ष्मण होता है और वह सीता से कहता है कि भरत का राज्य संकट में है उनकी सहायता के लिए यह रथ तपस्वियों ने भेजा है। सीता यह विश्वास कर रथ पर चढ़ती है। रावण अभिशाप के कारण उसे स्पर्श नहीं करता है। मगर जब सीता उसे स्पर्श करती है, तो रावण अपने वास्तविक रूप में प्रकट होता है। इधर मारीच राम के रूप में लक्ष्मण से बात करता है। इस प्रकार रावण सीता का हरण करता है। षूर्पणखा सीता के रूप में राम से बातचीत करती है। राम और सीता के रूप में रावण और शूर्पणखा ने दोनों को एक साथ धोखा दिया है। सीता हरण की घटना अनायास ही सीता के प्रतिरोध के बिना ही पूर्ण हो जाती है। जब

शूर्पणखा राम को सीता के रूप में मिलती है और अंगूठी की वजह से स्पर्श नहीं करती है। मगर जब राम उसे स्पर्श करते हैं, तो वह अपने मायावी रूप में प्रकट हो जाती है। इस कारण से ही इस नाटक का नाम आश्चर्य चूड़ामणि है।

सीता शुद्धता के लिए लंका में देवर्षि नारद और देवताओं की उपस्थिति ने भी कथा के प्रवाह में गति प्रदान की है। द्वितीय अंक के प्रारंभ में मुनिकुमार और तापस वृद्ध के वार्तालाप से खरदूषणवध की अतीत तथा सीताहरण की की भविष्य में होने वाली घटना की सूचना दी गई है। मंदोदरी और चेटी के कथोपकथन में मंदोदरी के स्वप्नदर्शन की सूचना दी गई है। अंतिम अंक में सुमेरु पर्वतवासी विद्याधर अपनी प्रिया सौदामिनी से बातें करते हुए रावण वध की सूचना देता है।

आश्चर्य चूड़ामणि नाटक का प्रभाव उत्तर भारत की रामलीलाओं पर देखा जा सकता है। रामायण के विशिष्ट वर्णनों में शक्तिभद्र का यह नाटक अपनी विलक्षण नवीनता के कारण सर्वाधिक चर्चित हुआ।

प्रकाशक : संस्कृत हिन्दी पुस्तक विक्रेता, लाहौर

अनर्घराघवम्

(९०० ई.)

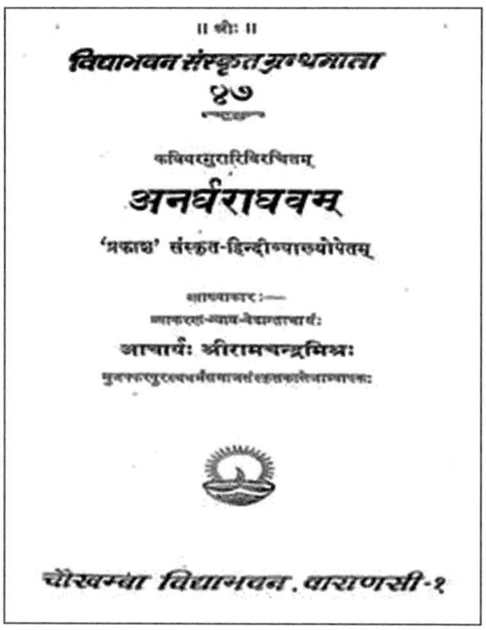

महाकवि मुरारि

***व्याख्याकार :** आचार्य रामचन्द्र मिश्र*

महाकवि मुरारि के अनर्घराघव नाटक में सात अंक हैं। इसमें ताड़का वध से रावणवध तथा राम के राज्याभिषेक तक की कथा है। प्रथम अंक में विश्वामित्र जी यज्ञ रक्षा हेतु दशरथ से राम और लक्ष्मण को मांगने आते हैं। महर्षि वशिष्ठ भी वामदेव के माध्यम से विश्वामित्र के अनुरोध का समर्थन करते हैं। राजा के पुत्र का वास्तविक उपयोग प्रजाहित के लिए किया जाता है। रामलक्ष्मण का विश्वामित्र द्वारा दीक्षित किया जाना उसी का परिणाम है। द्वितीय अंक में राम द्वारा ताड़का का वध और विश्वामित्र जी द्वारा रघुकुल का कीर्तिगान है। तीसरे अंक में विश्वामित्र राम लक्ष्मण को मिथिला लेकर आते हैं, जहाँ राजा जनक ने सीता स्वयंवर का आयोजन रखा है। जनक जी को अपनी प्रतिज्ञा पर खेद होता है किंतु विश्वामित्र कहते हैं– कहां है हर चाप? राम उसे भग्न करेंगे। तभी रावण का पुरोहित शौष्कल वहाँ आकर राजा जनक से रावण के लिए सीता की माँग करता है। उसी समय राम धनुष भंग कर देते हैं। दूत अपना-सा मुंह लेकर चला जाता है। चौथे अंक में माल्यवान और शूर्पणखा के संवाद से ज्ञात होता है कि शिव का धनुष भंग हो गया है। परशुराम के कोप का राम सौम्यता से उत्तर देते हैं। उनके वैष्णव धनुष का संधान करने पर उनका भ्रम दूर हो जाता है और वे आशीर्वाद देकर तपस्या के लिए चले जाते हैं। सीता विवाहोत्सव मनाया ही जा रहा था कि शूर्पणखा मंथरा का वेश धारण कर कैकेयी के एक जाली पत्र के आधार पर राम का निर्वासन माँगती है। सभी दुखी होते हैं। राम सीता और लक्ष्मण वन को चले जाते हैं।

पांचवे अंक में रावण भिक्षु बनकर सीता का हरण करता है। रोकने का प्रयास करते जटायु का रावण वध कर देता है। बाली और राम के बीच द्वंद्व युद्ध होता है। राम बाली का वध करके सुग्रीव से मैत्री कर लेते हैं।

छटवे अंक में वानर सेना समुद्र पार कर लंका पर आक्रमण करती है। माल्यवान और सुककारण नामक दो गुप्तचरों का वार्तालाप स्पष्ट करता है कि राम रावण का संग्राम दो प्रजातियों तथा दो संस्कृतियों का संग्राम है। भीषण युद्ध में कुभकर्ण, मेघनाद और रावण मारे जाते हैं। अग्निपरीक्षा के बाद पुष्पक पर आरुढ़ होकर वे अयोध्या लौट आते हैं जहाँ राम का राज्याभिषेक होता है।

कवि मुरारि ने लंका से अयोध्या आते हुए राम के मुख से अन्यान्य स्थानों के साथ माहिष्मती नगरी का वर्णन कराया है। माहिष्मती के कलचुरी राजाओं ने नवमें दषक के मध्य में माहिष्मती छोड़कर त्रिपुरी तथा रत्नपुरा नामक राजधानियां बसा ली थीं।

नाटक में अनेक मौलिक उदभावनाएं हैं। परशुराम के वैष्णव धनुष को चढ़ाते समय सीता को भय होता है कि कहीं राम किसी दूसरी स्त्री के लिए तो धनुष नहीं चढ़ा रहे। कबंध केवट पर आक्रमण करता है। लक्ष्मण कंबध का वध कर केवट की रक्षा करते हैं। कबंध का वध करते समय लक्ष्मण उस वृक्ष को गिरा देते हैं जिस पर दुदुंभि राक्षस का कंकाल लटक रहा था। बालि उससे उत्तेजित होकर राम को युद्ध के लिए ललकारता है। कवि मुरारि ने बाली के इस प्रसंग से उस दोष का परिहार करने का प्रयास किया है कि राम ने बाली को अकारण मारा।

प्रकाशन : चौखम्बा विद्याभवन, वाराणसी

प्रसन्नराघवम्

महाकवि जयदेव

अनुवाद : *शेषराज शर्मा*

संस्कृत के प्रसिद्ध नाटककार जयदेवकृत प्रसन्न राधव का नाम रामायण विषयक नाटकों में महत्वपूर्ण है। नवीनता की दृष्टि से अनेक प्रसंग रोचक हैं।

राजा जनक ने सीता स्वयंवर का आयोजन किया है। अनेक राजा इस स्वयंवर के लिए उपस्थित हुए हैं। दो भ्रमरों के माध्यम से स्वयंवर की बात को स्पष्ट किया गया है तथा राजा जनक की प्रतिज्ञा भी बताई गई है। सीता के विवाह को स्वयंवर का रूप नहीं दिया गया है। राजा जनक कहते हैं कि मैं किसी भी राजा के पराक्रम की परीक्षा के बिना अपनी कन्या किसी को न दूँगा। रावण और बाणासुर भी धनुष को उठाने का यत्न करते हैं किंतु शिवजी के धनुष को उठा नहीं पाते हैं। सभी आमंत्रितों को राजा कहा गया है। दैत्य अथवा राक्षस का उल्लेख कहीं भी देखने को नहीं आता है। सीता स्वयंवर कई दिनों तक चला और समस्त राजाओं को अतिथि बनाकर रोका गया।

सीता और राम का वाटिका प्रसंग इस नाटक में देखने को मिलता है। दोनों का प्रथम साक्षात्कार वाटिका में ही होता है। नाटक के तीसरे अंक में विश्वामित्र राम को धनुष उठाने के लिए कहते हैं। राम के हाथ में आते ही धनुष अचानक टूट जाता है। प्रसन्नराघव के कथानक में राम विवाह के लिए न तो राजा दशरथ को बुलाया गया और न ही उनसे विवाह की अनुमति ली। विश्वामित्र ने स्वयं ही विवाह करवा दिया।

शिवधनुष को शर्त बनाने के कारण परशुराम का क्रोध बढ़ जाता है किंतु जब राजा जनक नहीं मानते तब वे मिथिला आ जाते हैं। राम और परशुराम युद्धभूमि में भी आ जाते हैं किंतु परशुराम का तेजभंग हो जाता है और वे राम को प्रणाम कर वापस चले जाते हैं।

मांडवी और श्रुतिकीर्ति राजा जनक की ही कन्याएं बताई गई हैं जिनसे क्रमश: भरत एवं शत्रुघ्न का विवाह होता है। पांचवे अंक में कवि जयदेव ने गंगा, यमुना, सरयू, गोदावरी, तुंगभद्रा आदि नदियों तथा समुद्र का मानवीकरण करके उनके द्वारा अपने अपने तट पर घटित रामकथा का व्याख्यान किया है।

पॉचवे अंक की कथा अदभुत है। सीता को अनुसूयाजी ने जो दिव्य अंगरांग एवं वस्त्र दिये थे उस कारण रावण सीता का स्पर्श नहीं कर पाता है किंतु बाद में वह वरुण मंत्र का ध्यान कर मेघों के हाथों से सीता का अपहरण कर लेता है। सीता त्रिजटा से अग्नि लाने और उसे जलाने की याचना करती है। छठे अंक में रावण कहता है कि–अरे, यहाँ कोई है। शीघ्र ही मेरे हाथ में कपाल पात्र लाकर दो जिसमें मैं सीता का कंठरुधिर भर सकूँ। तभी हनुमान अशोक वृक्ष से अक्षकुमार का कटा हुआ सिर रावण के हाथ में गिरा देता है।

सीता के आग्रह पर त्रिजटा आकाशचारिणी होकर मेघनाद द्वारा हनुमान को बांधे जाने व हनुमान द्वारा लंका को जलाने और समुद्रलंघन का वर्णन करती है। विभीषण रावण को पत्र भेजकर परस्त्री दर्शन न करने का परामर्श देता है किंतु रावण उसका औचित्य सिद्ध करता है।

प्रसन्नराघव और अनर्घराघव के कथानक में बहुत सी साम्यता लक्षित होती है।

प्रकाशक : चौखम्बा विद्याभवन, लखनऊ

बालरामायणम्

(10वी शताब्दी)

राजशेखर

संस्कृत के उत्कृष्ट कवि राजषेखर कन्नौज के प्रतिहार वंश के राजा महेन्द्रपाल (890-908) तथा उनके पुत्र महिपाल (910-940) की सभा में थे। उनके द्वारा रचित बाल रामायण 10 अंकों का महान नाटक है। इसमें सीता स्वयंवर से लेकर राम के अयोध्या लौटने तक की कथा का वर्णन है। भवभूति और मुरारि का आधार लेकर अनेक मौलिक उदभावनाओं वाले इस नाटक में रावण को सीता के विरह से व्याकुल दिखाया गया है।

प्रथम अंक में शुन:शेप के द्वारा ज्ञात होता है कि राक्षसों से रक्षा के निमित्त विश्वामित्र जी अयोध्या से राम और लक्ष्मण को लाने के लिए गए हैं। सीता स्वयंवर में रावण भी आने वाला है और उसने मायामय नामक राक्षस को परशुराम के पास उनका परषु मांगने को भेजा हुआ है। पुष्पक विमान से रावण और प्रहस्त मिथिला पहूंचते हैं। जनक उनका स्वागत करते हैं। अभिमान में चूर रावण धनुष का अपमान करता है। राजा जनक क्रोधित हो जाते हैं। शतानंद के कहने पर वे शान्त होते हैं। रावण वहाँ प्रतिज्ञा करता है कि जो भी सीता का वरण करेगा उसके कण्ठ को काटकर उसके रक्त का आस्वाद मेरी चन्द्रहास असि करेगी।

दूसरे अंक में नारद और शिव के गणों के संवाद से ज्ञात होता है कि मायामय को परशुराम ने परषु प्रदान नहीं किया है। कुपित होकर स्वयं विश्वामित्र रावण से युद्ध हेतु आ रहे हैं।

तीसरे अंक में गृद्धमिथुन के संवाद के सूचना मिलती है कि राम ने ताड़का का वध कर दिया है और राम भी स्वयंवर में भाग लेने आ रहे हैं। सीता और राम का विवाह होता है। रावण उत्तेजित हो जाता है किंतु प्रतिहारी समझाती है कि यह वास्तविक दृश्य नहीं अपितु नाटक है। धनुषभंग की सूचना मिलते ही परशुराम

राम से युद्ध करने के लिए उपस्थित हो जाते हैं तथा युद्ध भूमि में पहुॅच जाते हैं जहाँ परशुराम राम के संवाद में परशुराम की पराजय होती है।

रावण सीता का हरण करना चाहता है। रावण के संतोष के लिए यंत्र जानकी का निर्माण किया गया है। यंत्र जानकी और उसकी सखी सिन्दुरिका प्रस्तुत होती हैं। रावण विरह में आलाप करता है। शूर्पणखा नाक कटाकर लौटती है। शूर्पणखा और मायामय सूचना देते हैं कि माल्यवान के आदेश पर वे कैकेयी और दशरथ का वेश बनाकर अयोध्या गए थे। जब कैकेयी और दशरथ इन्द्र के यहाँ थे। छदम कैकेयी ने छदम दशरथ से राम के वनवास की याचना की है और उस आज्ञा के अनुसार राम वनवास के लिए प्रस्थान कर चुके हैं। दशरथ के निधन का समाचार सुन राम अपने अश्रुओं को तब तक के लिए रोक लेते हैं जब तक कि वे रावण का वध न कर लें।

सीता स्वयंवर में रावण भी उपस्थित रहता है किन्तु स्वयंवर में भाग नहीं लेता है। रावण का विश्वसनीय मित्र एवं मंत्री प्रहस्त धनुष परीक्षा करना अस्वीकार करता है। वह सीता के होने वाले पति को शत्रु घोषित कर लौटता है और परशुराम से सहायता भी माँगता है। दशरथ और परशुराम सीता और राम के विवाह के पश्चात मिथिला पहुँचते हैं। विश्वामित्र का आदेश पाकर लक्ष्मण ही नारायणीय धनुष की प्रत्यंचा चढ़ाते हैं जिस पर जनक लक्ष्मण और उर्मिला के विवाह का प्रस्ताव करते हैं। विश्वामित्र के सुझाव पर ही भरत-माण्डवी तथा शत्रुघन-श्रुतिकीर्ति का विवाह होता है।

राम के वनगमन का कारण इसमें अलग ही बताया गया है। शूर्पणखा तथा उसकी एक परिचारिका कैकेयी और मंथरा का रूप धारणकर राम को निर्वासित करने में सफल होते हैं।

बाल रामायण के अनुसार रावण अपने गुप्तचरों शुक और सारण को भेजने के पश्चात शिव की पूजा करता है किंतु स्त्री समझकर उमा को प्रणाम नहीं करता है। उमा क्रुद्ध होकर शिव के वरदायक हाथ को खींच लेती हैं।

रावण मायामय जानकी का वध करता है। रावण का पुत्र सिंहनाद प्रकट होता है जिसका वध राम करते हैं। एक प्रभंजनी राक्षसी राम लक्ष्मण का वध करने आती है उसे अंगद मारते हैं। सेतु को मछलियों के द्वारा नष्ट किया जाता है। बाल रामायण के अनुसार त्रिजटा सीता के साथ पुष्पक विमान में बैठकर अयोध्या आती है।

प्रकाशक : नाग प्रकाशन, दिल्ली

मैथिली कल्याणम्

(1290 ई.)

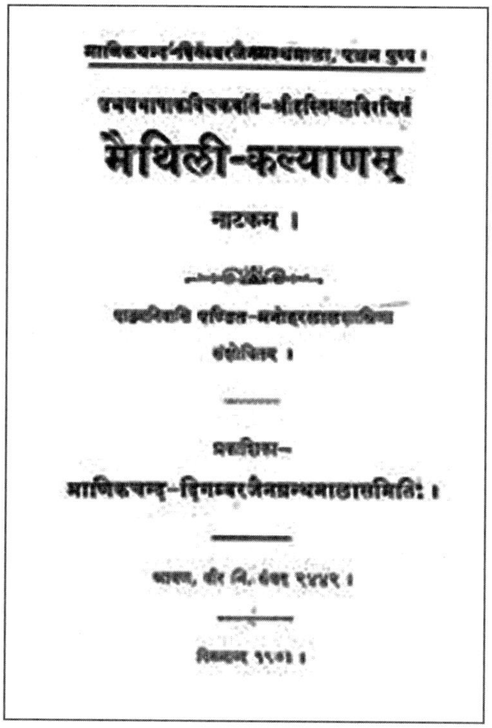

मैथिली-कल्याणम्

नाटकम् ।

प्रकाशिका–

माणिकचन्द्र-दिगम्बरजैनग्रन्थमालासमितिः ।

चक्रवर्ती कवि हस्तिमल

सम्पादक : *पं. मनोहरलाल शास्त्री*

कन्नड़भाषी हस्तिमल जैन भवभूति और क्षेमेन्द्र परम्परा के अत्यन्त प्रसिद्ध कवि एवं नाटककार थे।

सोऽयं समस्तजगदूर्जितचारुकीर्तिः स्याद्वादशासनरमाश्रितशुद्धकीर्तिः
जीयादशेषकविराजकचक्रवर्ती श्रीहस्तिमल्ल इति विश्रुतपुण्यमूर्तिः ।।

(अय्यपार्यः)

मैथिली कल्याण नाटक में उन्होंने राम और सीता के पूर्वानुराग, उनके विरह तथा सीता को अभिसारिका के रूप में प्रस्तुत किया है। कथा संक्षिप्त है। नाटक का आरंभ इन पंक्तियों के साथ होता है।

यः प्रस्तोता त्रिलोक्यां प्रतिहतविपदा संमतानां कृतीनां
यं च स्तोता स्वयं च स्तुतिशतपदवी वाग्वधूवल्लभानाम्।
कल्यः कल्याणभागिश्रियमनुपरमामाप्तवानाप्तरूपः
सोऽयं भद्रं विधेयादशरथतनयः साधु वो रामभद्रः ।।

संस्कृत में रचित यह नाटक श्रृंगार प्रधान है। पाँच अंक के मैथिलीकल्याण नाटक में सीता और राम के विवाह की कथा है। नाटकीय दृष्टि से इसमें नवीन उदभावनाएं मिलती हैं। मिथिला में राम सीता के विषय में सोच रहे थे जिसे उन्होंने देखा नहीं है। तभी विदूषक उनको कामदेव के मंदिर वसंतोत्सव दिखाने ले जाते है। उपवन दोलागृह में झूला झूलने के लिए जाती हैं। वहाँ सीता को प्रथम दृष्टि में राम से प्रणय की अनुभूति होती है।

राम:- *(सस्मितं सीतां प्रति) अयि सुंदरि।*

श्रुत्वैव त्वां भजति पदवीं यो दृढोत्कांठतानां दृष्ट्वा भूयो न भजति धृति यः सदा त्वामपश्यन्।

इत्थं चाद्यप्रणतशिरसा प्रार्थ्यते यो भवत्या संप्राप्य त्वं कृतिनमचिरात् कामिनं तं रमेथाः।

राम के आदर्ष चरित्र के लिए कवि ने कहा है–

न क्रोधेअपि वदत्यसावमधुरं कृत्वापि लोकोत्तरं
न स्यादुदधुरकन्धरो न विधुरो प्यालम्बते दीनताम्
किं भूयः कथितेन लोचनपथ काकुस्थ्यवीरः स चेत।
सम्प्राप्तः कुरुते रिपोरपि ततःश्लाघासु घूर्ण षिरः ।। (6/10)

हनुमानजी को अंजनाशक्तिमौकित, संसारसागरोत्तरण महायोगी और लंकेषकुलक्लेष प्रवेशद्धार जैसे शब्दों से अलंकृत किया गया है। नाटक में पात्रों की संख्या 60 से भी अधिक है जो अनावष्यक प्रतीत होती है। नाटक में संगीत का पुट विशेष है–

सा गता न पुनरेति सा गता, सा गता क मृगयामि सा गता।
सा गता किमपरेण सा गता, सा गता धिगहमस्मि सा गता।। (5/52)

इस नाटक का प्रभाव राम कथा के प्रचार प्रसार में गुजरात के अनेक क्षेत्रों में महत्वपूर्ण रहा। तथा कथानक की नवीनता को आधार बनाकर अनेक साहित्यिक रचनाओं के प्रयोग हुए।

प्रकाशक : एम एस यूनीवर्सिटी ऑफ बड़ोदा प्रेस, बड़ोदा

अंजनापवनंजय नाटकम्

(चौदहवी शताब्दी)

हस्तिमल्ल

अनुवाद : *डॉ. रमेशचन्द्र जैन*

दिगम्बर जैन ऐतिहासिक पौराणिक कथाओं के आधार पर संस्कृत नाटकों की रचना करने वालों में चक्रवर्ती कवि हस्तिमल्ल का नाम अत्यन्त महत्व का है। वे गृहस्थ मुनि थे। उनकी कृति अंजनापवनंजय नाटक को रामकथा के ऐतिहासिक विवेचन में अग्रणी स्थान प्राप्त है। इस नाटक में विद्याधर राजकुमारी अंजना का स्वयंवर तथा उसका विद्याधर राजकुमार पवनंजय के साथ विवाह वर्णित है। हनुमान उनके पुत्र का नाम है। कथा का मुख्य आधार पॉचवी शताब्दी में आचार्य विमलसूरि द्वारा रचित पउमचरियं तथा आचार्य रविषेण का पद्मचरित है। किंतु अंजनापवनंजय से दोनों ग्रंथों में भिन्नता भी है। अंजनापवनांजय नाटक में पवनांजय का नाम पउमचरियं में पवनगति, पवनवेग, वायुबति, वायुवेग, इत्यादि मिलता है। राजा महेन्द्र की पत्नी हृदयसुन्दरी का नाम अंजनापवनांजय नाटक में मनोवेगा है। पउमचरियं में राजा महेन्द्र के सौ पुत्रों के स्थान पर अंजनापवनांजय नाटक में अदिरम तथा प्रसन्नकीर्ति दो पुत्रों का ही उल्लेख है। अंजना के स्वयंवर का वर्णन भी इस नाटक की मौलिक उदभावना है। विवाह के तीन दिन पूर्व पवनांजय को निराधार शंका हो जाती है कि अंजना सुंदरी उनसे विवाह नहीं करना चाहती है। क्योंकि वह यथार्थ में विद्युत्प्रभ नामक दूसरे विद्याधर से प्रेम करती है। पवनांजय पिता और मित्रों के अनुरोध पर विवाह तो कर लेते हैं किंतु 22 वर्षों तक उसका तिरस्कार करते हैं। जब वे वरुण से युद्ध के लिए प्रस्थान करते हैं तब भी वे उसकी उपेक्षा करते हैं।

मुनि अमितगति से के माध्यम से पूर्वजन्म का रहस्य ज्ञात होता है कि इस उपेक्षा का क्या कारण है? अंजना प्रतिसूर्य के विमान में बैठी हुई थी। उसके बालक ने मुस्कुराते हुए छलाँग लगा दी। नीचे चट्टान पर गिरा तो चटटान के टुकड़े-टुकड़े हो गए किंतु बालक को कोई चोट नहीं पहुँची। इस कारण बालक का नाम श्रीषैल रखा गया। दूसरा नाम हनुमत भी रखा गया। क्योंकि इसे बचपन में प्रतिसूर्य के हनुरुह द्वीप से लाया गया था।

नाटक में सात अंक हैं। प्रथम अंक महेन्द्रपुर में अंजना के स्वयंवर का दृश्य है। विद्याधर राजा प्रह्लाद के पुत्र नायक पवनंजय और अंजना एक दूसरे को प्रेम करते हैं। सखियाँ एक कृत्रिम स्वयंवर का अभिनय करती हैं। वसन्तमाला, जो कि अंजना का अभिनय कर रही है, पवंजय बनी हुई अंजना के गले में माला पहिना देती है। पवनंजय अपने मित्र प्रहसित (विदूषक) के साथ इस दृश्य को छिपकर देख रहा था। वह आगे आकर अंजना का हाथ पकड़ लेता है, किन्तु अंजना की माँ उसे स्नान के लिए बुला लेती है।

द्वितीय अंक में विवाह के बाद अंजना तथा उसकी सखी वसन्तमाला पवनंजय के पिता राजा प्रहलाद की राजधानी आदित्यपुर में आ जाती हैं। राजा प्रसाद वरुण के विरुद्ध युद्ध करने के लिए प्रयाण करने वाले हैं। वरुण लंका के राजा रावण का शत्रु है और पश्चिम समुद्र में ठहरा हुआ है। रावण के दो सेनानायकों को वरुण के बंधन से मुक्त कराने के लिए संदेशा आता है। पवनांजय वरुण के विरुद्ध युद्ध हेतु जाते हैं।

तृतीय अंक की कथा में वरुण और पवंजय में चार माह से युद्ध हो रहा है। विश्राम के समय रात्रि में पवनंजय एक चक्रयाकी को देखते हैं, जो कि चक्रवाक के वियोग में व्याकुल हो रही है। उन्हें अंजना का स्मरण आता है। वे विजयाई पर्वत पर जाकर अंजना मिलने हेतु एक विमान में बैठकर आदित्यपुर पहुँचते है और वहाँ अंजना के साथ रात्रि बिताकर दूसरे दिन प्रात:काल युद्धभूमि में लौट आते हैं।

चतुर्थ अंक में वसन्तमाला के स्वागत कथन तथा केतुमती की परिचारिका युक्तिमती के संवाद से ज्ञात होता है कि पवनंजय को अंजना से गुप्त रूप से मिले हुए चार माह बीत गए हैं। अंजना में गर्भ के लक्षण प्रकट होने लगे हैं। पवनंजय की मां केतुमती उसे चरित्रहीन मानकर क्रूर भैरव के द्वारा निर्वासित कर उसके पिता राजा महेन्द्र के यहाँ भिजवा देती है। किन्तु अंजना मार्ग में ही रह जाती है।

पंचम अंक में पवनंजय वरुण को पराजित कर रावण के दोनों सेनानायक खर और दूषण को मुक्त करा देते हैं। वरुण के साथ मैत्री की सन्धि कर पवनंजय विद्याधरों के साथ विजयाई को लौटते हैं। पवनंजय को अपनी माँ युक्तिमती से ज्ञात होता है कि अंजना गर्भवती है और पिता के घर महेन्द्रपुर गई है। कालमेघ नामक हाथी पर सवार होकर पवनंजय और विदूषक महेन्द्रपुर की ओर प्रस्थान करते हैं। रास्ते में उन्हें सूचना मिलती है कि अंजना वन्य क्षेत्र में ही है। कालमेघ पर सवार वह गहन वन में प्रविष्ट हो जाता है।

छठा अंक गन्धर्वराज मणिचूड़ तथा उसकी पत्नी रत्नचूड़ा से ज्ञात होता है कि अंजना उनके संरक्षण में है तथा उसने एक पुत्र को जन्म दिया है। प्रतिसूर्य, जिसे प्रहलाद ने पवनंजय की खोज में भेजा था, उसे मकरन्द वाटिका के किनारे की लताओं के बीच पाते हैं। अंजना और पवनांजय का मिलन होता है।

सप्तम् अंक में आदित्यपुर के राजभवन में यौवराज्याभिषेक की तैयारी हो रही है। पवनंजय, अंजना, विदूषक और बसन्तमाला सभा भवन में प्रविष्ट होते हैं। पवनंजय राजकीय सिंहासन पर रत्नमय छत्र के नीचे बैठा है। प्रतिसूर्य छोटे बालक हनुमान के साथ आते हैं और पवनंजय को उसका परिचय देते हैं। प्रतिसूर्य पूरी कथा बताता है। वसन्तमाला और अंजना जब उस गुफा में ठहरी हुई थी तो उन पर एक भयानक सिंह ने आक्रमण किया। उनकी चीख पर गन्धर्वराज मणिचूड़ तथा उसकी पत्नी रत्नचूड़ा ने उन्हें बचाया। अंजना ने उचित समय पर अपने पुत्र को जन्म दिया। मणिचूड ने वरुण और रावण के अनुरोध पर पवनंजय को विजयार्द्ध का सार्वभौम सम्राट घोषित किया। अन्त में भरतवाक्य के साथ नाटक समाप्त हो जाता है।

प्रकाशक : आचार्य ज्ञानसागर वागर्थ विमर्श केन्द्र, ब्यावर (राज)

उन्मत्तराघवम्
(1350 ई.)

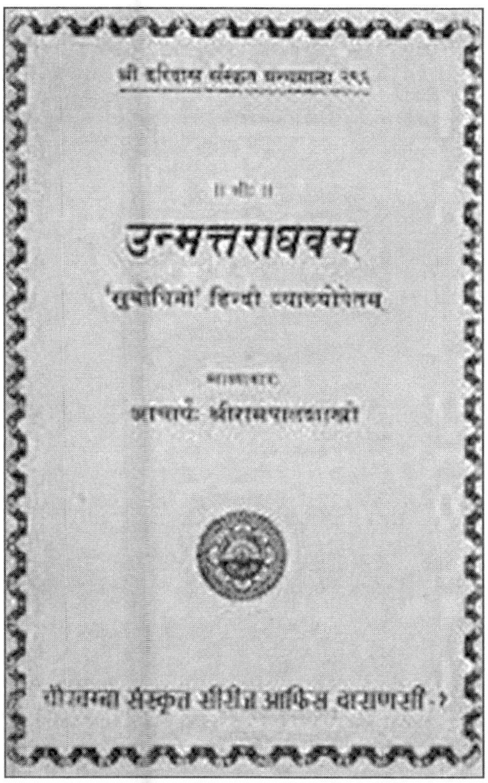

भास्कर भट्ट

व्याख्याकार : *श्री रामपाल शास्त्री*

उन्मत्तराघव के नाम से दो नाटक मिलते हैं। 15 वी शताब्दी में विजयनगर के राजा कवि विरुपाक्ष ने इस नाटक की रचना की। इसके पूर्व कवि भास्कर (14 वी शताब्दी) द्वारा रचित उन्मत्तराघव का प्रथम अभिनय अरुणाचल पर तिरुवण्णमलै स्थान पर शिवजी के रथोत्सव पर हुआ था। इसमें युद्ध और वीरता का वर्णन न होकर प्रभलम्भ श्रृंगार है। नाटक का प्रधान रस करुण है।

इस नाटक में सीता हरण की घटना वाल्मीकि रामायण के अनुरूप ही है किंतु सीता प्राप्ति की कथा में नवीनता है। नाटक में श्रीराम के चौदह वर्ष के वनवासकाल में महर्षि अगस्त्य के आश्रम के समीप निवास करते हुए एक सखी के साथ पूजा के पुष्प तोड़ने सीता का आना, दुर्वासा द्वारा श्रापित वन में पहुँचने पर सीता के मृगी रुपी होने तथा सीता के मिलने का समाचार न मिलने पर श्रीराम के विलाप के दृश्य मौलिक हैं। महर्षि अगस्त्य के आश्रम में पहुँचने पर वे दिव्य दृष्टि द्वारा हरिणी को सीता जानकर उसे अभिमंत्रित दूर्वा खिलाकर पुन: सीता के रूप में परिवर्तित कर देते हैं तथा राम के आश्रम पहुँचने पर उन्हें सीता को अर्पित करते हुए आशीर्वाद प्रदान करते हैं। मायामृग मारीच के प्रपंच से सीताहरण के पश्चात राम उन्मत्त होकर वन में घूम घूमकर सीता के वियोग में प्रकृति में ही सीता के दर्शन कर रहे हैं और सीता के विषय में पूछते हुए प्रलाप करते हैं। इस बीच लक्ष्मण अकेले सुग्रीव हनुमान आदि की सहायता से सेतुबन्ध करके रावण को जीतकर पुष्पक विमान से सीता को लाकर पुन: राम से मिला देते हैं। इस कथा के अनुसार राम को लंका नहीं जाना पड़ता। उपरुपक शैली में इस नाटक का वैशिष्ट्य यह है कि भास की शैली के अनुरूप इसमें भी एक ही पात्र राम प्रश्न और उत्तर स्वयं देते हुए प्रेक्षकों को रस प्रदान करते हैं। जैन कथाओं के अनुरूप लक्ष्मण ही रावण का वध करते हैं। भास्कर भट्ट के उन्मत्त राघव में तो दुर्वासा के शाप से सीता ही मृग रूप में बदल जाती है और राम उसे यहाँ वहाँ ढूंढते रहते है। *प्रकाशक : चौखम्बा संस्कृत सीरीज आफिस, वाराणसी*

हनुमन्नाटक

(पंजाबी)

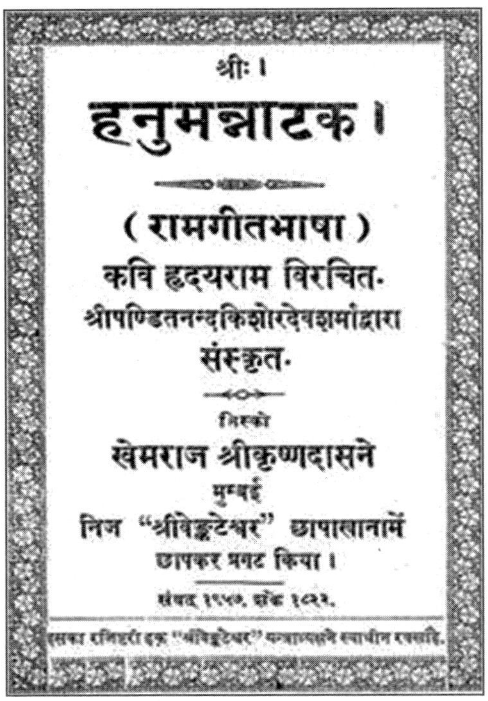
श्रीः।
हनुमन्नाटक।
(रामगीतभाषा)
कवि हृदयराम विरचित-
श्रीपण्डितनन्दकिशोरदेवशर्मांद्वारा
संस्कृत-
जिसको
खेमराज श्रीकृष्णदासने
मुम्बई
निज "श्रीवेङ्कटेश्वर" छापाखानामें
छापकर प्रगट किया।
संवत् १९७७, शके १८४२.
इसका रजिस्टरी हक् "श्रीवेङ्कटेश्वर" यन्त्रालयाध्यक्षने स्वाधीन रक्खा है.

हृदयराम भल्ला

अनुवाद : *पं. नंदकिशोरदेव शर्मा*

हनुमन्नाटक के रचनाकार हृदयराम भल्ला को पंजाबी रामायण में लगभग वही स्थान प्राप्त है जो उत्तर भारत में गोस्वामी तुलसीदास का है। दूसरे शब्दों में कहें तो हनुमन्नाटक पंजाब में सबसे लोकप्रिय रामायण है इसका एक नाम रामगीत भी है। संस्कृत में रचित हनुमन्नाटक का इस पर गहरा प्रभाव है। इसमें हनुमान का चरित्र नहीं वरन श्रीराम का जीवनचरित्र और जानकी स्वयंवर से लेकर राज्याभिषेक तक का वर्णन है।

इसमें सीताविवाह से लेकर रावणवध तक की कथा मिलती है। 14 अंकों में विभाजित इस बृहद रामायण के अंकों के नाम इस प्रकार हैं - सीताविवाह अंक, रामचन्द्रवियोग अंक, वन को आइबे अंक, सीताहरण अंक, बालीवध अंक, हनुमान लंका जार आइबो अंक, सेतु बधॉइबो अंक, रावण अंगद संवाद अंक, मंत्री उपदेश अंक, रावण परपंच अंक, कुंभकर्ण वध अंक, इंद्रजीत अंक, लक्ष्मण जीबाइबो अंक, रावण वध अंक। इसकी भाषा ब्रज है किन्तु लिपि गुरुमुखी है। कथा में पंजाब की छाया है। हनुमन्नाटक संस्कृत के उन कतिपय ग्रन्थों में से एक है जिसकी काव्यमालिका में अन्य कवियों के श्लोकों को भी गुम्फित किया गया है। हनुमन्नाटक के दो संस्करण उपलब्ध है पहले और प्राचीनतम संस्करण के रचयिता दामोदर मिश्र है।'' दूसरे संस्करण के कर्त्ता मधुसूदनदास है। जनश्रुति के अनुसार "यह नाटक जिसे स्थितिप्रिय वाल्मीकि ने समुद्र में फिकवा दिया था। राजा भोज (10वीं-12वीं शताब्दी) में इसे निकलवा कर दामोदर मिश्र द्वारा संकलित कराया था।" इस नाटक में चौदह अंक प्राप्त होते है। यह नाटक पूरा रामचरित पर आधारित है। किन्तु इसका मूलाधार हनुमान द्वारा विरचित हनुमन्नाटक ही है। इस बात की पुष्टि ग्रन्थ के समापन पर की गई है यथा– *''रचितमनिलपुत्रेणाऽथ*

वाल्मीकिनाऽब्धौ निहितममृतबुद्धया प्राङ् महानाटकं यत्। सुमतिनृपतिभोजेनोद्धृतं तत्क्रमेणा। ग्रथितमवतु विश्व मिश्रदामोदरेण।।''

हृदयराम भल्ला के हनुमन्नाटक के छंद बेजोड़ हैं।

सातों सिंधु, सातों लोक, सातों रिषि हैं ससोक, सातों रबि घोरे, थोरे देखे न डरात मैं।
सातों दीप, सातों ईति काप्याइ करत और सातों मत रात दिन प्रान हैं न गात मैं।
सातों चिरजीव बरराइ उठैं बार बार, सातों सुर हाय हाय होत दिन रात मैं।
सातहूँ पताल काल सबद कराल, राम भेदे सात ताल, चाल परी सात सात मैं।
एहो हनू! कह्यौ श्री रघुबीर कछू सुधि है सिय की छिति माँही?
है प्रभु लंक कलंक बिना सुबसै तहँ रावन बाग की छाँहीं
जीवति है? कहिबेई को नाथ, सु क्यों न मरी हमतें बिछुराहीं।
प्रान बसै पद पंकज में जम आवत है पर पावत नाहीं।

हनुमन्नाटक में लक्ष्मण रेखा प्रसंग एक नया प्रश्न छोड़ता है। सीताजी की सुरक्षा हेतु लक्ष्मणजी द्वारा खींची लक्ष्मण रेखा का वर्णन इस प्रकार है–

स व्याह रद्धर्मिणि देहि भिक्षामलंघयँलक्ष्मणलक्ष्मलेखाम
जग्राह तां पणितले क्षिपन्तीमाकारयन्ती रघुराज पुत्री।।

रावण ने कहा- हे धर्मपरायण। भिक्षा दो। सीता ज्योंहि धनुष रेखा को लाँघकर बाहर आईं त्यों ही रावण उन्हें हरण कर ले गया। यहाँ लक्ष्मण रेखा लक्ष्मणजी के धनुष द्वारा खींची गई है। गिरधर रामायण तथा आनंद रामायण में भी धनुष अथवा उसके किनारे की डोर से लक्ष्मण रेखा खींचने का लेख है जबकि वाल्मीकि रामायण और रामचरित मानस में तो लक्ष्मणरेखा का प्रसंग ही नहीं है।

प्रकाशक : खेमराज श्रीकृष्णदास, बम्बई

आनंद रघुनंदन

महाराजा विश्वनाथ सिंह

श्री रामचन्द्र शुक्ल ने लिखा है कि आनंद रघुनंदन हिन्दी का प्रथम नाटक है। ''रीवा नरेश विश्वनाथ सिंह जूदेव (1846-1911) के ब्रजभाषा में लिखे गए आनंद रघुनंदम और गोपाल चंद्र के नहुष (1841) को हिंदी का पहला नाटक माना जाता है। आनंद रघुनंदन की रचना पहले हिंदी और फिर संस्कृत में हुई। दुर्भाग्य से इसका रचना काल किसी अन्तरसाक्ष्य और बाह्य साक्ष्य के अभाव में निश्चित नहीं हो पाया है। आनंद रघुनंदन का प्रथम प्रकाशन वर्ष 1871 को लॉयड यंत्रणालय काशी से हुआ था।''

ओरो चरित राम जे कीन्हे, कहिये ते उनाथ चित दीन्हे।
हरषित हर कह धन्य भवानी, सादर सुनहिं चरित सुभदानी।।
जयति जयति श्री हरि गुरु प्रियादास रघुनाथ।
रामायन जिनकी कृपा कह मनुष विसुदास।।

आनंद रघुनंदन में सात अंक हैं और कथा का क्रम वही है जो रामचरित मानस का है। किंतु नाटककार विश्वनाथजी ने अपनी कल्पनाशीलता से उसमें नाटकीयता जोड़ी है।

नाटक के प्रत्येक अंक में अनेक दृश्य हैं। एक कथा का अंश जहां समाप्त होता था, वहीं दृश्य परिवर्तित हो जाता है। नान्दी, सूत्रधार, प्रस्तावना आदि का शैली का रूप हिन्दी नाटकों के लिए उदाहरण बना।

आनंद रघुनंदन में कथा राम की है किन्तु पात्रों के सारे नाम बदल गए हैं। राम का नाम इस नाटक में है - जगहितकारीय और रावण का नाम है दिक्शिर। भरत, लक्ष्मण और शत्रुघ्न के नाम हैं- डह-डहकारी, डील धराधर और डिम्भीधर इसी तरह इसमें सीता का नाम है, महिजा।

नाटक का आरंभ परंपरागत नान्दी पाठ से होता है। इसके पश्चात विष्कम्भक होता है। पुत्र जन्मोत्सव की बधाई दी जाती है और दशरथ जी के पुत्रों के नाम बताए जाते हैं। नट-भाट आदि नृत्य का प्रदर्शन करते हैं।

नाटक की विशेषता है कि इसमें रोचक कार्य व्यापार को बहुत महत्व दिया गया है। इसीलिए एक छंद में इन बालकों के किशोर हो जाने की सूचना दी गई है और उसके बाद ही विश्वमित्र राक्षसों के वध के

लिए दो राजकुमारों को मांगते हैं। हितकारी और डील धराधर विश्वमित्र के साथ मुनि के आश्रम की ओर जाते है जहां वे ताड़का का वध करते हैं। फिर राम और लक्ष्मण मुनि के साथ सीता स्वयंवर के लिये जाते हैं।

उल्लेखनीय है कि इस प्रसंग में राजा जनक के दरबार में रावण और सहस्त्रार्जुन का वाक्युद्ध होता है। रावण धनुष उठाने की चेष्टा करता है तभी आकाशवाणी से यह सूचना मिलती है कि एक दैत्य उसकी कन्याओं को हरकर ले जा रहा है। यह आकाशवाणी सुनकर रावण वहां से चला जाता है और फिर राम धनुष भंग करते हैं और विवाह सम्पन्न होता है। विवाह प्रसंग का विस्तार से वर्णन है।

द्वितीय अंक में राम को राजपाट देने की घोषणा और फिर कैकयीहठ और राम के वनवास की कथा है। वन में राम और भरत का मिलन होता है। तीसरे अंक में शूर्पणखा और सीताहरण का प्रसंग है। जब रावण को जब यह ज्ञात होता है कि शूर्पणखा के नाक और कान काट लिये गये है तो प्रत्यक्ष रूप से तो वह अहंकार करता है किन्तु मन ही मन कहता है कि मुझे मुक्ति देने के लिए भगवान नारायण ने मानव का रूप धारण कर वनवास किया है।

सीताहरण हो जाने पर राम विलाप करते हैं, शबरी से भेंट होने पर तीसरा अंक समाप्त होता है। चौथे अंक में उनकी सुग्रीव और हनुमान आदि से भेंट होती है। पांचवें अंक में लंका दहन का वर्णन है। छठे अंक में राम की सेना लंका पहुंच जाती है और अंगद संवाद होता है और इसी अंक में राम-रावण का युद्ध होता है।

नाटक के अंतिम अंक में राम अयोध्या पहुंच जाते हैं, राजतिलक होता है और भिन्न देशों के नर्तक अपनी कलाओं का प्रदर्शन करते हैं।

इस नाटक की महत्ता उसकी मौलिकता है। नाटककार ने रामकथा की मुख्य घटनाओं को छोड़ा नहीं और नाटकीय दृष्टि ने महत्वपूर्ण घटनाओं को रंगमंच पर दिखाते हुए साधारण घटनाओं की सूचना देने की प्रणाली अपनाई। इससे रामकथा के प्रति न्याय भी हुआ और नाटकीयता भी बनी रही। काव्यशास्त्र के पांडित्यप्रदर्शन का मोह भी कवि छोड़ नहीं पाते हैं। राम के राजतिलक के समय राम-सीता के सम्मुख अप्सराएँ, नाच-नाचकर स्वकीया, मुग्धा, ज्ञात यौवना, अज्ञात यौवना, धीरा, अधीरा, नवोढ़ा, प्रौढ़ा गुप्ता, क्रियाविदग्या, कुलटा मुदिता, लक्षिता, अनुगमना, गणिका इत्यादि 35 नायिकाओं के लक्षण बताती हैं।

कथानक में शिथिलता है और देशकाल का ध्यान नहीं रखा गया है। किंतु मौलिकता और भाषा की महत्ता तथा रंगनिर्देशों की स्पष्टता के कारण आनंद रघुनंदन का ऐतिहासिक महत्व है।

प्रकाशक : भारतीय ज्ञानपीठ प्रकाशन, नई दिल्ली

सीतारावणसंवादझरी

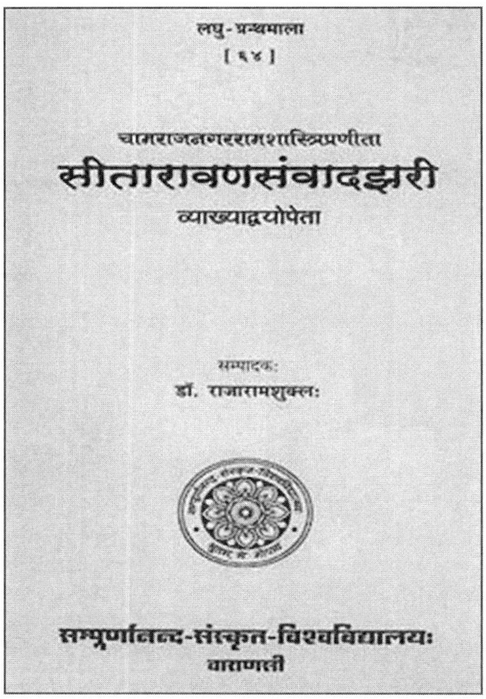

श्री चामराजनगर रामराज शास्त्री/सीतारामं शास्त्री

सम्पादक : *डॉ. राजाराम शुक्ला*

प्रहेलिका पद्धति द्वारा रचित इस ग्रंथ के रचयिता श्री चामराजनगर रामराज शास्त्री जथा श्री सीताराम शास्त्री हैं। 1905 में इस कृति का प्रकाशन श्रीसीताराम शास्त्री ने किया। संस्कृत व्याख्या तथा हिन्दी भाष्य रमेश चतुर्वेदी ने किया।

सौ नदों की इस रचना में पचास पचास पद दोनों ने रचे हैं। सीता के पातिव्रत धर्म का आश्रय लेकर विचित्र तर्क, शब्दक्रीड़ा तथा उक्ति चातुर्य से प्रहेलिकाओं की रचना की गई है।

काव्य का मुख्य आधार सुन्दरकाण्ड में वर्णित सीता और रावण के मध्य का संवाद है। प्रहेलिकाविज्ञ सीता की उक्तियों में वर्णलोप, वर्णस्थापन एवं वर्णपरिवर्तन का सुन्दर प्रयोग देखने को मिलता है। अशोकवाटिका में सीता रावण संवाद प्रसंग को प्रहेलिकात्मक रूप में प्रस्तुत किया गया है। इसमें 109 पद्य हैं। प्रत्येक पद्य के चतुर्थ पाद में विशिष्ट वर्ण योजना है। रावण आत्मप्रशंसा द्वारा सीता को अपनी ओर आकृष्ट काना चाहता है किंतु सीता प्रत्युक्ति के विश्लेषण से वर्ण स्थापन, वर्णलोप आदि के द्वारा रावणेक्त आत्मप्रशंसा रुपी सभी शब्दों को रावणनिन्दा अथवा रामप्रशंसा में वर्णित कर देती है। रावण जो छंद कहता है उसमें से एक मात्रा कम कर देने से वह सीता का उत्तर हो जाता है।

परिलीक्षालक्ष्यस्समर भुवि रक्षः कुलपतिः
सलज्जस्स्व स्तुत्याममल हित मार्गैक पथिकः ।।
प्रणम्र स्त्रीलभ्यस्ससुमुखि विलस्त्कीर्तिरिति च।
श्रतो नाहं किं रे धम ! मुहुरलं त्वां श्रुतवती।

रावण ने सीता को अनुकूल करने हेतु कहा– हे सुवदने सीता! क्या तू जानती नहीं मैं परिलीक्षालस्य (आलस्यरहित युद्धवीर) हूँ। मैं राक्षसों का अधीष्वर हूँ। मैं स्वस्तुति में सलज्ज (संकोची) हूँ। मैं निष्कलंक

एवं हितकारक मार्ग का अनुसरण करने वाला हूँ। मैं अतिविनयषील स्त्रियों द्वारा ही प्राप्तव्य एवं विलसित कीर्ति वाला हूँ। सीता ने कहा - बार बार मत दोहराओ। मैं तुम्हारा अनर्गल बहुत सुन चुकी हूँ।

सीता द्वारा अलम श्रुतवती ष्लिष्टार्थ का प्रयोग किया गया है। उसका अर्थ है कि मैंने तेरे शब्द अलम लकार रहित सुने हैं। लकार का त्याग करने पर वे विपरीत भाव को प्रकट करते हैं।

मैं युद्धभूमि में परिलीलास्य हूँ। मैं रक्ष:कुपति हूँ। स्वस्तुति में सज्ज हूॅ। अमहित मार्गैकपथिक हूँ। मैं विसत्कीर्ति (सत्कीर्तिविहीन) हूँ।

रावण कहता है– राम अतल्प निद्रालु हैं। (भूमि पर ही सोने वाले हैं) त वर्ण हटाने से यह अल्पनिद्रालु हो जाता है।

हे सीतं मतिसंभ्रमो मम यथा कार्येषु प्रत्यर्नु ते
सर्वत्रापि निजोद्यमेषुस खलु ख्यातो महासंषय:
किंचाख्यान्ति त मत्र दुष्टजन संघते निबद्धारदम्
क्रव्याधम किंनु वा प्रलप नो सम्प्रीतिरत्रास्ति मे।

रावण ने सीता से कहा - जिस प्रकार मैं स्वकर्तव्यों में मतिसंभ्रम अथवा शीघ्रनिश्चय करता हूँ वैसा राम नहीं करता। वह अत्यधिक संशय करने वाला है तथा लोग उसे दुष्टजनों के समुदाय में लगाव रखने वाला बताते हैं। सीता कहती है– हे राक्षस अधम! मुझे तेरे कथन से सम्प्रीति नहीं है अर्थात तेरे सम्पूर्ण कथनों से मैं सम वर्ण का त्याग करती हूँ। (जिससे राम की प्रशंसा ही द्योतित होती है।)

हे सीते ! जैसे मुझे स्वकर्तव्यों से मतिभ्रम होती है उस प्रकार राम को नहीं। वह राम लोक में महाषय (उदारमना) विख्यात है तथा लोग उसे दुष्टजनों के घात करने में श्रद्धावान बताते हैं।

सम्पूर्णानंद संस्कृत विश्वविद्यालय, वाराणसी

भारतीय भाषा खण्ड

- अपभ्रंश - सेतुबंध
- कन्नड़ - रामचन्द्रचरित पुराणम, तोरबे रामायण, कौशिक रामायण
- मराठी - भावार्थ रामायण, श्रीरामविजय, अपरिचित रामायण, वास्तव रामायण
- पंजाबी - गोविंद रामायण, पंजाबी रामायण, रामरहस्य
- तेलुगु - श्रीरंगनाथ रामायण,भास्कर रामायण, भागवत मधुरिमलु, श्रीमोल्ल रामायण, एकोजी रामायण, वरदराजु रामायण, रघुनाथ रामायण, रामभ्युदयमु, रामायण कल्पवृक्षमु
- उड़िया - जगमोहन रामायण, बिलंकारामायण, बैदेहीश विलास, विचित्र रामायण

- बंगला - कृतिवास रामायण, चन्द्रावती रामायण, मेघनाद वध
- गुजराती - गिरधर रामायण, नाकर रामायण
- मलयाली - अध्यात्म रामायण
- असमिया - कारबि रामायण, माधवकंदली रामायण, शत्रुंजय रामायण
- उर्दू - खुश्तर रामायण, उर्दू रामायण,
- काश्मीरी - रामावतार
- तमिल - कम्ब रामायण
- नेपाली - भानुभक्त रामायण

अपभ्रंश

सेतुबंध

(रावणवध)

आचार्य प्रवरसेन

संस्कृत टीका : *श्रीरामदास भूपति*

महाराष्ट्री प्राकृत भाषा में रचित यह महाकाव्य काश्मीर के राजा प्रवरसेन की रचना है। राजा प्रवरसेन को वाकाटकवंशी राजा रुद्रसेन का पुत्र कहा गया है। महाकवि दण्डी तथा बाणभटट ने इस कृति की चर्चा की है। सेतुबंध में 1291 गााथाएं हैं जो 15 आश्वास (काण्ड) में विभक्त हैं। सेतुबंध का विशेष छंद स्कंधक है। सेतुबंध का एक अन्य लोकप्रिय नाम रावणवह अथवा रावणवध भी है। इसे छठवीं शताब्दी के उत्तरार्द्ध की रचना माना जाता है। (यह भी संदेह व्यक्त किया जाता है कि इस महाकाव्य के रचनाकार कालिदास हैं।) कथानक मूलत: वाल्मीकि रामायण के युद्धकाण्ड का ही अनुसरण करता है। काव्य का कथानक सीताहरण के पश्चात आरंभ होता है। प्रथम दो छंदों में कवि ने यह सूचना दी है कि राम ने बाली का वध करके सुग्रीव को राजा बना दिया है। हनुमान को गए बहुत दिन हो जाने के कारण राम सीता वियोग में दुखी हैं। हनुमान वापस आकर सीता की कुषलता का समाचार देते हैं तथा पहचान के रूप में उनके द्वारा दी हुई मणि भी राम को सौंपते हैं। राम सीता की स्मृति से रोमांचित हो उठते हैं। वे रावण के बारे में जानकर अत्यन्त कुरुद्ध भी हो जाते हैं तथा अपने धनुष पर दृष्टिपात करते हैं। सुग्रीव हनुमान के इस कार्य से संतुष्ट होते हैं तब राम लंकाभियान के लिए लक्ष्मण, सुग्रीव और हनुमान से परामर्श करते हैं। तदनन्तर राम सेना के साथ लंका के लिए प्रस्थान करते हैं।

इस काव्य में दो घटनाएं ही प्रमुख हैं– सेतुबंध और रावणवध। इसलिए इस काव्य के दोनों नाम प्रसिद्ध हैं। लंका पर चढ़ाई के समय से लेकर रावण का वध तथा सीता की वापसी तक का कथानक इसमें है। पन्द्रह आश्वासों में किष्किन्धा में राम की वियोगावस्था से लेकर रावण के वध तक की कथा है।

राम और सुगीव की मित्रता का रोचक वर्णन है। प्रथम आठ आश्वासों में शरदरात्रि षोभा, चन्द्रोदय, प्रभात आदि के वर्णन किए गए हैं तथा कामिनीकेलि नामक दसवे सर्ग में राक्षिसयों के भोगविलास का वर्णन है। प्रथम उच्छवास में राम का विरहवर्णन भी मार्मिक है। सीता की कुषलता का समाचार लेकर आए हनुमान व राम का यह मूक दृश्य भी अदभुत है।

दिटठ त्ति ण सद्दहिअं झीण त्ति सबाहमन्थरं णीससिअं।
सोअइ तुमं ति रुण्णं चहुणा जिअइ त्ति मारुई उवउढो।।

(सीता को देखा है। ऐसा कहने पर प्रभु विश्वास नहीं करते हैं। वह शोक से क्षीण हो गई है। प्रभु ने वाष्पयुक्त मंथर निष्वास लिया। तुमको याद करती है। सुनकर प्रभु रोने लगे। वह जीवित है यह सुनकर प्रभु ने हनुमान को गले लगा लिया।

सेतुबन्ध में रामकथा के रोचक पक्षों के अतिरिक्त भाषा का महत्वपूर्ण स्थान है।

मलअसुवेलालग्गो पडिट्ठिओ णहणि हम्मिसागर सलिले।
दीसई सेउ महावह दोहाइअ पुव्व पच्छिम दिसी भाअम।।

(कृष्णदास अकादमी, वाराणसी, 1982)

रामचंद्रचरित पुराणम (कन्नड़)

(पम्प रामायण)

अभिनव पम्प नागचन्द्र

कन्नड़ साहित्य में सन 950 से 1150 तक का समय पम्पयुग कहलाता है। जैन कवि नागचन्द्र ने पंप भारत का अनुसरण करते हुए रामचंद्र चरितपुराणं (पम्प रामायण) की रचना की। 11 वीं शताब्दी के कवि नागचंद द्वारा रचित रामायण को कन्नड़ भाषा की प्रथम रामायण होने का गौरव प्राप्त है। जैनधर्म के अनुसार कवि ने अपने काव्य में त्रिषष्टिषलाका पुरुषचरित के सातवे पर्व के वासुदेव (लक्ष्मण), प्रतिवासुदेव (रावण) और बलदेव (राम) के चरित्र को चित्रित किया है। इसी कारण इस महाकाव्य को जैनपुराण भी कहा जाता है। पम्प रामायण में कुल 2343 पद्य हैं।

कथाक्षेत्र के तीन राज्य हैं 1. लंका-राक्षसों का राज्य, 2. किष्किन्धा-वानरों का राज्य और 3. रथनुपुर चक्रवालपुर- जो विद्याधरों की राजधानी थी।

कथा में राम के अनेक विवाह बताए गए हैं। युद्धभूमि में भी अनेक विवाह होते हैं। कुछ तो शाप से मुक्त होने के लिए तो कुछ प्राप्त वरदान के कारण। कर्मबंधनों से जकड़े जाने और काम क्रोध की सीमा का अतिक्रमण कर जाने के कारण लक्ष्मण को अंत में नर्क प्राप्त होता है।

रावण एक उदात्त पात्र है वह किसी का वध नहीं करता। जैन मुनियों के प्रति श्रद्धानत है। हिंसा विरोधी तथा पाप विरत है। सीता अपहरण के पश्चात उसे स्वयं से घृणा हो जाती है। वह सीता का सम्मान करता है किंतु राम लक्ष्मण को पराजित भी करना चाहता है। भरत, नारद तथा मंदोदरी के चरित्र विकृत बताए गए हैं। दशरथ की चार पत्नी हैं– अपराजिता (राम), सुमित्रा (लक्ष्मण), कैकेयी (भरत) और सुप्रभा (शत्रुध्न)।

राम और लक्ष्मण सीता स्वयंवर में नहीं जाते बल्कि राजा जनक के आग्रह पर भीलों को दण्डित करने जाते हैं। सीता के भाई का नाम प्रभामण्डल है।

खचरपति इन्दुगति अपने वज्रावर्त सागरावर्त नामक धनुषों को जनक के पास मिथिला भिजवा देता है। प्रथम धनुष को झुकाकर राम सीता को तथा द्वितीय को झुकाकर लक्ष्मण चन्द्रधर की दो कन्याओं का पत्नी के रूप में पाते हैं। दशरथ की मृत्यु नहीं होती। भरत के राज्याभिषेक के पश्चात जैनदीक्षा लेकर वे मोक्ष प्राप्त करते हैं। सुग्रीव की छोटी बहन श्रीप्रभा का विवाह रावण से होता है। रावण की छोटी बहन चंद्रनखी (शूर्पणखा) की कन्या अनंगपुष्पा से हनुमान का विवाह हुआ था और हनुमान रावण द्वारा दिये गए राज्य कर्णकुंडलपुर के राजा थे। बाली सुग्रीव वानर नहीं बल्कि कपिध्वज खेचर वंश के थे। रावण भी राक्षस राजवंश का था। यहाँ सेतु बंध नहीं हुआ बल्कि आकाश गामिनी विद्या से राम की सेना समुद्र पार करती है। हनुमान विद्या बल से ही लंका दहन करते हैं।

नागचंद्र को सरस्वती कुंडल वरमंपडेद (सरस्वती का कृपापात्र) कवि माना जाता है। पंप रामायण पर वाल्मीकि रामायण, विमलसूरि की पउमचरिउ और रविषेण की पदमपुराण का प्रभाव है।

लक्ष्मण द्वारा चन्द्रनखी (शूर्पणखा) के पुत्र शम्भु का सिर काटना, सीता और राम को अलग करने के लिए वैकुर्वण की शक्ति से अवलोकिनी नामक विद्या देवता से बनाया गया सिंहनाद सुनकर लक्ष्मण की रक्षा हेतु राम का जाना। सीता की रक्षा के लिए राम का जटायु को नियुक्त करना इत्यादि प्रसंगों में नवीनता है।। रावण ने अनतवीर्य केवली के चरणों में बैठकर विनम्रता से अपनी मृत्यु के बारे में पूछा। उन्होंने बताया कि जो वीर सिद्ध शैल को उठा पाएगा उसी वीर के हाथों रावण की मृत्यु होगी। लक्ष्मण को यह मालूम चला तो वे सुग्रीत्र और जाम्वन्त को साथ लेकर सिद्धषिला के पास गए और शिला को उठा लिया। शिला के मूल से पानी का झरना बह निकला। युद्ध हुआ तो रावण ने लक्ष्मण पर चक्र का प्रहार किया। वह चक्र लक्ष्मण की तीन प्रदक्षिणा करके दाहिने ओर खड़ा हो गया। राम ने लक्ष्मण को कहा– यह चक्र अब तुम्हें प्राप्त हो गया है। इससे रावण का वध कर दो। इस प्रकार उसी चक्र से रावण का अन्त हुआ।

राम द्वारा लोकभावना के कारण सीता को जिन मंदिर की पूजा के बहाने जंगल ले जाकर छोड़ना, लक्ष्मण की मृत्यु के बाद राम द्वारा छह माह तक उसके मृत शरीर को उठाए रखना, राम द्वारा जैन दीक्षा लेना आदि रोचक एवं विशेष घटनाएं हैं। सीता का अपहरण और रावण का हृदयपरिवर्तन पंप रामायण के महत्वपूर्ण प्रसंग हैं। इसमें मंथरा, उर्मिला, परशुराम, विश्वामित्र का उल्लेख नही है।

पम्प रामायण पर विमलसूरिकृत पउमचरिउ, रविषेण कृत महापुराण,तथा चाउंडरायकृत चाउंडराय पुराण का प्रभाव पड़ा है।

प्रकाशक : भुवन वाणी ट्रस्ट, लखनऊ

तोरबे रामायण (कन्नड़)

तोरबे नरहरि (कुमार वाल्मीकि)

तोरवे निवासी कवि नरहरि ने तेलुगु भाषा में 16 वीं शताब्दी में रामायण की रचना की। उसका नाम तोरवे रामायण ही रखा। वे वाल्मीकि से इतने प्रभावित थे कि उन्होंने अपना नाम कुमारवाल्मीकि ही रख लिया। तोरवे रामायण में छह काण्ड का होना इस बात का संकेत है कि उस समय तक वाल्मीकि रामायण के छह काण्ड ही थे। उत्तरकाण्ड को बाद में जोड़ा गया जो मूल रामायण का अंग नहीं है। वाल्मीकि के बारे में तोरवे रामायण में कथ्य है कि महर्षि भरद्वाज ने क्रोंचवन में रहने वाले व्याध को आशीर्वाद दिया। बाद में उस व्याध ने बहुत समय तक तपस्या की और ब्रह्मा ने परमर्षित्व प्रदान किया। वह वल्मीक से निकला, इसलिए वाल्मीकि कहलाने लगा। तोरवे रामायण का आधार आनंद रामायण है। रावण का शिव धनुष के नीचे दब जाना, इंद्र की माला के कारण बाली की अजेयता, ब्रह्मा के अनुरोध पर हनुमान का पूँछ बढ़ाना बंद करना, रावण की दाढ़ी का जलना, अत्रि द्वारा जयंत को शाप, विष्णु माया के रूप में मंथरा का उल्लेख, औषधिपर्वत का अपने आप अदृश्य हो जाना आदि इस रामायण की असाधारण सामग्री है। भरत को अत्यन्त दुखी देखकर जाबालि वन में जाकर राम से मिलते हैं। राम भी भरत का समाचार न मिलने से दुखी हैं। जाबालि सात्वना देते हैं और हरिष्चंद्र की कथा भी सुनाते हैं ।

तोरबे रामायण में राम ने तोमर से परशुराम का परषु आकाश में फेंक दिया और अपने रथ से उतरकर परशुराम का धनुष छीन लिया। हनुमान लंका से 700 योजन दूर एक टापू पर उतरकर तृणबिन्दु मुनि से मिलते हैं। उन्हें सीताहरण का वृतांत बताकर लंका का मार्ग पूछते हैं तो मुनि उन्हें कायर कपि कहकर रावण की लंका में जाने का अपात्र कहते हैं। तब हनुमान मुनि तृणविन्दु की परीक्षा अनुसार उन्हें पद्मासन सहित ऊपर उठा देते हैं और मुनि हनुमान को उत्तरदिषा स्थित लंका का मार्ग बताते हैं। रावण युद्ध के लिए प्रस्थान करने से पहले अपनी सारी सम्पत्ति दरिद्रों में बॉट देता है, जेल बंदियों को रिहा कर देता है और आदेश देता है कि

यदि मैं युद्ध में मारा जाऊं तो विश्वासपात्र विभीषण को गद्दी पर बैठाया जाए। रावण के दाह संस्कार के बाद प्रभु राम विभीषण से कहते हैं कि मृत्यु के बाद बैर का अंत हो जाता है। अतः तुम शीघ्र ही अपने भाई का दाहसंस्कार करो। मना करने पर राम कहते हैं कि रावण भले ही अधर्मी रहा हो किंतु युद्धभूमि में वह तेजस्वी, शूरवीर और बलवान था।

शम्बूक राक्षस इंद्रपद की अभिलाषा से तपस्या करता है। उसके चारों ओर वल्मीक बन जाता है। इंद्र और नारद व्याघ के रूप में मिलकर लक्ष्मण को मृगया का निमंत्रण देते हैं। इंद्र एक वराह की सृष्टि करते हैं जो वल्मीक की ओर जाता है। लक्ष्मण के बाण से वराह और शम्बूक दोनों का वध होता है।

तोरबे रामायण के अनुसार रावण की सेना के साथ अंगद का युद्ध हुआ (3/38)। युद्धकाण्ड के चतुर्थ अध्याय में हनुमान और रावण के मुष्ठिका युद्ध तथा हनुमान द्वारा रावण की शल्यचिकित्सा कर उसे पुनः जीवित करने की कथा है। हनुमान के घूँसे से जब रावण निष्प्राण हो गया तब हनुमान ने वायुदेव से प्रार्थनाकर रावण को जीवनदान दिलवाया।

प्रकाशक : भुवन वाणी ट्रस्ट, लखनऊ

कौशिक रामायण (कन्नड़)

कवि बत्तलेश्वर

हिन्दी अनुवाद : प्रो एस रामचन्द्र

सम्पादन : डॉ. शिवराम कारंत

कन्नड़ भाषा में कवि बत्तलेश्वर द्वारा रचित कौशिक रामायण (16 वी शताब्दी) का अपना विशेष महत्व है। प्रो एस रामचन्द्र ने इसका हिन्दी में अनुवाद किया है। यह रामायण भामिनी षटपदी छंद में रचित है। कौशिक रामायण 44 संधियों (सर्गों) में विभाजित महाकाव्य है। क्रम से कथा का कहीं संक्षिप्त तो कहीं विस्तृत वर्णन मिलता है। युद्ध वर्णन अधिक है। मैरावण के युद्ध की कथा तो दो सर्गों तक फैली हुई है।

जिस प्रकार भूषण कवि अपनी मालोपमा को लिए समस्त हिन्दी कवियों को पीछे छोड़ देते हैं उसी प्रकार बत्तलेश्वर कवि कौशिक रामायण में समस्त प्राचीन एवं अर्वाचीन कवियों को पीछे छोड़ देते हैं। कौशिक रामायण की रचना कर्नाटक की एक बोली हव्यक कन्नड़ में हुई है। यह रामायण उत्तर दक्षिण कर्नाटक के अलावा शिवमोग्गा जिले में अधिक लोकप्रिय है। हव्यक जनसमुदाय के रीतिरिवाजों का इसमें विस्तार से परिचय मिलता है। कौशिक रामायण में युद्धकांड में ऐरावण द्वारा रामलक्ष्मण हरण एवं वीर हनुमान द्वारा उनकी रक्षा की कथा मिलती है।

बालकांड की दो संधियों में राजा दशरथ की संतानहीनता, कैकेयी को वरदान ,रामादि पुत्रों का जन्म, चोडल का षाप, कौशिक के साथ राम लक्ष्मण का यज्ञ रक्षा में जाना, मारीच की पराजय एवं सीता स्वयंवर का वर्णन है। अयोध्याकांड में मात्र एक संधि है जिसमें परशुराम प्रसंग, परशुराम से भेंट, मंथरा प्रसंग, दशरथ की चिंता, राम का वनगमन निषाद प्रसंग तथा भारद्वाज आश्रम का वर्णन है। अरण्यकांड में दशरथ का प्राणत्याग, विराध और काकासुर का वध, लक्ष्मण द्वारा शम्बूक का वध है। शम्बूक को शूर्पणखा का पुत्र बताया गया है। षूर्पणखा का विकलांग होना तथा खरदूषण का वध भी अत्यन्त रोचक हैं। रावण द्वारा

सीताहरण, जटायु से भेंट तथा अशोकवाटिका में सीता की स्थिति को बताया गया है।

किष्किन्धाकांड में राम लक्ष्मण की सुग्रीव और हनुमान से भेंट, पुंजिका एवं दुंदुभि की कथा, ताड़ के वृक्षों को काटकर राम द्वारा अपनी शक्ति का प्रदर्शन, बालि का वध तथा अंगद के तिलक की घटना हैं। सुन्दरकांड में सीता की खोज, स्वयंप्रभा की कथा, सिंहिका का वध, लंकिनी की कथा, लंका का वर्णन सीता सरमा की कथा आदि हैं। युद्धकांड में हनुमान द्वारा लंका दहन, युद्ध के दृश्य हैं। लक्ष्मण द्वारा अतिकाय का वध, संजीवनी लाते समय हनुमान की जकदंड नामक राक्षस से मुठभेड़, इंद्रजीत द्वारा कुंभिनि से वर प्राप्त करने के लिए तप करना, हनुमान और जाम्बवान का मारिमुख से युद्ध, राम द्वारा मारिमुख और मकराक्ष का वध की घटनाएं भी इसमें हैं।

रावण द्वारा मारण यज्ञ किए जाने पर रावण का ध्यान भंग करने के लिए अंगद द्वारा मंदोदरी का आंचल खींचे जाने की घटना भी इसमें दिखाई गई है। रावण अंगद को घायल कर देता है। हनुमान अंगद के क्षतविक्षत शरीर को राम के सम्मुख ले जाते हैं। अंगद को जीवनदान। पाताललोक में ऐरावण और मैरावण का वध। रावण वध के बाद राम द्वारा सीता को हनुमान द्वारा रावण के मरने की सूचना भिजवाना। सीता पूछती है– राम ने बुलाया नहीं। राम ने संदेश भेजा - वह आने के लिए स्वतंत्र है। राम का सीता को स्वीकार करना। राम की वापसी एवं राज्याभिषेक आदि प्रसंगों को कवि ने रोचकता देते हुए प्रस्तुत किया है। 39 तथा 40 वे सर्ग में मैरावण युद्ध का विस्तार से वर्णन है।

रावण की दाढ़ी मूंछ जलना, मय द्वारा लंका को पुनः बसाना, राम की सेना को देखने रावण का वायुमार्ग से आना और राम द्वारा उसका छत्रदण्ड काटना आदि प्रसंग रोचक हैं। बारह वर्षों तक स्त्री, भोजन एवं निद्रा से दूर रहने वाले लक्ष्मण द्वारा ही इंद्रजीत का वध होगा– इस घटना की पुष्टि कौशिक रामायण में होती है। अहिदेवी कंकणा की कथा में रोचकता है। मत्स्यवानर का नाम मेघनाद बताया गया है, जो पाताललंका का राजा बनता है। मेघनाद की माँ दुरुंदुबे का हनुमान के सम्मुख अपने पुत्र की दुर्दषा का निवेदन भी यहाँ वर्णित है। राम द्वारा रावण की हत्या के परिहार के लिए लिंगार्चन करना तथा हनुमान का पिंडी लाना भी कथा में नवीन है। राम का पटटाभिषेक के साथ कथा का समापन होता है।

प्रकाशक : हर्ष प्रकटणालय, पुत्तुर, दक्षिण कर्नाटक

मराठी

भावार्थ रामायण (मराठी)

एकनाथ महाराज

अनुवाद : *डॉ. म वि गोखले*

संत एकनाथ (16 वी शताब्दी) द्वारा रचित भावार्थ रामायण का रामकथाओं में विशेष महत्व है। भावार्थ रामायण का आधार वाल्मीकि रामायण तथा आनंद रामायण है। दशरथ कौशल्या विवाह की कथा को बहुत विस्तार से वर्णित किया गया है। इस रामायण के अनुसार इन्द्र राजा दशरथ को शान्ता का विवाह ऋष्यश्रृंग से कराने का परामर्श देते हैं। आनंद रामायण में कथा है कि एक गीध ने कैकेयी के हाथ से पायस छीन लिया था और उसे अंजनी पत्रत पर फेंक दिया था। कुछ ऐसी ही कथा भावार्थ रामायण में भी मिलती है।

अंध मुनि के श्राप के कारण राजा दशरथ के राज्य में अनावृष्टि हो गई थी। राजा इन्द्र से युद्ध करने जगे। रथ का अक्ष टूट गया था। युद्ध में साथ रहने वाली कैकेयी ने उस समय अपने लोहहस्त के माध्यम से रथ को टूटने से बचाया और इन्द्र की पराजय हुई। प्राय: मान्यता है कि भरत माता कैकेयी के तथा शत्रुध्न माता सुमित्रा के पुत्र हैं किंतु भावार्थ रामायण में शत्रुघन लक्ष्मण के भाई न होकर भरत के भाई बताए गए हैं। भरत और शत्रुघ्न का सहोदर होना इस रामायण की विशेषता है। बालक राम की तीर्थयात्रा, सीता द्वारा धनुष उठाए जाने की कथा, भरत द्वारा मंथरा को पीटा जाना, लक्ष्मण रेखा, रावण की बहन क्रौंचा का वध आदि घटनाएं भावार्थ रामायण को अन्य रामायणों से अलग करती हैं।

विश्वामित्र के आगमन के पूर्व राम की तीर्थयात्राओं का विवरण भावार्थ रामायण (1/7) में मिलता है। राजा जनक के पास जो धनुष था उसी धनुष से परशुराम ने पृथ्वी को क्षत्रियविहीन किया था।

इसके उत्तरकांड में अहिरावण, महिरावण वृतांत की रचना एकनाथ महाराज के शिष्य जयरामसुत ने की है। एकनाथ ने भावार्थ रामायण में रावण के अत्याचारों का वर्णन उत्तरकांड के 13 से 33 अध्यायों के बीच विस्तार से किया है। नारी के कुटिल स्वभाव की निंदा जमकर की गई है। भावार्थ रामायण में कुछ अन्य घटनाएं भी मिलती हैं जैसे- रावण की दाढ़ी जलना, रेती की लंका में विभीषण का अभिषेक, अंगद

का कुण्डलाकार पूँछ पर बैठना, लक्ष्मण द्वारा शूर्पणखा के पुत्र का वध आदि। एक गीध ने पायस कैकेयी के हाथ से छीनकर अंजनी के मुख में डाल दिया था जिससे हनुमान की उत्पत्ति हुई। इसमें हनुमान का एक पुत्र भी बताया गया है।

राम की सहायता के लिए जाते समय लक्ष्मण सीता की सहायता के लिए कुटी के चारों ओर धनुष से रेखा खींचते हैं और देवताओं की शपथ लेकर कहते हैं कि जो भी इसके भीतर घुसेगा उसका सिर फट जाएगा। रावण जब सीता से भिक्षा मांगता है तो सीता का हाथ उस लक्ष्मण रेखा के बाहर रहता है तभी रावण उसे खींच लेता है। (भावार्थ रामायण 3/15) भावार्थ रामायण के अनुसार देवताओं को आशंका थी कि सीता का स्पर्श करते ही रावण भस्म हो जाएगा किंतु सभी राक्षसों के विनाश के लिए उसका भस्म हो जाना उचित न होगा। अत: सीता की छाया को उनके स्थान पर रखा जाता है। (3/16)

सूर्य द्वारा सम्पाति को दिये गए इस आश्वासन का उल्लेख भावार्थ रामायण में है कि जब वानर राम नाम का उच्चारण करेंगे तब तुम्हारे पंख पुन: निकल आएंगे। भावार्थ रामायण के अनुसार (7/35) पवनदेव अपने पुत्र हनुमान को सूर्य की ओर बढ़ते देखकर प्रचण्ड ताप से बचाने का प्रयास करते हैं फिर शीतल समीर द्वारा ठंडा करने का प्रयास करते हैं। राहु द्वारा सूर्य को निगलता देखकर हुनमान ने अपनी पूँछ के प्रहार से राहु को अचेत कर दिया। तब केतु राहू की सहायता करने आया किंतु हनुमान ने दोनों को परास्त कर दिया। अन्त में दोनों इन्द्र की षरण में गए।

भावार्थ रामायण के अनुसार राम की परीक्षा लेने के लिए हनुमान हाथ में साल वृक्ष लेकर उन्हें धमकी भरे स्वर में पूछते हैं– तुम कौन हो। राम बाण चलाकर हनुमान को परास्त करते हैं तब पवनदेव के अनुरोध पर राम हनुमान को क्षमा कर देते हैं। माता अंजना ने हनुमान से कहा था कि जो तुम्हारी लंगोटी देख सकेगा वही तुम्हारा स्वामी होगा। (4/1)

भावार्थ रामायण के अनुसार सेतु बनाते समय पत्थर डूबने लगे। हनुमान ने कहा- इसका कारण नल का गर्व है। वे राम के चरणों से पत्थर का स्पर्श कराना चाहते थे परंतु डरते थे कि कहीं पत्थर भी अहिल्या के समान सुंदरियां न बन जाएं। हनुमान ने कहा वे राम के राज्य से पत्थर ले आएंगे। वानरों ने उन पर अपने नखों से राम नाम अंकित कर दिया। इसके पश्चात पत्थर नहीं डूबे। हनुमान जी ने रावण के सामने ही अनेक उत्पात किए थे। उन्होंने रावण की सभा के दीपकों को बुझा दिया था। रावण मंदोदरी को धमकी देकर बाध्य करता है कि वे सीता को रावण की इच्छापूर्ति हेतु सहमत करें। अंगद रावण की सभा में अपनी पूँछ का कुण्डल सिंहासन बनाकर विराजित होता है।

भावार्थ रामायण में एक आध्यात्मिक रुपक भी मिलता है जिसके अनुसार अहमात्मा ही दशरथ है, सद्विद्या कौशल्या, शुद्धमेधा सुमित्रा, अविद्या कैकेयी और कुविद्या मंथरा है। भावार्थ रामायण में (7/1) हनुमान को राम द्वारा स्त्रीराज्य में भेजने की कथा भी है। (6/97) के अनुसार जब राम के राज्याभिषेक के बाद सीता जी ने हनुमान को मणियों की माला दी तो उन्होंने अपने दाँतों से मणियों को फोड़ा और कहा हम वानरों के खाने के अतिरिक्त और क्या चाहिए।

प्रकाशन : भुवनवाणी ट्रस्ट, लखनऊ

श्रीराम विजय (मराठी)

कवि श्रीधरस्वामी नाजरेकर

***हिन्दी अनुवाद :** डॉ. गजानन नरसिंह साठे*

कवि श्रीधरस्वामी नाजरेकर (1658-1729) ने 1702 ई0 में मराठी भाषा में श्रीरामविजय ग्रंथ की रचना की। वे विट्ठल स्वामी के भक्त थे। 1891 में इसका अंग्रेजी में अनुवाद हुआ। वाल्मीकि रामायण, हनुमन्नाटक तथा संत एकनाथकृत भावार्थ रामायण (मराठी) का इस पर प्रभाव रहा है।

श्रीरामविजय में सात काण्ड हैं। इसमें 40 अध्याय तथा 9147 ओवी छंद हैं। ओवी छंद चार चरण का होता है तथा पहले तीन चरण में आठ आठ अक्षर होते हैं। यह तुकांत होता है। चौथा चरण पहले तीन से छोटा और प्राय: सात अक्षरों का होता है।

संत श्रीधर मुख्यत: कीर्तन करते थे। इससे श्रीरामविजय को बहुत लोकप्रियता भी मिली। इस मराठी रामायण का एक प्रसंग बड़ा ही रोचक है। वानरों द्वारा सीता की खोज में असफलता मिलने पर सभी एकत्र होकर आत्महत्या करने का विचार करते हैं। लकड़ियों के ढ़ेर लगाकर चिताएं तैयार की जाती हैं। जाम्बवंत इस सारी असफलता की जिम्मेदारी लेते हुए स्वयं सबसे पहले आत्मआहुति देना चाहते हैं किन्तु हनुमान उन्हें रोककर स्वयं पहले प्रस्तुत हो जाते हैं। हनुमान जैसे ही अग्नि में कूदते हैं अग्नि शांत हो जाती है। ऐसा तीन बार होता है। तब वे विचार करते हैं कि अग्नि में न सही समुद्र में डूबकर प्राणों का अंत किया जाए। तभी सम्पाति वहाँ उनको खाने के लिए आ गया। सबने सोचा- चलो अच्छा ही हुआ। बिना यत्न किए ही मृत्यु आ गई। वे सब राम का उदघोष कर गर्जन करते हैं तो सम्पाति के पंख निकल आते हैं। सम्पाति आश्चर्य से इसका रहस्य पूछता है। हनुमान और सम्पाति के मध्य संवाद होता है। हनुमान बताते हैं कि हम सब राम की प्रिया माता सीता की खोज में हैं। तब सम्पाति उन्हें बताता है कि रावण ने सीता को ले जाकर लंका में रखा है।

श्रीराम द्वारा सुवेल पर्वत पर जाने हेतु समुद्र से मार्ग पूछा गया। समुद्र ने नल की शक्ति के बारे में बखान किया कि बालपन में नल शालिगराम को नदी के जल में डाला करता था। तब ऋषि ने वरदान दिया

था कि तुम्हारे डाले हुए पाषाण पानी में तेरेंगे। तब नल ने सेतु निर्माण हेतु कार्य आरंभ किया और उसके स्पर्श से पाषाण पर्वत काष्ठ की भाँति समुद्र में तैरने लगे। पहले ही दिन नल ने चौदह योजन का पुल बना लिया। किंतु उसे अहंकार भी हो गया। तभी एक मछली वहाँ आ गई और उसने पूरा सेतु निगल लिया। सुग्रीव आदि वानरों ने अनुमान लगाया कि सेतु को रावण ले गया। राम ने शरभ को बुलाकर तिमिंगल मछली बुलवाई। तिमिंगल बड़ी विशाल सौ योजन लम्बी समुद्री मछली है। शरभ ने तिमिंगल को भय दिया तो उसने बताया कि उसके पीछे आ रहे बच्चों ने अपने बाल स्वभाव के कारण सेतु को निगल लिया है। यह सुनते ही नल का गर्व दूर हो गया और उसने प्रभु राम से क्षमा माँगी। तब हनुमान ने कहा कि पत्थरों पर राम नाम अंकित करो। जिन पत्थरों पर राम नाम अंकित हुआ वे नहीं डूबे।

हनुमान ने सेतु निर्माण में महत्वपूर्ण भूमिका निबाही। चार लक्ष पर्वतों को पहले पूंछ में लपेट लिया फिर छह लाख पर्वतों को सिर पर रखा और दो लाख हाथ में लिए।

राम सेतु पर चलने को तत्पर हुए तो सुग्रीव और हनुमान ने उन्हें रोक दिया और कहा कि आपके चरणों के स्पर्श से सेतु की षिलाएं अहल्या की भाँति स्त्री बन जाएंगी और वे वानरों के गले पड़ जाएंगी। तब श्रीराम हनुमानजी के कंधे पर आरुढ़ हो गए और लक्ष्मणजी अंगद के कंधे पर बैठ गए। इस प्रकार उन्होंने सेतु लंघन किया।

श्रीराम विजय में हनुमान की पूंछ जलाने के लिए कपड़े लपेटे जाते हैं। कपड़े कम पड़ जाते हैं। सारे नगर के लोगों के कपड़े इसमें लग जाते हैं। सारा नगर ही निर्वस्त्र हो जाता है। तब सीता के वस्त्रों की तरफ ध्यान जाता है और हनुमान अपनी पूँछ बढ़ाना बंद कर देते हैं।

श्रीराम विजय ग्रंथ में रावण द्वारा दशरथ और कौशल्या के विवाह में बाधा उत्पन्न करना, लक्ष्मण-शत्रुघन संघर्ष, दत्तात्रेय की कथा, हनुमान द्वारा रावण की दाढ़ी-मूँछ जलाना आदि प्रसंग नवीनता लिए हुए हैं।

प्रकाशक : गीता प्रेस गोरखपुर (मराठी)

अपरिचित रामायण (मराठी)

दाजी पणशीकर

मराठी के समृद्ध विद्वान लेखक दाजी पणशीकर का वास्तविक नाम नरहरि विष्णुशास्त्री है। उन्होंने आध्यात्मिक विषयों पर अनेक भांति शोध किया है। अपरिचित रामायण के माध्यम से वे रामायण के उन पक्षों पर विचार करते हैं जिनके तथ्य सामान्य जिज्ञासु पाठकों के पास प्राय: नहीं होते हैं। रामचरितमानस में तुलसीदासजी जब नानापुराण निगमागम सम्मत की बात करते हैं तो उसमें यह संकेत होता है कि जो भी कथाएं इसमें सम्मिलित हैं उनका आधार परम्परा में सुरक्षित है। उस कथा के आगे पीछे के बहुत से पक्ष अन्यान्य संदर्भों से ही ज्ञात हो पाते हैं। यही कुछ अपरिचित रामायण के साथ भी है किंतु यहाँ अन्तर इतना है कि अपरिचित जिज्ञासाओं के समाधान के लिए दाजी पणशीकर का समाधान काल्पनिक किंतु तर्कसम्मत होता है। पुष्ट संदर्भ तो नहीं मिलते तथापि अपरिचित रामायण हमें रामकथा के अनेक प्रसंगों के बारे में रोचक एवं नवीन जानकारी प्रदान करती है।

कवि का अत्यन्त गहन सूक्ष्म परीक्षण संदर्भों की खोज का एक अभियान है जिसमें वे मन में उठने वाली कथात्मक जिज्ञासाओं के समाधान प्रस्तुत करते हैं। सम्भवत: इसी कारण इस पुस्तक का नाम अपरिचित रामायण रखा गया है। पुस्तक मराठी में है तथा 56 शीर्षकों में विभक्त है। प्रश्न बहुत सामान्य ही हैं जैसे- भरत द्वारा अनायास ही प्राप्त अयोध्या का राज्य क्यों अस्वीकार कर दिया गया?, राम के साथ सीता और लक्ष्मण वनवास क्यों गए? लक्ष्मण को अपनी माता सुमित्रा के विषय में तनिक भी चिन्ता क्यों नहीं हुई? राम सीता का त्याग क्यों करते हैं?, भरत अयोध्या की सीमा के बाहर नन्दीग्राम में रहकर राज्य का संचालन क्यों और कैसे करते हैं? आदि आदि। ये सारे प्रश्न लेखक पाठकों की ओर से ही प्रस्तुत करते हैं। विषय के प्रमुख आधार वाल्मीकि रामायण पर ही केंद्रित हैं। निस्संतान राजा दशरथ को पुत्रकामेष्टि यज्ञ करने का परामर्श विभाण्डक ऋषि की ओर से प्राप्त होता है। उनके पुत्र ऋष्यश्रृंग यज्ञ कार्य सम्पन्न करते हैं।

ऋषि विश्वामित्र द्वारा राम लक्ष्मण को यज्ञरक्षा हेतु लेकर जाना एक सामान्य घटना नहीं थी। मातापिता ने कैसे अनुमति प्रदान कर दी ? किंतु दाजी पणशीकर इसके माध्यम से एक भावपक्ष और जोड़ते हैं। वे लिखते हैं कि कुमार अवस्था में प्रवेश करने वाले बालकों का राजभवन से बाहर जाने का यह नया अवसर था। 'हेराम! जागो। सबेरा हो रहा है। पक्षी गाना गाकर तुम्हारा स्वागत कर रहे हैं सूर्यनारायण के उगने पर लोगों ने अपने नित्यकर्म शुरु कर दिये हैं। तृणषैया पर भी मीठी निर्वेध नींद लेने का अभ्यास मेरे अनुभव में शामिल हुआ है। तुम्हारे माता पिता धन्य हैं उठो, अब दैनन्दिन देहधर्म का समय है।

राम के गुणों का परिचय देते वह उल्लेख करते हैं कि राम वचनशील और एक बाणविशेषज्ञ हैं। नाटिका वध प्रसंग में राम का पराक्रम सुनकर देव विश्वामित्र से कहते हैं कि राम को अभी और भी कार्य करने हैं इसलिए हम अपने अस्त्र राम को प्रदान करना चाहते हैं। वे विश्वामित्र को 54 अस्त्र देते हैं जिनमें दण्डचक्र, वस्त्रास्त्र, शैवास्त्र, शूलवत, नारायणास्त्र, धर्मचक्र आदि हैं। इन सभी अस्त्रों को राम ग्रहण करते हैं। रामायण में प्राय: कोदण्ड का ही विशेष उल्लेख मिलता है किंतु दाजी पणशीकर सभी अस्त्रों का नाम गिनाना चाहते हैं। मुनियों ने भी राम को विभिन्न अस्त्र प्रदान किए - सत्यवान, रभस, सत्यकीर्ति, परांमुख, लक्ष्य, वसुनाग, कामरुप, पद्मनाभ, महानाभ, विमल आदि।

प्रकाशक : रविराज प्रकाशन, पुणे

वास्तव रामायण

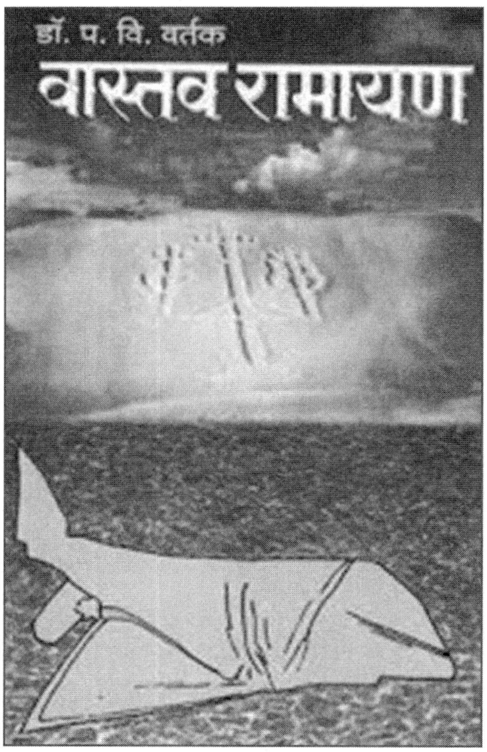

डॉ. पद्माकर विष्णुवर्तक

वास्तव रामायण पुणे निवासी डॉ. पद्माकर विष्णुवर्तक का रामायण पर केंद्रित उच्चस्तरीय शोध है। दक्षिण अमेरिका में पाताललोक की स्थिति को खोजते हुए उन्होंने सूर्य मंदिर, हाथी, गणेश, सर्प आदि के सूत्रों को भारतीय संस्कृति के आलोक में परखा है। पेरु स्थित लीमा त्रिशूल तथा हवाई अडडों के सूत्र भी तलाशने का प्रयास है। वास्तव रामायण में वाल्मीकि रामायण के तथ्यों के साथ घटनाओं के प्रमाणों को पुष्ट करने की दिशा में विचारणीय कार्य है। निबंधों में विमान, पृथ्वी, शिवलिंग तथा रामायणकाल की घटनाओं को सम्मिलित किया गया है। रामायण की घटनाओं की सत्यता पर संदेह करने वाले बौद्धिक वर्ग के लिए यह शोध अत्यन्त महत्वपूर्ण है। रामायण के युग उनकी तिथियां, राम का जन्म, रावण की प्रवृत्तियां, हनुमान आदि के विषय में वर्तकजी ने गहन और गंभीर तथ्य जुटाए हैं। वर्तक जी ने साढ़े सात हजार वर्षों का इतिहास लक्ष्य बनाते हुए अपनी कथा को अनेक शीर्षकों में विभाजित किया है। सत्ययुग, त्रैतायुग, दैत्य दानव, अयोध्याकाण्ड, अरण्यकांड, किष्किन्धाकांड, लंका कांड, उत्तरकांड, राम की योग्यता, वाल्मीकि , पाताल लोक आदि।

सत्ययुग : मनु व प्रलय, धुंध ज्वालामुखी, ओंकारेश्वर मांधाता, रावण, सहस्त्रार्जुन, परशुराम

त्रैतायुग : विश्वामित्र, त्रिशंकु, हरिश्चंद्र, सगर, पाताल, कल्माषपाद

दैत्य दानव : नृसिंह, बली, त्रिपद भूमि, मयसभा आदि

रामायण कालनिर्णय प्रकरण में वास्तव रामायण के कुछ प्रमुख तथ्य इस प्रकार हैं—

राम जन्म : 4 दिसम्बर, 7323 ई.पू.

रामसीता विवाह : 7 अप्रैल, 7307 ई.पू.

राम वनवास : 29 नवम्बर, 7306 ई.पू.

हनुमान का लंका प्रवेश : 1 सितम्बर, 7292 ई. पू.

हनुमान द्वारा सीता की खोज : 2 सितम्बर, 7292 ई. पू.

राम सेतु निर्माण : 26 से 30 अक्टूबर, 7292 ई. पू.

राम रावण युद्ध : 3 नवम्बर, 7292 ई. पू.

कुंभकर्ण वध : 15 नवम्बर, 7292 ई. पू.

खगोलीय घटनाओं तथा वाल्मीकि रामायण में उल्लिखित संकेतों के आधार पर डॉ. वर्तक ने ये निष्कर्ष प्रस्तुत किए हैं। कथा के संदर्भों में ही उनका अन्वेषण नवीन एवं चौंका देने वाला है। राजा दशरथ के परिवार का परिचय देते हुए वे अपनी बात को स्थापित करना चाहते है कि राजा की एक पत्नी वैश्य और एक पत्नी शूद्र थीं। राक्षसों एवं वानर जाति का उल्लेख कर वे कहते हैं कि वानर कोई अविकसित प्रजाति नहीं थी। सभी वानर अपने सेना प्रमुख के आदेशें का पालन करने वाले थे। वे मित्रता निभाने वाले तथा भाषा एवं राज्य संचालन में प्रवीण थे। राम लक्ष्मण से वानरों की मित्रता और उनके द्वारा कार्य की सम्पन्नता उनके समृद्ध होने का प्रमाण है। रावण से युद्ध, सेतु निर्माण जैसे कार्यों में साथ देने वाले लोग केवल बन्दर नहीं हो सकते। कबन्ध, मारीच, शूर्पणखा जैसे राक्षसों के स्वभाव में भले क्रूरता हो किंतु वे सउद्देश्य अपने कार्य में निरत थे। वे वैज्ञानिक थे, विमानों का संचालन जानते थे। परस्त्री को उसकी इच्छा के विरुद्ध स्पर्श न करना उनकी सांस्कृतिक नीति का एक बड़ा पक्ष है।

वास्तव रामायण में रामकथा के प्रसंगों का वे ऐतिहासिक दृष्टि से अन्वेषण करते हैं तथा बुद्धपूर्व रामायण, गजलक्ष्मी, शिवलिंग, त्रिशूल, नलसेतु भोज की विमान विद्या परिशिष्ट के रूप में दिये हैं।

प्रकाशक : वर्तक प्रकाशन, पुणे

गोविंद रामायण (पंजाबी)

गुरु गोविंद सिंह

सिख गुरु गोविंद सिंह जी ने 1698 ई. में रामावतार कथा लिखी। 1953 ई में इसका प्रकाशन संत इंद्रसिंह (बनारस) ने गोविंद रामायण नाम से किया। यह गुरुमुखी तथा देवनागरी दोनों ही लिपियों में उपलब्ध है।

दशम ग्रंथ के चौबीस अवतार में रामावतार की कथा है। गोविंद रामायण का विभाजन काण्डों के अनुसार न होकर 22 शीर्षकों में किया गया है। रामावतार, सीता स्वयंवर, अवध प्रदेश, वनवास, वनप्रवेश, खरदूषण युद्ध, सीताहरण, सीता की खोज, हनुमान शोध को पठैबो, लंकागमन, प्रहस्त युद्ध, त्रिमुंड युद्ध, महोदर युद्ध, इंद्रजीत युद्ध, अतिकाय युद्ध, मारीच युद्ध, रावण युद्ध, सीता मिलन, अयोध्या आगमन आदि। छंदों की संख्या 864 है।

असुरों का प्रभाव बढ़ने पर ब्रह्मा के साथ समस्त देवता विष्णु के पास गए और विष्णु ही राम के अवतार में प्रकट हुए। राजसूय यज्ञ, राम और सीता के पूर्व अनुराग, अयोध्या में परशुराम का तेजभंग तथा सीता का भूमिप्रवेश घटनाएं प्रमुख है। कौशल्या एवं राम के परलोकगमन की कथाओं को भी इसमें स्थान मिला है।

कौशल्या कुडहाम के राजा की पुत्री थी जिसने स्वयंवर में अवध के राजा दशरथ को अपना पति चुना था। कैकेयी की दासी मंथरा को गोविंद रामायण में गंधर्वणी बताया गया है। सीता अपनी इच्छा से वन को जाती है। वहाँ लव का जन्म होता है तथा कुश की सृष्टि कुषाघास से होती है। वाल्मीकि द्वारा सीता के एक पुत्र की सृष्टि का प्रसंग है। यह कथा तिब्बती रामायण और कथासरित्सागर से ली गई है। लक्ष्मण द्वारा कुटी के चारों तरफ लक्ष्मण रेखा खींचना, लवकुश युद्ध के अंत में सीता का अपने सतीत्व की शपथ खाकर समस्त सेना को जिलाना, रावण चित्र के कारण राम का सीता पर संदेहआदि प्रसंग प्रमुख हैं। रावण ने जब त्रिपुण्ड के साथ सेना भेजी तो हनुमान ने उसी की तलवार से उसको मौत के घाट उतार दिया। इसमें श्रवण कथा भी है जिसका आधार ब्रह्मपुराण है। सीता द्वारा राम को महल की छत से देखना असमिया रामायण के अनुसार ही है। परशुराम के द्वारा विष्णु धनुष से राम की परीक्षा लेना कृतिवास रामायण के अनुसार है।

गोविंद रामायण में कुछ रोचक तथ्य विशेष हैं। सीता को अदभुत शक्तियों से युक्त बताया गया है। मेघनाद द्वारा रामलक्ष्मण को नागपाष से बांध दिये जाने का दृश्य जब सीता को दिखाया जाता है तो वह कुरुद्ध हो उठती है और नागमंत्र पढ़कर उन्हें नागपाष से मुक्त कर देती है।

सीय निरख नाय मनमहिं रिसान, दस अउर चार विद्या निधान।
पढ़ नागमंत्र संघरी पाष, अति भ्रात जिबइ चित भा हुलास।।

इसी प्रकार लवकुश द्वारा रामसेना को नष्ट कर दिये जाने पर सीता अपनी पतिपरायणता की शपथ द्वारा सबको जीवित कर देती है। गोविंद रामायण के लवकुश की वीरता अदभुत है। भरत की प्रत्येक बात का उत्तर लवकुश तीर से देते हैं।

गोविंद रामायण में हनुमान की चर्चा अधिक नहीं है। सीता को खोजने तथा युद्ध में कहीं कहीं इनका नाम आता है।

गोविंद रामायण में राम के चरित्र शील व सौंदर्य का वर्णन है। अवधप्रदेश के प्रसंग में गुरु गोविंद सिंह लिखते हैं -

जो इह कथा सुनै अरु गावे, दुख पाप तिह निकट न आवै।
विष्णु भक्ति कीए फल होई, आधि व्याधि छू सकै न कोई।

यह एक युद्धरुचि की रामकथा है क्योंकि 864 में से 400 छंद युद्ध विषयक हैं।

श्री रधुनंदन की भुज तें जब छोर सरासन बाण उड़ाने।
भूमि अकास पतार चहूँ चक्र पूर रहे नॉहि जात पछाने।।
तेर सनाह सुनाहन क तन आह करी नाहिं पार पराने।
छोड़ करोरन ओटन कोट अटान मों जानकी बान पछाने।।

ठसी कथानक पर 'द रामायण ऑफ श्री गुरु गोविंद सिंह जी' की रचना बलजीत कौर तुलसी ने की है और इसका प्रकाशन इंदिरा गॉधी राष्ट्रीय कला केंद्र दिल्ली ने किया है।

हिंदी मिश्रित पंजाबी में सोढ़ी मेहरबान ने आदि रामायण की रचना की है।

प्रकाशक : भारतीय ज्ञानपीठ प्रकाशन, दिल्ली

पंजाबी रामायण

रामलुभाया दिलशाद

काश्मीर राज्य के सेवानिवृत पुलिस अधिकारी रामलुभाया दिलशाद ने पंजाबी रामायण की रचना फारसी लिपि में 1940 में की। इसका देवनागरी में लिप्यांतरण उनके पुत्र विश्वबंधु शास्त्री ने किया। किस्सा शैली में रचित इस रामायण में 20, 20 की यति पर बेंत छंद का प्रयोग किया गया है।

पंजाबी रामायण का आधार वाल्मीकि रामायण और हृदयराम भल्ला के हनुमन्नाटक है किंतु इसमें बहुत सी मौलिक उदभावनाएं दृष्टिगत होती हैं। जैसे– उत्तरकांड में राम द्वारा तपस्वी शम्बूक का वध न करके उसे तप के रास्ते से हटाने में सफल होते हैं। वध का विचार राम को उचित प्रतीत नहीं होता। राम द्वारा शूद्र तापस की हत्या के स्थान पर उसे धन-सम्मान दे तप से विरत करना वर्णित है। विश्वामित्र द्वारा राजा दशरथ को राजा रघु की बोधकथा सुनाकर रामलक्ष्मण को साथ ले जाने की घटना है। स्वयंवर के पूर्व ही रावण शिवधनुष का परीक्षण करता और विफल होते दिखाया गया है। कैकेयी दशरथ से वर माँगते समय शिवजी की कथा सुनाती है। भरत का राम-वियोग प्रसंग बारहमासा शैली में वर्णित है। मंदोदरी द्वारा राजा दशरथ को संधि कर लेने का परामर्श भी मौलिक है। रावण की मृत्यु पर राम मंदोदरी को सांत्वना देते हैं। राम विश्वामित्र के आश्रम में बाणों का मण्डप बनाते हैं। जटायु को दर्शन मात्र से ही मोक्ष देते हैं।

जानीजान हर बात दे रामचन्दर, माइआ आपणी इह दिखलाई ओ थे।
पतिव्रत धर्म के लिए सीता की प्रशंसा इस प्रकार की गई है।
पतिव्रत धरम इसदा है पूरा, पूरी धरम दी इह तसवीर है जी।
मेरे तप दा फल हो नष्ट जावे, जो इह झूठी मेरी तकसीर है जी।।

वे वन से लौटकर भरत को ही सिंहासन पर बैठने पर बल देते हैं। राम राज्य का सुंदर चित्रण किया गया है।

न कोई झगड़ा न फसाद किधरे , सिद्धी साफ एह गल्ल सफा है जी।
राह आपदा तकदे रैह न सारे हर इक नूँ दास दी चाह है जी।।

सीता को वनवास के चित्रण में राम के लक्ष्मण को आदेश देने पर लक्ष्मण की भावुकता का चित्रण विशेष है। वे रोने लगते हैं। अपने बाल नोंचने लगते हैं। सोचते हैं कहां मुंह छिपाउं या फिर नदी में डूब जाउँ। सीता

के पूछने पर वे बताते हैं कि भाई राम ने ऐसा आदेश दिया है। सीता अपने गर्भवती होने होने का संकेत कर कहती है कि मैं आठ महीने के गर्भ से हूँ अन्यथा कहीं नदी में डूबकर मर जाती। क्योंकि पति की जुदाई से तो मरना बेहतर है।

इस जीउने थां हैसी मरण चंगा। कदी दुख जुदाई दे न जरदी।
महीने अठां दा बच्चा गर्भ मैरे इसे वासते पई हां मैं डरदी।।

पंजाबी रामायण में राम को पूर्ण ब्रहम और अवतार के रूप में चित्रित किया गया है।

रामरहस्य (पंजाबी)

पं. रत्नहरि

सम्पादक : *डॉ. मनमोहन सहगल*

गुरुमुखी लिपि और बजभाषा में लिखा यह ग्रंथ 477 पृष्ठों का विशाल रामायण ग्रंथ सं. 1899 में रचा गया। इसका आधार स्कंदपुराण से लिया गया है। रामावतार के रहस्यों का इसमें वर्णन किया गया है। इसके दो खंड हैं– पूर्वार्द्ध और उत्तरार्द्ध। इसमें श्रीराम की बाललीलाएं तथा सीता और राम की विलासलीलाएं चित्रित हैं। राम लक्ष्मण भरत और शत्रुघ्न को क्रमशः विष्णु, शेषनाग, चक्र और शंख का अवतार बताया गया है। कैकेयी और दशरथ के विवाह को विस्तार से बताया गया है। राम के राज्याभिषेक में बाधक मंथरा के पूर्वजन्म का रहस्य भी इसमें खुलता है। कागभुशुण्डि की संक्षिप्त कथा के माध्यम से बाललीलाओं को चित्रित किया गया है। कथा पर विशेष बल दिया गया है। रत्नालिका और वीरसिंह की कथा के माध्यम से यह संकेत देने का प्रयास भी है कि वे द्वापर में नंद और यषोदा बनकर विष्णु अवतार श्रीकृष्ण को गोद खिलाने की कामना पूरी कर सके। जनक द्वारा हल चलाए जाने पर सीता का प्रकट होना विश्वामित्र द्वारा राम लक्ष्मण को मांगना तथा सीता स्वयंवर में किंचित नवीनता लक्षित होती है। राम के राक्षसों के वध से अधिक राम विवाह पर कथा केंद्रित है।

रामरहस्य में अनेक प्रकार की भक्ति का समावेष है। राम और सीता की प्रणयलीला में माधुर्य भक्ति, दशरथ कौशल्या के माध्यम से वात्सल्य भक्ति देखने को मिलती है। राम के प्रतिकूल आचरण करने वाले मारीच और बाली के मन में भी राम के प्रति रागात्मक भाव है।

निरषि मधुर मूरति रघुवर की उर की बिथा बिसारी।

कवि रत्नहरि का लक्ष्य रघुपति प्रीति है जैसा कि वे लिखते भी हैं–

काव्य दोख गुन अलंकृति, छंद बंद रस रीति।
बरन बिबेक न एक मुहि केवल रघुपति प्रीति।। 33।।

राम का गार्हस्थ चित्रण पं. रत्नहरि ने बहुत सुंदरता से प्रस्तुत किया है। हिंडोला विहार, द्यूत क्रीड़ा, जल विहार तथा फाग उत्सव में मध्यकालीन प्रभाव दिखाई पड़ता है। राम अपने भाईयों के साथ गेंद खेलते हैं, सरयू के किनारे लक्ष्यभेद का अभ्यास करते हैं। भईयों और सखाओं के साथ आखेट पर जाते हैं। सीता रावण को राम से विमुखता छोड़ने को कहती है।

तुलसी दास के विनय पत्रिका का प्रभाव इस शैली में लक्षित होता है। पंजाब के स्थानीय चित्र भी सुंदर हैं।

तब रघुवीर विहंसि वर जोरी सीय सहिचरी सगल रंगबोरी।
सियकर कमल कनिक पिचकारी गहि भिलये रघुबंस बिहारी।।
तब दुति दौर रसिक रघुराइ बरबस गही जनक निपजाई।
रंग कुड गहिरे गहि बोरी बिहसे कहि हो हो हो होरी।।

इस ग्रंथ की एक विशेषता राम और कृष्ण का ऐक्य चित्रण भी है। कवि रत्नहरि ने राम रहस्य में इसका प्रतिपादन इस रूप में किया है कि रत्नालका राम को पुत्र के रूप में पाने की इच्छा से अपने पति वीर सिँह के साथ ग्यारह वर्ष की कठोर तपस्या करती है। प्रसनन होकर राम उन्हें वरदान देते हैं कि द्वापर युग में वे उनके घर कृष्ण के रूप में जन्म लेंगे।

द्वापर अंत सुभग सुत तोरा। ह्वै हों बचन सत्य सब मोरा।।

(रामरहस्य - अध्याय 30 छंद 14-15)

कवि के अनुसार सीता और राधा को वरने वाले, धनुष तोड़ने वाले और पर्वत धारण करने वाले, अयोध्या और ब्रज को छोड़कर बाली और कंस का वध करने वाले, सुग्रीव और उग्रसेन को अपना मित्र बनाने वाले, त्रेता में अंगद को दूत बनाने वाले और द्वापर में स्वयं पाण्डवों के दूत बनने वाले भगवान एक ही हैं।

रघुपति कृस्न कृस्न रघुवीरा, उभै भजन भंजन भव भीरा।।

राम अपने अनुजों सहित सपरिवार तीर्थाटन करते हैं। लक्ष्मण उर्मिला संवाद के द्वारा कवि ने अयोध्या के तीर्थों की महिमा का गान किया है।

सरजू तीर तीरथ बर जेई, सुनि सुदंरि बरनौ तुहि तेई।
तिहि तै पश्चिम ओर सुनैना, राम राज तीरथ सुख दैना।।

राम रहस्य में गणेश, राम और सिख परम्परा के अनुसार गुरु नानक और एक ओंकार की वंदना है।

प्रकाशन : पंजाब विश्वविद्यालयीन पुस्तकालय, चण्डीगढ़ (1842 ई.)

तेलुगु

श्री रंगनाथ रामायण (तेलुगु)

13वीं शताब्दी

बुद्धनाथ

तेलुगु भाषा में पहली सम्पूर्ण एवं लोकप्रिय रामायण रंगनाथ रामायण है। यह एक द्विपद काव्य है। तेलुगु और संस्कृत पदावली का अदभुत प्रयोग है। इस कथा के कुछ भाग तोलुबोम्म लाटा (एक विशेष प्रकार की पुतलियों का नृत्य) जैसी लोककला के कार्यक्रमों में भी गाए जाते हैं। कलात्मक सौष्ठव, रचना कौशल, लोकप्रियता और रमणीयता की दृष्टि से यह उच्चकोटि की रचना है। 13वी शताब्दी के उत्तरार्द्ध में गोनवंष के राजा विटठलनाथ के पुत्र बुद्धनाथ ने अपने पिता की इच्छा पर रंगनाथ (राम) रामायण की रचना की। इसकी रचना मानस के तीन सौ वर्ष पहले (1380 ई) द्विपद छंद में हुई है।

वाल्मीकि रामायण से भिन्न प्रसंग इसे मौलिक रूप भी प्रदान करते हैं। इन पर जैन रामायण का स्पष्ट प्रभाव देखा जा सकता है। ताड़का एक हजार से भी अधिक हाथियों की शक्ति से पूर्ण दानवी है। वह सुकेत नामक यक्षा की पुत्री है जिसका राम वध करते हैं। उसके पति का नाम सुन्द तथा दो पुत्र मारीच एवं सुबाहू थे। कालनेमि, जम्बुमाली वृतांत मौलिक हैं। जम्बूमाली शूर्पणखा का पुत्र है। रावण से तिरस्कृत होकर विभीषण का अपनी माता के पास जाना, कैकसी द्वारा रावण को समझाना, गिलहरी की भक्ति, नागपाष में बद्ध होकर नारद का रामलक्ष्मण के पास आना, मंदोदरी द्वारा रावण के समक्ष राम की प्रशंसा करना, दूसरी बार संजीवनी लाते समय हनुमान और माल्यवान का युद्ध, शुक्राचार्य के समक्ष रावण का दुखड़ा रोना, अंगद का रावण के समक्ष मंदोदरी को बुलाना, विभीषण द्वारा रावण की नाभि में अमृत होने की जानकारी राम को देना, लक्ष्मण की हॅसी आदि अनेक स्थल रंगनाथ रामायण की मौलिक विशेषता है।

रावण द्वारा राम की धनुर्विद्या की प्रशंसा करना विशेष है। राम की धनुर्विद्या का कौशल देखकर रावण कहता है–

नल्लवी रघुराम नयनाभिराम विल्लविद्या गुरुव वीरावतार।
बापुरे रामभूपाल लोकमुल नीपाटि विलुकाडु नेर्चुने कलुग।।

(हे नील मेघश्याम! नयनाभिराम, धनुर्विद्या निपुण, वीरावतार रघुराम, हे राजाराम! इस संसार में तुम्हारे समान धनुर्धर कोई और हो सकता है ?)

इंद्रजीत की मृत्यु के पश्चात उसकी पत्नी सुलोचना सती होना चाहती है। वाल्मीकि रामायण में यह प्रसंग नहीं है। मृत शरीर को लाने के लिए वह रावण से अनुरोध करती है। रावण शत्रुपक्ष में जाने में असमर्थता बताता है। तब सुलोचना स्वयं वहीं जाकर राम से अनुरोध करती है। उसकी प्रशंसा करते राम कहते हैं- तुम अगले जन्म में अपने पति के साथ चिरकाल सुख प्राप्त कर बैकुंठ प्राप्त करोगी। सुग्रीव कहता है कि यदि तुम पतिव्रता हो तो अपने मृत पति से वार्तालाप करके दिखाओ। मृत मेघनाद ऑखें खोलकर सुलोचना से वार्तालाप करता है। सुलोचना अपने पति के साथ सती हो जाती है।

रंगनाथ रामायण के अनुसार राघव ने अपने कंठ से चंद्रमा के समान उज्ज्वल एक हार निकाला जिसके मध्य भाग में वेदूर्यमणि थी। उसे उन्होंने हनुमान के गले में डाल दिया। वक्षस्थल से सटे हुए हार से वे ऐसे शोभित हुए जैसे सुवर्णमय गिरिराज सुमेरु शिखर पर चंद्रमा का अभ्युदय हुआ हो। अयोध्या की हनुमानगढ़ी में यही रूप है।

सेतुबंध के समय राम द्वारा शिव की प्रतिष्ठा का वर्णन सुंदर है। गिलहरी द्वारा अपने मुंह में रेत भरकर समुद्रसेतु निर्माण में सहयोग की घटना रंगनाथ में मिलती है। श्रीराम गिलहरी को सेतु बंध में सहायक देखकर अतयंत प्रसन्न होते हैं और सुग्रीव से कहते हैं कि इस गिलहरी को यहाँ लेकर आओ। सुग्रीव गिलहरी को लेकर आते हैं। राम गिलहरी पर प्रसन्न होकर उसकी पीठ पर हाथ की उंगलियों की छाप छोड़ देते हैं।

अहिल्या वृतांत में इंद्र मुर्गा बनकर बॉग देता है। बालि के द्वारा राम की निंदा का प्रसंग भी नएपन के साथ है। कुछ अन्य बातें भी वाल्मीकि रामायण से भिन्न हैं जैसे - सीता के स्वयंवर के समय जनक का इस रहस्य को खोलना कि हल चलाते समय उन्होंने सीता को एक मंजूषा में पाया था। राम की सहायता के लिए जाते समय लक्ष्मण द्वारा कुटी के चारों तरफ सात रेखाएं खींचना, हनुमान के आभूषणों का उल्लेख, सेतु भंग का वृतांत आदि घटनाओं के कारण रंगनाथ रामायण अपना अलग प्रभाव छोड़ती है।

कबंध राम को मतंग मुनि की शिष्या शबरी से मिलने को कहते हैं। शबरी राम को साष्टांग प्रणाम करती है और वह राम को कंद, मूल और फल अर्पित करती है। फिर शबरी उन्हें ऋष्यमूक पर्वत की ओर जाकर सुग्रीव से मिलने का परामर्श देती है। जूठे बेर खिलाने जैसा कोई वर्णन रंगनाथ रामायण में नहीं मिलता। राम तथा लक्ष्मण ऋष्यमूक पर्वत की ओर प्रस्थान करते हैं।

प्रकाशक : भुवनवाणी ट्रस्ट लखनऊ

भास्कर रामायण (तेलुगु)

तेलुगु भाषा में रचित रामायणों में भास्कर रामायण का नाम अत्यन्त महत्वपूर्ण है। वाल्मीकि रामायण से प्रेरित इस चम्पू काव्य को 14 वी शताब्दी में चार कवियों द्वारा पूर्ण किया गया है।

मल्लिकार्जुन भटट - बालकाण्ड, किष्किन्धाकाण्ड और सुंदरकाण्ड
कुमार रुद्रदेव - अयोध्याकाण्ड
हुळक्कि भास्कर - अरण्य एवं युद्धकाण्ड का पूर्वार्द्ध
अय्यलार्थ - युद्धकाण्ड का शेष भाग

इसमें मल्लिकार्जुन भट्ट हुळक्कि भास्कर के पुत्र थे और कुमार रुद्रदेव हुळक्कि भास्कर के शिष्य थे। कवि भास्कर सहमारिना रामा के दरबारी कवि थे।

दशरथ अपने मंत्रियों से मिलकर पहले अश्वमेध यज्ञ की योजना बनाते हैं किंतु बाद में सूत के कहने पर ऋष्यश्रृंग ऋषि को बुलाकर पुत्रकामेष्टि यज्ञ करते हैं। राजा दशरथ और जनक का परिचय शतानंद कराते हैं तथा दशरथ की अनुमति मिलने पर ही वशिष्ठ जी जनक से लक्ष्मण, भरत और शत्रुधन के लिए उर्मिला, मांडवी और श्रुतिकीर्ति को मांगते हैं। भरत के ननिहाल जाने का प्रसंग भास्कर रामायण में नहीं है। मंथरा का प्रसंग अत्यन्त संक्षिप्त है। लक्ष्मण प्रतिज्ञा करते हैं कि वे रातदिन निद्रा का त्याग कर धनुष बाण लेकर राम की रक्षा करेंगे। यहाँ राम की वाल्मीकि से भेंट नहीं होती है तथा जयंत की नाम भी नहीं आता यद्यपि कौए की ऑख वाला प्रसंग अवश्य है।

राम अत्रि ऋषि से विदा लेकर दण्डकारण्य चले जाते हैं किंतु कोई कारण स्पष्ट नहीं किया गया है। शूर्पणखा को किसी महात्मा के द्वारा समाचार मिलता है कि उसके पुत्र जम्बूकुमार का वध (लक्ष्मण द्वारा) हो गया है। तब वह दुख में घूमती हुई राम की पर्णकुटी के निकट आती है (उस समय रावण की छोटी बहिन कठिन चित्तवाली शूर्पणखा ने बड़ी खुशी के साथ मनमाने ढंग से घूमते हुए सुंदर नीलोत्पर्ण वर्ण वाले नील

षिरोरुह वाले कामदेव के समान शोभित होने वाले राम को देखा।) जम्बूकुमार को ऋषि नहीं राक्षस ही बताया गया है। शूर्पणखा रावण से कहती है कि मैं जब उनके रहने की जगह गई तो उन्होंने मेरी यह हालत कर दी।

सुग्रीव द्वारा दिखाए गए आभूषणों को देखकर राम मूर्छित हो जाते है। चेतना में आते ही क्रोध से साँप की तरह फुफकारने लगते हैं। बाली की मृत्यु पर विलाप करती उसकी पत्नी तारा राम को शाप देती है कि तुम्हारे पराक्रम से पुनः प्राप्त हुई सीता तुम्हारे साथ अधिक समय तक नहीं रहेगी और विरही तथा दुखी वह तुम्हारे देखते ही देखते पृथ्वी में समा जाएगी। विभीषण लंका छोड़ते समय अपनी माता कैकेषी से मिलता है और उनसे आशीर्वाद लेकर राम की शरण में जाता है। हनुमान राम से विभीषण की प्रशंसा कर उन्हें साथ लेने की सम्मति देते हैं। अंगद रावण को सूचित करता है कि अब लंका का स्वामी विभीषण है। इंद्रजीत द्वारा जय प्राप्ति के लिए मारण होम करने का प्रसंग भी नवीन है। प्रहस्त वध के पश्चात मंदोदरी रावण को राम से संधि करने के लिए उपदेश देती है। कुंभकर्ण रावण से कहता है कि मैंने नारद से विष्णु के राम के रूप में अवतार लेने की बात सुनी है। इंद्रजीत तीसरी बार युद्ध में जाने से पूर्व कृति शक्ति को प्राप्त करता है जिसे राम आग्नेयास्त्र से नष्ट कर देते हैं। भास्कर रामायण में लेख है कि इंद्रजीत लक्ष्मण द्वारा मारा जाकर विष्णु सायुज्य को प्राप्त हुआ है।

रावण मंदोदरी के समक्ष पश्चाताप करता है कि मैंने तुम्हारी सलाह नहीं मानी। अब कुंभकर्ण, अकम्पन, अतिकाय, इन्द्रजीत, प्रहस्त, निकुम्भ, नरांतक आदि सब योद्धा मारे गए। ऐसा युद्ध मैंने पूर्व में नहीं देखा। सब तरफ मुझे राम ही राम दिखाई देते हैं। मेरे संगीत से प्रसन्न होकर शिवजी ने मुझे वर दिया था कि जब तुम मनुष्यों से हार जाओगे और तब निर्विघ्न यज्ञ करोगे तो होमकुंड से दिव्य रथ, महाकवच और दिव्य माहेश्वर धनुष की प्राप्ति होगी तब तुम अजेय हो जाओगे। मंदोदरी उसे पुनः रोक देती है।

दूसरी बार संजीवनी लेने जाते समय हनुमान को राम आशीर्वाद देते हैं कि इंद्र तुम्हारे सिर की, सूर्यमुख की, चंद्रमा मनोवृत्ति की, पार्वती कटि की, वरुण शक्ति की, वायु पीठ की, शिव पूँछ की, अग्नि चरणों की, ब्रहमा मति की, विष्णु हाथों की और गणेश पेट की रक्षा करें। (भा. रा. युद्ध- 1604) भास्कर रामायण में ऋषि अगस्त्य द्वारा आदित्य हृदय का उपदेश वर्णन है। सीता को राम के हाथों सौंपते समय अग्नि कहते हैं कि संसार को पवित्र बनाने वाला मैं सीता के स्पर्श से स्वयं और भी पवित्र हो गया हूँ।

राम के विरहवर्णन में जयदेव के प्रसन्नराघव का प्रभाव देखने को मिलता है। मल्लिकार्जुन भटट ने व्याकरणशास्त्र मर्मज्ञ होने का विधान प्रस्तुत करते हुए अयोध्यापुर वर्णन में विशेष रुचि दिखाई है। भास्कर रामायण पर वाल्मीकि रामायण की अपेक्षा रंगनाथ रामायण का प्रभाव अधिक लक्षित होता है।

प्रकाशक : ज्योति बुक डिपो, विशाखापटनम

भागवत मधुरिमलु (तेलुगु)

(संस्कृत महाभागवत का तेलुगु अनुवाद)

14वीं शताब्दी

श्री पोतन्ना

महाभागवत का अनुवाद विश्व की लगभग समस्त भाषाओं में हुआ किंतु तेलुगु कवि पोतन्ना द्वारा किया गया अनुवाद अपनी सहज प्रवाह शैली और कथात्मक नवाचार आदि के कारण विशेष है। महाभागवत के नवम स्कंध में जो रामकथा आती है उसे स्वतंत्र रचना के रूप में देखा जा सकता है। तेलुगु कवियों ने इसे आधार बनाकर अनेक साहित्यिक रचनाएं भी की हैं। कवि पोतन्ना शिव और विष्णु में भेद नहीं करते हैं। मूल भागवत ग्रंथ में राम के चित्रकूट गमन और भरत मिलाप का उल्लेख नहीं है

यः सत्यपाषपरिवीत पितुर्निदेषं स्त्रैणस्यचापि षिरसा जगृहेसभार्यः।
राजश्रियं प्रणयिन सुहृदयोनिवासं त्यक्त्वाययौ वनमसूनिव मुक्तसंग।।
(भा 9/10/8)

किंतु कवि पोतन्ना ने राम के चित्रकूट गमन का और भरत को राज्यभार सौंपने का भी उल्लेख किया है।

भरतुन् निजपदसेवा, निरतुन् राज्यमुन नुनुचि नृपमणि येक्केन्।
सुरुचिर रुचि परिभावित, गुरुगोत्राचलमु चित्रकूठाचलमुन्।। (आंध्र भागवत- 9/267)

भागवत में सीताहरण के पश्चात राम के वियोग को उनकी दीनता के रूप में व्यक्त किया गया है किंतु आंध्र भागवत में श्रीराम को दीन न बताकर लक्ष्मण के साथ सीता की खोज का विवरण है जहाँ उनकी भेंट जटायु से होती है और वे उसकी अन्त्येष्टि करते हैं। मूल भागवत में हनुमान के समुद्र पार करने, सीता दर्शन, लंकादहन जैस महत्वपूर्ण घटनाओं को स्थान नहीं मिला है किंतु कवि पोतन्ना इस सबके बिना राम की कथा को पूर्ण

नहीं मानते। वे इन सब घटनाओं का सुरुचिपूर्वक वर्णन करते हैं। मूल भागवत में सेना लंका में प्रवेश करते ही युद्ध आरंभ कर देती है किंतु आंध्र भागवत के अनुसार विभीषण की शरणागति को जोड़ा गया है।

मूल भागवत में राम रावण के प्रति क्रोध व्यक्त करते हुए उसकी तुलना श्वान से करते हैं वहीं कवि पोतन्ना इस तरह के संदर्भों को अपनी कथा में स्थान नहीं देते। भागवत में राम स्वयं अशोकवाटिका में जाकर सीता को देखते हैं और उन्हें पुष्पक विमान में चढ़ा लेते हैं। सीता की अग्निपरीक्षा भी उसमें नहीं है। (भा 9/10/30/32) पोतन्ना भी राम को सीता के पास षिंषिपा वृक्ष के नीचे ले जाते हैं किंतु अग्निपरीक्षा जैसे प्रसंग को कथा की पूर्णता हेतु आवष्यक मानते हैं। (आ. भा. 9/313)

लोकापवाद से सीतात्याग के प्रसंग को कवि पोतन्ना ने किंचित परिवर्तन के साथ प्रस्तुत किया है। सीता जब सो रही थीं तब राम ने उनसे बिना कहे उन्हें वाल्मीकि के आश्रम भिजवा दिया। (आंध्र भागवत-9/346) मूल भागवत में अश्वमेध का प्रसंग नहीं है। सीता अपने बालकों को वाल्मीकि को सौंपकर भूमि के विवर में प्रत्रिष्ट हो जाती हैं। जबकि राम की यज्ञशाला में कुश और लव के रामायण गायन और वाल्मीकि द्वारा सीता को लाकर राम को सौपने की कथा आंध्र भागवत में है।

यज्ञशाला में रामायणगान करने वाले कुश और लव से राम पूछते हैं कि तुम्हारे माता-पिता कौन हैं। वे उत्तर देते हैं- हम वाल्मीकि के पौत्र हैं और राम का यज्ञ देखने आए हैं। राम उनको आदरपूर्वक ठहराते हैं। अगले दिन वाल्मीकि सीता और दोनों पुत्रों को लेकर राम के पास आते हैं और सीता की निर्दोर्षिता निरुपित कर कहते हैं कि इसे ग्रहण कीजिए। राम वाल्मीकि से पुत्रों के सम्बन्ध में पूछते हैं तब सीता पुत्रों को वाल्मीकि के हाथों में सौंपकर भूमि में प्रवेश करती है। (आंध्र भागवत - 9/354)

संक्षिप्त अनुवाद होने के बाद भी कवि पोतन्ना द्वारा रचित भागवत मधुरमिलु में तेलुगु संस्कृति की छाप दिखाई देती है।

प्रकाशक : गीता प्रेस, गोरखपुर

श्री मोल्ल रामायण (तेलुगु)

(1440-1530 ई.)

आतुकुरि मोल्ल

तेलुगु भाषा में 14 वी शताब्दी में मोल्ल रामायण की रचना हुई। तेलुगु में चार महिलाओं ने रामायण लिखी है— मधुरवाणीकृत रघुनाथ रामायण, शीरभुसुभद्रमोबा कृत सुभद्रारामायण, चेबरोलु सरस्वतीकृत सरस्वती रामायण और मोल्लकृत मोल्ल रामायण। मोल्ल रामायण भक्ति से प्रेरित एक लघुकाव्य है जिस पर वाल्मीकि रामायण का प्रभाव स्पष्टत: लक्षित होता है। तथापि उसमें अनेक प्रकार से स्थानीय रंग और मौलिक प्रभाव देखे जा सकते हैं।

मोल्ल (मोल्लम्बम्बा) एक कुम्हारिन थी। उसके द्वारा लिखी इस रामायण को रामकथाओं में विशेष स्थान दिया जाता है। मोल्ल रामायण में छह काण्डों की कथा है। बालकाण्ड, अयोध्याकाण्ड, अरण्यकाण्ड, किष्किन्धाकाण्ड, सुनदरकाण्ड तथा युद्धकाण्ड। युद्धकाण्ड को पुन: तीन अध्यायों में विभक्त किया गया है जिनके नाम युद्धकाण्ड प्रथमाष्वास, द्वितीयाष्वास तथा तृतीयाष्वास रखा गया है। यहीं फलश्रुति भी है। बालकाण्ड में मारीच और सुबाहु राक्षसों का प्रसंग, भरत के ननिहाल जाने का प्रसंग, मंथरा का प्रकरण इत्यादि नहीं हैं। विभीषण की शरणागति से लेकर सेतुबंध तक का प्रसंग मानस में सुंदरकाण्ड में रखा गया है जबकि मोल्ल रामायण में युद्धकाण्ड के अन्तर्गत लिया गया है। सुंदरकाण्ड और युद्धकाण्ड में मोल्ल का काव्यकौशल देखते ही बनता है। मोल्ल के राम लक्ष्मण और सीता में देवत्व नहीं दिखाई देता।

आन्ध्रक्षेत्र के दण्डकारण्य एवं गोदावरी के निकट राम के वनवास का महत्वपूर्ण समय व्यतीत हुआ है इसलिए भी वहाँ के लोकजीवन में राम के प्रति अपार श्रद्धा मिलना स्वाभाविक है।

मोल्ल रामायण में मंथरा नामक पात्र नहीं है। केवट को इसमें गुह कहा गया है। विश्वामित्र की शिक्षा का बड़ा भाग उनके द्वारा सुनाई गई कथाएं हैं। विभिन्न प्रसंगों, अवसरों पर विश्वामित्र ने राम और लक्ष्मण

को ये कथाएं सुनाई हैं जैसे–कुशनाथ वृतांत, ब्रह्दत्त वृतांत, विश्वामित्र कौशिकी, नदियों की गाथा आदि। उन्होंने पाँच श्लाकों में रात्रि का भी सुंदर वर्णन किया है। लगभग सभी तेलुगु रामायणों की तरह इसमें भी राम के राज्याभिषेक तक की ही कथा है।

तुलसीदास राम को विष्णु से अभिन्न मानते हैं। तुलसी ने उत्तरकाण्ड में पार्वती के मुख से रामचरित्र को हरिचरित्र कहा है।

हरिचरित्रमानस तुम गावा। सुनि मैं नाथ अमिति सुख पावा।।

लेकिन मोल्ल के राम और विष्णु अलग हैं। युद्धकाण्ड के अंत में विष्णु राम के सामने सीता की पवित्रता की घोषणा करते हैं। राम का अपने भाइयों लक्ष्मण और भरत से अनुराग प्रकट किया गया है। मानस में बात बात पर क्रोधित होने वाले लक्ष्मण मोल्लरामायण में बहुत शांत रहते हैं। वे राम के अनन्य भक्त हैं। यहाँ रावण का स्वभाव भी शांत ही है। वह केवल दो बार ही क्रोधित होता है। जब सीता उसके प्रेम को ठुकरा देती है तब और युद्धकाण्ड में जब देवगण उस पर आलों की वर्षा करते हैं। सुंदरकाण्ड में हनुमान को मारने के लिए राक्षसों की एक लम्बी सूची मोल्लरामायण में दी है। दषग्रीव, ंगिलाक्ष, दीर्घजिह्व, रुधिराक्ष, शतजिह्व, रक्तरोम, सूलदंष्ट्र, व्याघ्र, कबल, जम्बूमाली का वध हनुमान करते हैं। अन्त में रावण के साथ आने वाले राक्षसों खड्गरोम, सर्परोम, कृच्छिकारोम आदि का वध भी हनुमान ही करते हैं।

लक्ष्मण के मूर्छित होने पर हनुमान बहुत विलाप करते हैं इससे हनुमान का लक्ष्मण के प्रति अनुराग भी स्पष्ट होता है। (मोल्ल रामायण 6/2/56)

मोल्ल रामायण में शत्रुघ्न, श्रुतिकीर्ति, सुतीक्ष्ण, सुनयना, मांडवी, सुरसा आदि का नाम नहीं मिलता। विभीषण और कुभकर्ण रावण को युद्ध से विमुख करने का प्रयास करते हैं। कुंभकर्ण का वध लक्ष्मण करते हैं। यह प्रसंग लक्ष्मणमूर्छा प्रसंग के पूर्व का है। जबकि मानस में कुंभकर्ण का वध लक्ष्मणमूर्छा के उपरांत की घटना है। (6/2/103)

मेघनाद लक्ष्मण पर वायुबाण का प्रयोग करता है। लक्ष्मण गंधर्व सर से मेधनाद का अंत कर देते हैं। रावणवध के पश्चात राम सीता से कहते हैं कि अपयष से बचने के लिए उन्होंने रावण को मार डाला। मोल्लरामायण के अनुसार राम की दृष्टि में सीता कलंकित है। राम उनका परित्याग करने के लिए तैयार होते हैं तभी विष्णु आकाशवाणी कर कहते हैं कि सीता पवित्र है। (6/3/114)

प्रकाशक : भुवनवाणी ट्रस्ट, लखनऊ

एकोजी रामायण (तेलुगु)

राजा भोसल एकोजी

महाराष्ट्र में तंजाउर के राजा भोसल एकोजी (1735 ई.) की मातृभाषा मराठी थी किंतु उन्होंने तेलुगु में इस ग्रंथ की रचना की। बहुत लम्बे समय तक यह रचना अप्रकाशित रही किंतु ताड़पत्र पर संरक्षित इस रामायण के पद लोक में व्याप्त रहे। तेलुगु भाषा में द्विपद छंद में रचित इस रामायण की ख्याति गायन के माध्यम से अधिक हुई। इसमें कुल 201 पत्र हैं।

छह काण्डों में रचित एकोजी रामायण का कथा विकास की दृष्टि से सामान्य ही महत्व है। रंगनाथ रामायण की तरह ही इसमें भी राम के चरण रज स्पर्श से ही अहल्या का उद्धार बताया गया है। (पत्र-18) वनवास के लिए जाते समय राम माता पिता से कहते हैं कि मैं चौदह वर्ष का समय चौदह घड़ियों के समान बिताकर लौट आउंगा। (पत्र-55) श्रृंगवेरपुर में गंगा के किनारे लक्ष्मण प्रतिज्ञा लेते हैं कि अपनी निद्रा का त्याग कर मैं चौदह वर्षों तक श्रीराम जी की रक्षा करुंगा। वे अपने पिता दशरथ के लिए अत्यन्त कठोर वचनों का संदेशा देते हैं किंतु राम सुमंत्र जी को मना कर देते हैं कि यह बात पिताजी को न बताना।

अनुसूया द्वारा सीता को मा. आभूषण एवं कुछ फूल देने का उल्लेख है। अंगराग देने का उल्लेख नहीं मिलता। (पत्र-68) लंका प्रवेश के समय हनुमान लंकिनी का वध कर देते हैं रावण सीता को चन्द्रहास लेकर मारना चाहता है किंतु मंदोदरी उसे रोक देती है। (पत्र-96) रावण विभीषण पर अपने पैरों से प्रहार करता है। (पत्र-129) अतिकाय राम के निर्गुण स्वरुप का वर्णन करता है (पत्र-176) पुष्पक विमान में चाहे जितने लोग बैठ जाएं किंतु थोड़ी जगह सदैव खाली रहती है।

रंगनाथ रामायण से प्रेरित इस रामायण में मराठी प्रभाव की झलक स्पष्ट दिखाई देती है।

वरदराजु रामायण (तेलुगु)

कटटा वरदराजु

वरदराजु रामायण (सोलहवी शताब्दी) द्विपद छंद में रचित तेलुगु भाषिक एक महत्वपूर्ण रामायण है। कहा जाता है कि भगवान वेंकटेश ने इन्हें स्वप्न देकर रामकथा रचने की प्रेरणा दी। कांड के अन्त में पुष्पिका में इसे कवि ने वाल्मीकि रामायप ही कहा है इससे यह तथ्य स्पष्ट होता है कि यह वाल्मीकि रामायण से प्रेरित अनुवाद ही है। तथापि कुछेक अन्तर भी दिखाई देते हैं। राजा दशरथ द्वारा आयोजित पुत्रेष्टि यज्ञ में राजा जनक को भी आमंत्रित किया गया था। यज्ञ के पश्चात प्रजापत्य पुरुष पायस की थाली दशरथ जी को यह कहकर देता है कि इसे ब्रहमा जी ने आपके लिए दिया है। पायस का विभाजन तो वाल्मीकि रामायण के अनुसार ही है किंतु सुमित्रा दो बार अपना हाथ आगे बढाती है इसलिए उसे दो बार पायस मिलता है।

वाल्मीकि रामायण में राम के जन्म की तिथि का उल्लेख तो है किंतु दिन का उल्लेख नहीं है। वरदराजु रामायण में राम के जन्म का दिन बुधवार बताया गया है। इसका आधार तेलुगु में रचित भास्कर रामायण से लिया गया है। अहल्या के शिला बनने का वर्णन वरदराजु रामायण में है जबकि वाल्मीकि ने अहल्या के पाषाण बनने की चर्चा नहीं की है। राम शिला का स्पर्श भी नहीं करते हैं क्योंकि वह अदृश्य ही थी। राम के पास आते ही अहल्या अपने पूर्व रूप में आ जाती है। (राम और लक्ष्मण के आते ही शापमुक्त होकर अहल्या उनके सामने इस प्रकार आ गई मानो प्रचंड अग्नि धुएं को हटाकर प्रकट हुई हो। राम सीता के विवाह का वर्णन बहुत विस्तार से किया गया है। आंध्र परम्परा के अनुसार राम सीता के गले में मंगलसूत्र पहनाते हैं। किसी अन्य तेलुगु रामायण में यह प्रसंग नहीं मिलता है। राम ने जब पंचवटी में प्रवेश किया तो जटायु भी उनके साथ था।

प्रकाशक : गवरमेंट ओरिएन्टल मेनुस्क्रिप्ट लायब्रेरी, मद्रास

रघुनाथ रामायण (तेलुगु)

रघुनाथ नायक

तंजाउर के महाराज रघुनाथ नायक द्वारा रचित इस रामायण का बालकांड ही प्राप्त है। जिसे चार आश्वासों में प्रकाशित किया गया है। यह चम्पू काव्य है। कथा का मूल आधार वाल्मीकि रामायण ही है। प्रथम आश्वास में 12 गद्य और पद्य हैं। मंगलाचरण में राम, सीता, हनुमान, शंकर, पार्वती, ब्रहमा, सरस्वती की वंदना के साथ ही तेलुगु परम्परा के कवियों का स्मरण भी किया गया है। कुकवियों का तिरस्कार भी किया गया है।

कवि को भगवान राम ने रात्रि चौथे पहर स्वप्न में रामायण ग्रंथ रचने की प्रेरणा दी। कवि सोमनाथ और नन्नेचोड़ इनके प्रेरक गुरु हैं जिनके अनुसार इन्होंने छंदज्ञान प्राप्त किया। वाल्मीकि नारद प्रसंग को विस्तार से बताया गया है। नारद और वाल्मीकि की भेंट रावण वध के पश्चात तब होती है जब वे अयोध्या में राज्य संचालन कर रहे थे। क्रौंचवध के प्रसंग को बहुत विस्तार दिया गया है तभी ब्रहमा जी द्वारा रामायण रचने का आदेश भी वर्णित है। राम राज्य तक की कथा का वर्णन करके नारद जी कहते हैं कि श्रीराम आगे ग्यारह हजार वर्षों तक राज्य करके ब्रहमलोक को प्राप्त करेंगे। (रघु-1-96)

द्वितीय आश्वास में कथा कोसलदेश के वर्णन से आरंभ होती है। कथा विकास एवं नवीनता की दृष्टि से कोई नया तथ्य नहीं है तथापि अयोध्या के राजा दशरथ, वहाँ चारों वर्णों के नागरिक, वेश्याओं तथा अयोध्या के वैभव में कवि ने अतिरिक्त रुचि ली है। तृतीय आश्वास में पुत्रेष्टियज्ञ हेतु राजा दशरथ ऋषि ऋषिश्रृंग को आमंत्रित करते हैं तथा अश्वमेध यज्ञ का आयोजन भी करते हैं। विशेष बात यह कि यहाँ राजा जनक को भी आमंत्रित किया गया है। चौथे आश्वास में ब्रहमा को लेकर देवताओं का श्वेतद्वीप में विष्णु के पास जाने की बात कही गई है। श्वेत द्वीप का विशद वर्णन रघुनाथ रामायण में मिलता है।

इसके आगे की कथा अप्राप्त है। संग्रहालयों में प्राप्त अज्ञात पांडुलिपियों की पड़ताल कर शेष अंश खोजने का कार्य चल रहा है। रघुराज नायक की रामायण इन अर्थों में विशिष्ट है कि अयोध्या के राज्य का वर्णन करते समय उनकी दृष्टि नागरिकों की स्थिति पर जाती है। रामकथा में वाल्मीकि के पश्चात इतनी सूक्ष्मता कम ही दिखती है।

प्रकाशक : आंध्र साहित्य परिषद, हैदराबाद

रामभ्युदयमु (तेलुगु)

अययालाराजू रामभद्रुडु

तेलुगु के महाकवि अययलुराजु रामभद्र कवि का प्रसि्द्ध रामकाव्य रामभ्युदयमु चम्पूशैली में है। इसकी कथा कांडों में न होकर आश्वासों में विभक्त है। इसके आठ आश्वास हैं। प्रथम आश्वास में कृतिपति का वंश परिचय है ठीक उसी प्रकार जिस प्रकार रघुवंश में राजाओं की विशिष्टताओं का वर्णन किया गया है। अयोध्या के राजा दशरथ अपनी रानियों के साथ उद्यान विहार में विचरण करते हैं यह विवरण अन्य किसी रामायण में नहीं मिलता। अयोध्या की प्रजा और चारों वर्ण के नागरिकों का चित्रण भी सुक्ष्मता से किया गया है।

द्वितीय आश्वास में राजदरबार में अन्य राजाओं, कवियों, पंडितों और गायकों के बीच बोय जाति (आंध्र की एक पर्वतीय जाति) के लोग सभा में आकर बघनखे, शहद, कस्तूरी हरिणफल इत्यादि राजा को भेंट करते हैं। अपना अनोखा आखेट प्रदर्शन दिखाने के लिए राजा दशरथ को वे जंगल में आमंत्रित करते हैं। धनुर्विद्या में पारंगत बोय जाति के आमंत्रण पर राजा के मन में भी शिकार खेलने की इच्छा होती है और वे एक हाथी की ध्वनि पर बाण चलाते हैं जबकि वह अंधकार में नदी में घड़ा डुबोकर पानी भर रहा एक मुनिकुमार था। उसके मातापिता राजा को श्राप देते हैं कि तुम भी हमारी तरह पुत्र शोक में मरोगे। काव्य की नवीन उदभावना यह है कि राजा इस श्राप को सुनकर प्रसन्न होते हैं कि मुनि का श्राप यदि सत्य है तो मुझे पुत्र की प्राप्ति होगी।

राजा पुत्रेष्टियज्ञ करते हैं वशिष्ठ तथा वामदेव की मंत्रणा पर वे ऋष्यश्रृंग को आमंत्रित करने के लिए वारांगनाओं को भेजते हैं। मार्ग में जहाँ रोमपाद का राज्य पड़ता है वहाँ ऋषि श्रृंग के प्रवेश के कारण वर्षा होती है और अनावृष्टि दूर हो जाती है। रोमपाद ऋषि श्रृंग से अपनी कन्या शांता का विवाह कर देते हैं।

तृतीय आश्वास में पायस प्रसंग है जहाँ यज्ञ से प्राप्त खीर को राजा कौशल्या और कैकेयी को आधा-आधा बॉट देते हैं। फिर वे दोनों प्रेम से सुमित्रा को अपने पास बुलाकर अपने अपने भाग की आधी खीर दे

देती हैं। चार बालकों का जन्म, उनकी बाललीला तथा विद्याध्ययन की कथा का सुन्दर वर्णन है। चतुर्थाश्वास में राम लक्ष्मण का विश्वामित्र के साथ यज्ञ रक्षा हेतु जाना, उनका विवाह तथा अयोध्या वापसी की कथा है। राम का विवाह आंध्र पद्धति से किया गया है जो इस काव्य की सुन्दर पक्ष है।

पंचम आश्वास में राम निर्वासन से लेकर सुग्रीव के राज्याभिषेक तक की कथा वाल्मीकि रामायण के अनुसार ही है। शष्ठाश्वास में राम के माल्यावंत पर्वत से लेकर हनुमान द्वारा लंकादहन किए जाने तक की कथा है। स्वयंप्रभा प्रसंग इसमें नहीं है। सीता पहले रावण को भाई कहकर सम्बोधित करती है किंतु बाद में उसकी निंदा करती है। रावण क्रोध में आकर सीता को मारना चाहता है किंतु स्वयं लज्जित होकर विरत हो जाता है। सप्तम आश्वास में हनुमान की वापसी, अंगद का दूत बनना तथा आरंभिक युद्ध की कथा है। विभीषण राम की शरण में आने से पूर्व अपनी माता से अनुमति प्राप्त करता है। राम के कहने से हनुमान द्वारा देवताओं और गंधर्वो की स्त्रियों को रावण की कैद से छुड़ाने का प्रसंग है। रावण के वध के पूर्व यह कथा में विचित्र प्रतीत होता है।

आठवे आश्वास में राम रावण युद्ध से लेकर राम के अयोध्या में राज्याभिषेक तक की कथा है। त्रिकूट पर्वत की उत्पत्ति और रावण की देवताओं पर विजय का वर्णन भी यहाँ मिलता है। राम्भ्युदयमु पर रंगनाथ रामायण का प्रभाव भी लक्षित होता है।

रामायण कल्पवृक्षमु (तेलुगु)

विश्वनाथ सत्यनारायण

तेलुगु भाषा में रचित रामायण कल्पवृक्षमु में शिव और विष्णु को एक ही बताया गया है।

शिवाय विष्णुरुपाय शिवरुपाय विष्णवे।
शिवस्य हृदये विष्णं विष्णोष्च हृदयगं शिव: ।।

रामायण कल्पवृक्षमु में प्रत्येक काण्ड और खण्ड के आद्यन्तों में शिव की स्तुति की गई है। दण्डकारण्य में प्रवेश करने वाले राम का स्वरूप वर्णन फणविस्फारित भुजंगराज सहित शैवमूर्ति के समान किया गया है।

रामायण कल्पवृक्षमु में लक्ष्मण का संकेत आदिशेष से हुआ है। हनुमान रावण को धिक्कारते हुए कहते हैं कि जब तक लक्ष्मणस्वामी रहते हैं तब तक राम को जीतना असंभव है। लक्ष्मण श्रीराम के ही अंश हैं। लक्ष्मण द्वारा इंद्रजीत के मारे जाने पर रावण कहता है- 'इंद्रजीत का वध तेरह वर्षों तक निद्रा और आहार से दूर रहने वाला ही कर सकता है। वाह ! यह लक्ष्मण बड़ा निष्ठावान निकला। रघुनाथ का भ्राता तथा दास बनकर।'

यह महाकाव्य छह खण्डों में विभाजित है। काण्डों के नाम वाल्मीकि रामायण के अनुसार ही हैं। उत्तरकाण्ड इसमें नहीं है। प्रत्येक काण्ड को पाँच खण्डों में विभाजित किया गया है। बालकाण्ड में इष्टि, अवतार, अहिल्या, धनु और कल्याण खंड मिलते हैं। इष्टि में संतान की इच्छा से राजा दशरथ के द्वारा अनुष्ठित यज्ञ का वर्णन है। ज्ञान, कर्म और इच्छा का समन्वय दृष्टि है। अयोध्याकांड में अभिषेक, प्रस्थान, मुनिषाप, पादुका और अनुसूया। अरण्यकांड में दषवर्ष, पंचवटी, मारीच, जटायु और शबरी नामक पाँच खण्ड हैं। किष्किन्धाकाण्ड में नूपुर, गजपुष्पी, नियमपालन, समीकरण और अन्वेषण खण्ड हैं। सुंदरकाण्ड में पूर्वरात्र, परारात्र, उषा, दिवा और संध्याखण्ड हैं। सुंदरकाण्ड का सारा कथानक एक ही दिवस में समाप्त हो जाता है। लंका पहुँचकर हनुमान सीता के दर्शन कर प्रात: राक्षसों का

वध, दोपहर को लंका जलाकर संध्या को वापस लौट आते हैं। त्रिजटा का स्वप्न बहुत सुंदर प्रसंग है जिसमें दर्शन, रहस्य और आनंद का लोकोत्तर सम्मिश्रण है। युद्धकाण्ड का आरंभ संशय से होता है। कुंभकर्ण और इन्द्रजीत खंड में रामविजय के बीज बोये जाते हैं। फिर संशय और उपसंहरण हैं जिसमें रावण के संहार और राम के राजतिलक का मनोहर वर्णन है।

बालकांड में ऋषिमुनियों की रोचक एवं ज्ञानवर्धक कथाएं हैं। वषिष्ट, विश्वामित्र, शतानंद, गौतम आदि ऋषियों के चरित्र को उभारा गया है। राम और लक्ष्मण को विश्वामित्र के द्वारा कथाएं सुनाकर मुखर दिखाया गया है।

कथाभिरभिरामाभि रमि रामौ नृपात्मजो।
रमयामास धर्मात्मा कौशिको मुनि पुंगवः।।

राम और लक्ष्मण को विश्वामित्र की कहानी शतानंद के द्वारा सुनने को मिलती है। अहिल्या पत्थर की नहीं बनतीं किंतु निष्प्राण प्रायः रहती हैं। राम के स्वर को सुनकर तथा उनके स्पर्श से सचेष्ठ प्राणवान हो जाती हैं। सीता राम विवाह में तेलुगु समाज की प्रथाएं लक्षित होती हैं। कैकेयी के हृदय को राम समझते हैं। वे कैकेयी को श्रीदेवी का अवतार मानते हैं। रामायण कल्पवृक्षमु को 1970 का ज्ञानपीठ पुरस्कार मिला है।

प्रकाशन : श्री विश्वनाथ प्रकाशन (2015)

उड़िया

जगमोहन रामायण (उड़िया)

बलरामदास

15 वी शताब्दी की इस रामायण को जगमोहन रामायण, दाण्डि रामायण और बलरामदास रामायण भी कहा जाता है। लोकेश्वर जगन्नाथ की आज्ञा के अनुसार यह रामायण श्रीमंदिर के जगमोहन में बैठकर लिखी गई इसलिए जगमोहन रामायण इसका स्वत: सिद्ध नाम हुआ। दाण्डिवृत्त (छंद) में इसका प्रणयन हुआ अत: इसे दाण्डि रामायण भी कहा जाता है।

जगमोहन रामायण में अनेक विशेषताएं दृष्टिगोचर होती हैं। सीता के जन्म के साथ मेनका का प्रसंग है। राम को तारा का शाप है। सम्पाति और जटायु गरुड़ के पुत्र हैं। अरण्यकाण्ड में लक्ष्मण को रुद्र, भरत को सूर्य और शत्रुघ्न को चंद्र माना है। षांता दशरथ और कौशल्या की पुत्री है। विभीषण और मंदोदरी का विवाह होता है। महीरावण की कथा भी इसमें है।

रावण के चित्र के कारण सीतात्याग और लवकुश युद्ध प्रसंग इसमें नहीं है। भूख और प्यास से बचने, थकान, ज्वर आदि से रक्षा के लिए विश्वामित्र ने रामलक्ष्मण को बला और अतिबला विद्या के मंत्र दिये थे। जगमोहन रामायण में इन विद्याओं के नाम जया और विजया बताए गए हैं।

बलरामदास ने विष्णु को चार भाइयों में तथा लक्ष्मी को सीता के रूप में अवतरित बताया है किंतु अरण्यकाण्ड के मंगलाचरण में तथा दण्डकारण्य के वृतांत में उड़ीसा के लोकप्रिय देव जगन्नाथ सुभद्रा तथा बलराम से रामसीता और लक्ष्मण को अभिन्न माना है। अरण्यकाण्ड में लेख है कि जनक ने हल जोतते समय मेनका को देखकर उसी के समान एक कन्या प्राप्त करने की इच्छा व्यक्त की थी। राम के वनवास भेजने की प्रस्तावना में दुर्बल नामक देवता दशरथ में और खल नामक देवता कैकेयी में प्रवेश करते हें। चकवा चकवी को रात्रि में न मिल पाने का शाप सीता विरह में डूबे राम ने दिया था।

शबरी राम और लक्ष्मण से मिलते समय अपने पति के साथ है। फलों पर शबरी के दांत नहीं हैं और न ही राम उन फलों को खाते हैं।

सीता द्वारा लक्ष्मण पर शंका करने पर लक्ष्मण उन्हें धिक्कारते हैं। हनुमान के कानों में कुंडलों की चर्चा जगमोहन रामायण में है। ब्रह्माजी ने हनुमान को बताया कि जो तुम्हारे इन आभूषणों को देख सकेगा, वही तुम्हारा स्वामी होगा। हनुमान एक छोटे वानर के रूप में लंका में प्रवेश करते हैं तथा बाद में बिडाल, कुत्ता, व्याघ्र, हाथी, सिंह, मनुष्य, गाय, भैंसा, भ्रमर आदि का रूप भी धारण करते हैं। सीता-रावण संवाद सुनते समय हनुमान भ्रमर के रूप में थे।

जगमोहन रामायण के अनुसार इंद्र मदनिका नामक अप्सरा के कारण हँसने पर उसे शाप देते हैं कि वह वानरमुखी होकर कश्यप से पुत्र प्रसव के पश्चात ही मुक्त होगी। मदनिका ऐसे पुत्र को जन्म देती है जिसका षरीर मनुष्य का तथा मुख वानर का है। एक शबरी उसका पालन करती है। बाद में ब्रह्मा उसे ऋक्षनृपति का नाम देकर अरण्य के राजा के पद पर सुशोभित करते हैं।

जाम्बवान ने समुद्रपार करने के लिए सम्पाति से सहायता माँगी तो उसने अपने पुत्र पार्श्व की पीठ पर अंगद को बैठाकर समुद्र पार ले जाने का प्रस्ताव दिया जिसे अंगद ने अस्वीकार कर दिया। सीता द्वारा अपमानित करने पर रावण सीता का वध करने हेतु उद्‌घृत होता है किंतु त्रिजटा उसे रोक देती है। त्रिजटा को विभीषण की पुत्री कहा गया है।

लंकादहन के पश्चात रावण ने स्वर्ग से विश्वकर्मा को बुलाकर उससे लंका का जीणोद्धार कराया था। सेतु निर्माण के समय हनुमान और नल के झगड़े का वर्णन भी रोचक है। नल लाए हुए पर्वत को एक हाथ से ग्रहण करता और दूसरे हाथ से समुद्र में रखता था। उसके घमण्ड को चूर करने हेतु हनुमान एक सात योजन लम्बा पर्वत ले आए तब राम के आदेश पर नल ने उसे दोनों हाथों से ग्रहण किया। युद्ध में अष्टेकि नामक असुर हनुमान को पराजित कर उनका गर्व हरण करता हे।

सिंहनाद की बहन सुकांति ने सीता का रूप धारण किया तो इंद्रजीत ने उसका वध कर दिया। रावणवध के समय राम अपना शरीर बढ़ाकर कृतान्तक रूप धारण कर लेते हैं।

युद्धकांड के अनुसार रावण के 72 पुत्र और 1300 पौत्र थे। महानाद शेष बचा जिसने पिता रावण की अन्त्येष्टि की।

शतकण्ठ रावण के वध की कथा इसमें भिन्न तरह से है। जब लंका में राम और रावण का युद्ध चल रहा था तब रावण ने शत्रुघ्न के विनाश के लिए शतकण्ठ रावण को अयोध्या भेजा। किंतु वहाँ उसकी सारी सेना को शत्रुघ्न ने मार डाला। वह अपनी जान बचाकर रावण के पास पहुँचा और बताया कि शत्रुघ्न ने उसकी सारी सेना को मार डाला है तथा पीछा करते हुए अलंकागढ़ तक आ गया है। रावण ने कहा कि यह राम नारायण ही है। यहाँ उसने मेरी सारी सेना को मार डाला है। राम के छोटे भाई लक्ष्मण ने देवताओं द्वारा दिये हुए तालध्वज रथ पर बैठकर मेरे नाती महिरावण को भी मारा डाला है। राम नन्दीघोष रथ पर सवार हैं। तुम कुछ भी करके शत्रुघ्न को मार डालो। शतकण्ठ रावण पुनः अकेला ही शत्रुघ्न से युद्ध करने के लिए जाता है और उनके हाथों से मारा जाता है।

रात्रण को शतकण्ठ रावण से वार्ता करते देख विभीषण ने राम को बताया कि यह शतकण्ठ रावण है। इसका निवास अलंकागढ़ में है। इसे तीन सौ चौरासी युगों का अमरत्व है। अक्षय विमान पर वह निर्भय होकर घूमता है। देव और दानवों से वह अवध्य है। विष्णु के अवतार लेने पर उनके सबसे छोटे भाई के हाथों इसकी मृत्यु होना है।

प्रकाशक : भुवनवाणी ट्रस्ट, लखनऊ

बिलंका रामायण (उड़िया)

शारलादास

अनुवाद : *योगेश्वर त्रिपाठी*

यह उड़िया भाषा की सर्वाधिक लोकप्रिय रामायण है। भक्त कवि शारलादास जगन्नाथपुरी के महाराज गजपति गोडेश्वर कपिलेन्द्रदेव (1452-1479) के समकालीन थे। बचपन में उनका नाम सिद्धेश्वर था। बिलंका रामायण का प्रमुख छंद दाण्डि है। पंक्तियों की वर्णसंख्या का बराबर न होना ही उसका प्रमुख लक्षण है। इसमें 289 अनुच्छेद हैं तथा अनेक छन्दों का प्रयोग किया गया है। पूर्व खण्ड में सारे देवी देवताओं की वन्दना की गई है।

"माता सर्वमंगला, कात्यायिनी तथा खड्ग और खप्पर धारण करने वाली महिषासुर-मर्दिनी की जय हो। झंकड़ में निवास करनेवाली माँ शारला की जय हो, जय हो। अमंगल का नाश करनेवाली सिद्ध चण्डी माता! तुम्हारी जय हो, जय हो। झंकड़पुर में उग्र मूर्ति धारण कर सिद्ध शारला-रूप में तुमने जन्म लिया। माँ! तुम संकट से उद्धार करने वाली हो। अभय का दान देने वाली महेशमनमोहिनी माँ तुमने झंकड़पुर को अपना निवास बनाया है। तुम सम्पूर्ण जगत की जननी आदिमाता हो। तुम्हारे कृपा करने से मूर्ख की भी गणना पण्डितों में हो जाती है।"

तारा ने इस रामायण में राम को श्राप दिया था कि मेरे शाप के कारण अब तुम सीता की संगति कम ही पा सकोगे।

बिलंका रामायण के पूर्वखण्ड के अनुसार बिलंका की स्थिति लंका के दक्षिण में एक सौ बीस योजन पर थी। सहस्त्रसिर वाले रावण के दो हजार हाथ और दो हजार नेत्र थे। बिलंका के सहस्त्रसिर वाले रावण का वध करने के लिए सीता के कहने पर राम अकेले ही चले जाते हैं। राम से युद्ध करते सहस्त्ररावण ताली बजाकर राम को हवा में उड़ा देता है। राम सत्तर योजन दूर गिरते हैं। अन्य रामायणों में हनुमान को भगवान शिव का अंशावतार और चिरंजीवी भी कहा गया है। भगवान राम ने भी सृष्टि के अंत तक हनुमानजी को

पृथ्वी पर सशरीर रहने का वरदान दिया है। बिलंका में राम को खोजने के लिए हनुमान बिल्ली, चूहा, भ्रमर आदि का रूप धारण करते हैं। किंतु एक ऐसा वृतांत भी आता है जब चिरंजीवी हनुमान मृत्यु को प्राप्त होते हैं।

प्रभु श्रीराम बिलंका राक्षसराज सहस्त्रशिरा के वध के लिए गए किंतु बहुत समय तक वापस नहीं लौटे तो माता सीता ने व्याकुल होकर हनुमान जी को उनका पता लगाने के लिए भेजा। हनुमान जी श्रीराम की खोज में विलंका पहुंचते हैं। विलंका के द्वार पर एक ग्रामदेवी प्रहरी नियुक्त थी। साथ ही उत्तर द्वार पर एक विष का सरोवर तथा दक्षिण की ओर एक और तालाब था। यह कथा और भी विचित्र है कि मित्र भाव से दुर्ग में प्रवेश करने वाले व्यक्ति और उस सरोवर का जल पीने वाले का तो दुर्ग में प्रवेश हो जाता था। किंतु शत्रुभाव से प्रवेश करने और जल का पान करने वाले व्यक्ति की मृत्यु हो जाती थी।

हनुमान जी उत्तरी द्वार पहुंचे और रामजी के बारे में सोचने लगे। उसी समय ग्रामदेवी की भेंट पवनपुत्र से हुई। उन्होंने पहचान लिया कि यह तो श्रीराम के सेवक है। इसके बाद ग्रामदेवी हनुमानजी के गले में बैठ गई जिससे हनुमानजी का गला प्यास से सूखने लगा। पवनपुत्र ने जलपान किया और जल ग्रहण करते ही उनके पूरे शरीर में विष फैल गया और उन्होंने अपने प्राण त्याग दिए।

बहुत दिन बीत गए। देवताओं ने पवनदेव से पूछा कि आपका पुत्र कहां हैं? बृहस्पतिदेव से ज्ञात हुआ कि हनुमानजी की बिलंका में मृत्यु हो चुकी है। इसके बाद वायुदेव दुखी हो गए। सृष्टि में वायु का संचार रुक जाने से जीवों के प्राण संकट में आ गए। यह स्थिति देखकर सभी देवताओं ने वायुदेव से कहा कि वह सभी उनके पुत्र को जीवित कर देंगे। लेकिन आप अपना क्रोध शांत कर लें।

तब सभी देवता बिलंका गए और इंद्र ने अमृत वर्षा और संजीवनी मंत्र से हनुमान जी को पुनर्जीवित कर दिया। इस तरह हनुमान जी 6 माह के बाद फिर से जीवित हो उठे। पुनः युद्ध हुआ। तब सहसूत्ररावण ने राम, लक्ष्मण और हनुमान को परास्त किया तब सीता ने मंगलादेवी से पुष्पधनुष तथा पाँच शर प्राप्त कर रणभूमि में प्रवेश किया। उन्होंने सुंदर रूप धारणकर पुष्पधनुष के पाँच शर रावण पर चलाए और रावण के सारे सिर काट डाले।

लंकारे पषिण सेहि मारिछि रावण बुझि सुझि ता संगरे जुझ वीरगण।
एते कहि मंत्रीवर हेला आगुसार पति उपर थाइ देखे हनुबीर।
श्रीरामंकु बोले देव वाहारिले दण्ड सम्भाळि समर कर वीर मार्तण्ड।।

प्रकाशक : लखनऊ किताबघर, लखनऊ

बैदेहीश विलास (उड़िया)

उपेंद्रभज

उड़ियाभाषा के महाकवि उपेंद्रभज का नाम उड़िया रामकाव्य में अत्यन्त महत्वपूर्ण है। उड़िया भाषा के प्रसिद्ध कवि धनंजय भज के वे पौत्र हैं जिन्होंने रघुवीर बिलास नामक उत्कृष्ट काव्य की रचना की है। उन्होंने 1705 ई. में एक हजार पृष्ठों के विशाल ग्रंथ बैदेहीश विलास की रचना की। इसकी प्रत्येक पंक्ति ब अक्षर से आरंभ होती है। इसमें वाबन छान्द (सर्ग) हैं तथा प्रत्येक छान्द में बाईस, बयालीस आदि सम्यक पदों की रचना है। रामजन्म से लेकर राम के राज्याभिषेक तक की कथा को सुन्दर ढंग से रखा गया है। कुछ नवाचार भी लक्षित होता है। आरंभ में वाल्मीकि (वाल्मीकि रामायण), व्यास (अध्यात्म रामायण), हनुमान (हनुमन्नाटक) कालिदास (रघुवंशम) राजा भोज, तथा बलरामदास की जगमोहन रामायण के प्रति अपनी कृतज्ञता व्यक्त की है। हनुमान रामलक्ष्मण से अपना परिचय सुग्रीव की बहन के पुत्र के रूप में देते हैं।

बहिणी तनुज मुहि नाम हनुमान।
बहिण ताहारे प्रीति रहे सानुमान।।

रावण को सीता के समीप आते देखकर हनुमान भ्रमर का रूप धारणकर सीता के समीप जा बैठते हैं। सुषेण द्वारा लिखित पत्र को हनुमान अपनी चक्राकार पूंछ पर बैठकर पढ़ते हैं। लवकुश का जन्म, वैदेही का पातालगमन, रामचंद्रजी का बैकुण्ठागमन इत्यादि को 'विभग रस बोलिणन वर्णिलि' (इन प्रसंगों में विभग अर्थात विशेष भंग है इसलिए उसका वर्णन नहीं किया।)

बैदेहीश विलास में वक्रोति व्यंजना की अदभुत प्रस्तुति हुई है। शूर्पणखा प्रसंग में यह दृष्टांत विशेष है जब माया रूप धारणकर शूर्पणखा ने एक सुंदरी का वेश बना लिया था। तथा श्रीराम को बार बार प्रेम निवेदन कर रही थी। तब उन्होंने लक्ष्मण को श्लेष वक्रोति में संदेश दिया–

बाबु नाकषिरीदान योग्य योषाकु, बिहर कानन करि आलिंगन कु।

शूर्पणखा ने समझा कि श्रीराम कह रहे हैं– हे तात! स्वर्ण संपदा दान के योग्यइस रमणी के साथ आलिंगन करते हुए वन में विहार करो। किंतु लक्ष्मण ने सका संभग श्लेष के अनुसार अर्थ लगाया– हे लक्ष्मण! , इस रमणी को नासिका सौंदर्य छेदन का दण्ड मिलना चाहिए। इसको आलिंगन किए बिना इसके कानों का विशेष रूप से हरण (छेदन) कर दो। सन्ध्या, सूर्य, चन्द्रमा, प्रदोष, ध्वान्त, वासर, प्रातःकाल, मध्यान्ह, मृगया, आदि का सांगोपांग वर्णन इस ग्रंथ का वैशिष्ट्य है।

प्रकाशक : सत्यनारायण बुकस्टोर, कटक (2014 ई)

विचित्र रामायण (उड़िया)

(18 वी शताब्दी)

विश्वनाथ खुटिया

उड़िया भाषा के प्रसिद्ध कवि विश्वनाथ खुटिया महाराज दिव्यसिंह देव के शासनकाल में पुरी में रहते थे। उड़िया रामायणकारों जगन्नाथ, सारलादास, बलरामदास से अलग विश्वनाथ खुंटिया ने विभिन्न राग-रागिनी, ताल, छंदों का समायोजन इस तरह किया है कि इस ग्रंथ का नामकरण विचित्र रामायण करना पड़ा। 289 छंदों की यह रामकथा का नाटयमंचन हेतु बहुत लोकप्रिय है। विचित्र रामायण में बहुत सी विशेषताएं हैं। इसमें दशरथ की 21 पटरानियों का उल्लेख है। डाकनियों, वानर सेनापतियों के जन्म की कथा भी बड़ी रोचक है। ये डाकनियां पुत्रेष्ठियज्ञ में आकर यज्ञ के धुएं का पान करती हैं और गर्भवती हो जाती है। ये वानरसेना के 25 सेनापतियों को जन्म देती हैं। शूर्पणखा के पुत्र का नाम इसमें जयासुर बताया गया है। लक्ष्मण के द्वारा जयासुर का वध किया जाना इस रामायण का मौलिक प्रसंग है। विचित्र रामायण के अनुसार पुत्रेष्ठियज्ञ के अवसर पर परशुराम पहुँचते हैं तथा आदेश देते हैं कि जो ज्येष्ठ पुत्र होगा उसे मेरा ही नाम देना। शान्ता के जन्म की कथा विस्तार से है। इंद्र से मिलने को अति उत्साहित राजा दशरथ ने गोमाता और मुनि ताराक्ष्य की अवज्ञा की थी मुनि ने उन्हें निस्संतान होने का श्राप दे दिया किन्तु बाद में श्राप को इस प्रकार बदल दिया कि तुम्हारी प्रथम संतान पुत्री होगी, उसे ऋष्यश्रृंग को दे देना। ऋष्यश्रृंग से यज्ञ करवाने पर तुम्हारे पुत्र होंगे। शान्ता के स्वयंवर के अवसर पर परशुराम ऋष्यश्रृंग से उसका विवाह कराने का आदेश देते हैं। एक वेश्या जाकर ऋष्यश्रृंग को ले आती है और शांता से उसका विवाह होता है।

उत्तरकांड में रावण का कैलाशपर्वत को उठाना, रावण की दिग्विजय आदि का भी रोचक वर्णन है।

विचित्र रामायण के नाम से ही एक अन्य रामायण भी प्रसिद्ध है जिसके रचयिता सिद्धेश्वर दास माने जाते हैं। इसकी कथा सचमुच विचित्र ही है। राम और उनके तीनों भाइयों का विवाह सीता और उनकी तीन

बहनों के साथ ही हुआ है किंतु भरत की पत्नी का नाम अलका और शत्रुध्न की पत्नी का नाम तारा बताया गया है। राम के वनवास के कारण विरह में राजा दशरथ प्राण त्याग देते हैं। राम वन में हैं। भरत राजा के पार्थिव शरीर को लेकर वन में जाते हैं और राम ही उनका अंतिम संस्कार करते हैं। मारीच ने जब मृग का रूप धारण किया तो उसके दो सिर थे। लक्ष्मण रेखा के प्रसंग में लक्ष्मण सीता जी के चारों तरफ एक नहीं तीन रेखाएं खींचते हैं।

कुछ विचित्र कथा और भी है। राम के राज्याभिषेक के बाद गोरखनाथ हनुमान को अपने कदलीवन में बुला लेते हैं। सीता के पाताल में प्रवेश का समाचार सुन माताएं अग्नि में अपनी आहुति दे देती हैं। यह कथा और भी विचित्र है कि एक बार राजा दशरथ स्वर्गलोक को गए थे वहाँ गौ माता को प्रणाम करना भूल गए। गौमाता ने उन्हें शाप दिया कि तुम निस्संतान रहोगे। बाद में उन्हें इस शाप से मुक्त भी कर दिया। इसी कारण दशरथ को बहुत विलम्ब से पुत्र प्राप्ति हुई।

प्रकाशक : किताबघर, लखनऊ
भुवनवाणी ट्रस्ट, लखनऊ

कृतिवास रामायण (बंगला)

(श्रीरामपांचाली) (15वी शताब्दी)

कृतिवास ओझा

बंगला कवि कृतिवास ओझा की रामायण में छह काण्ड हैं– आदिकाण्ड, अयोध्याकाण्ड, अरण्यकाण्ड, किष्किन्धाकाण्ड, सुंदरकाण्ड और लंकाकाण्ड। इसका निर्माण पांचाली शैली के ढंग पर हुआ। इसमें काव्य में पहले नृत्यगायन होता है। कथक लोग लयात्मक गद्य में कहानियां सुनाते हैं। कृतिवास रामायण का छंद पयार है जिसमें 14-14 अक्षरों अथवा मात्राओं के दो चरण होते हैं। प्रत्येक चरण में 8, 6 मात्राओं के दो पर्व होते हैं। दूसरा छंद त्रिपदी है। तीन पर्व होने के कारण इसे त्रिपदी कहते हैं।

कृतिवास रामायण का प्रथम संस्करण श्रीरामपुर के मिशनरी प्रेस से 1803 ई में प्रकाशित हुआ। उसके प्रथम पृष्ठ पर लिखा था– (The Ramayan, A Poem In Five Volumes Translated From The Oroginal Sanskrut By Kirteebass Vol .1 Serampore 1802) प्रथम संस्करण बहुत महत्वपूर्ण है जो अब प्राप्त नहीं है। श्री जयगोपाल तर्कालंकार ने 1830-34 ई. में इसका दूसरा संस्करण सम्पादित किया।

सिंहल के राजा सुमित्र ने अपनी पुत्री सुमित्रा के विवाह का निमंत्रण दशरथ को भेजा। दशरथ ने कौशल्या और कैकेयी से मृगया का बहाना बनाकर वहाँ जाकर उनसे विवाह किया। विवाह की दूसरी रात्रि को दशरथ ने नवविवाहिता पत्नी को लेकर अयोध्या को प्रस्थान किया। बंगाल में उस रात्रि को अशुभ मानकर कालरात्रि कहते हैं। इसी कारण सुमित्रा दशरथ से उपेक्षित भी हुई। दशरथ को शब्दभेदी बाण चलाने की शिक्षा परशुराम ने दी।

कृतिवास रामायण पर मुगल प्रभाव देखने को मिलता है। रावण के दरबार में तीन बार माथा झुकाकर अभिवादन (तसलीम) करने की परम्परा है जबकि राम की राजसभा में एक बार माथा झुकाकर करबद्ध

स्थिति में निवेदन करना होता है। मुस्लिम शासक किसी पर प्रसन्न होकर उसे सिर से पैर तक पूरे वस्त्र (शिरोपा) पुरस्कार में देते थे। कृतिवास रामायण में मेघनाद विद्युज्जिह्व नामक भृत्य की सेवाओं से प्रसन्न होकर उसे शिरोपा प्रदान करते हैं। पुष्पक विमान पर राम के साथ बैठते समय सीता अपने मुख पर आंचल डाल लेती है। उनके बैठने के स्थान को कनात द्वारा घेर दिया जाता है।

सागर पार करते समय हनुमान पंचदेव गणेशादि की वंदना करते हैं। हनुमान की लंका में उग्रचण्डा (चामुंडा) से भेंट होती है जो शिव की प्रेयसी हैं और खर्पर, खांडा और मुंडमाल धारिणी है। सीताहरण के समय रावण कानों में शंख के कुण्डल पहनकर रक्तवस्त्र धारणकर मुख पर भस्म लगाए डमरु बजाते हुए भिक्षा मांगने वाले तपस्वी के वेश में है।

राम मारीच को बाण से फेंक देते हैं तो वह कई योजन दूर गिरता है और राम राम जप करने लगता है। नील और रावण का युद्ध होता है। नील रावण के मुख पर प्रस्त्राव कर देता है जिससे उसके दसों मुख भीग जाते हैं।

कृतिवास रामायण में राम परब्रह्म जैसे हैं। युद्धक्षेत्र में अतिकाय, तरणीसेन, वीरबाहु नामक राक्षस एवं स्वयं रावण राम के दर्शन से भक्ति से गदगद होकर उनकी स्तुति करने लगते हैं। बालिवध के पश्चात राम स्वयं भी रो पड़ते हैं। रावण कि मृत्यु पर वे हाय हाय करने लगते हैं। तरणीसेन नामक राक्षस के वध के उपरांत उनकी समस्त सेना अस्त्रशस्त्र फेंककर रोने बैठ जाती है।

कृतिवास रामायण में शक्ति के तीन रूप देखने को मिलते हैं। 1. लंका की रक्षिणी के रूप में चामुंडा 2. महीरावण की उपास्या के रूप में योगमाया योगाद्या और 3. रावण की रक्षिणी अम्बिका। राम की शक्ति पूजा का प्रसंग अदभुत है। राम से युद्ध करते समय रावण ने व्याकुल होकर अम्बिका का स्मरण किया तो जलदवरणी अम्बिका ने उसे गोद ले लिया। राम ने बिंबाधरा एवं कादम्बिनी कुंतला को देखा तो छिन्न कमल के समान पृथ्वी पर लौटकर रुदन करने लगे। विधाता ने कहा– देवी का कालबोधनकर शरतपूजन करनी पड़ेगी। चार मास के देवशयन के पश्चात उनकी पूजन की जाती है इसे अकालबोधन कहते हैं।

मृण्मयमूर्ति एवं घट स्थापना कर गीतनाट्य एवं चंडीपाठ के साथ रामषष्ठी से नवमी तक देवी की उपासना करते रहे किंतु देवी प्रकट न हुई। तब विभीषण के कहने पर हनुमान 108 नीलपत्र ले आए और मंत्र के साथ पुष्प भेंटकर पूजा होने लगी। देवी ने एक पुष्प चुरा लिया। अंत में राम ने स्वयं को (नीलकमलाक्ष) राजीवनयन मानते हुए अपना नेत्र निकालना चाहा तब कात्यायनी देवी प्रसन्न होकर प्रकट हुई और राम को अभीष्ट वर दिया।

कृतिवास रामायण में केवट को कैवर्त कहा गया है। वह सचमुच नौका नष्ट होने के भय में था। लक्ष्मण रेखा का प्रसंग कृतिवास रामायण में है। लंका से लौटते समय लक्ष्मण धनुष हूलकर सेतु भंग कर देते हैं। नल राम की आज्ञा से देवल का निर्माण करता है जिसमें श्वेतवर्ण शिव की स्थापना होती है। हनुमान कुबेर के सरोवर से पत्र ला देते हैं। पूजा के समय स्वयं शंकरजी उपस्थित होकर राम के हाथ पकड़ लेते हैं। भस्मालोचन वध की कथा भी केवल कृतिवास रामायण में ही मिलती है। भस्मालोचन राक्षस जिस किसी की तरफ देख ले वह भस्म हो जाता था। रावण ने उसकी ऑखों पर चर्मच्छादन लाकर राम के पास भेजा

किंतु विभीषण की युक्ति अनुसार राम ब्रह्मास्त्र पर दर्पण लगाकर उसके सामने प्रस्तुत कर देते हैं और अपना प्रतिबिंब देखकर भस्मासुर स्वयं भस्म हो जाता है। अंगद रावण भेंट में अंगद पूँछ को लम्बाकर उसकी कुंडली बनाकर बैठता है। अतिकाय रावण का पुत्र है। राम की स्तुति कर वह उनसे युद्ध करता है। सिर कट जाने पर भी वह रामनाम बोलता रहता है। विभीषण पक्षी का रूप धारण कर इनका संवाद सुनता है। किंतु हनुमान सतर्क हैं। महीरावण राम लक्ष्मण को चुराना चाहता है। हनुमान महामाया योगाद्या के सुझाए उपाय से महीरावण को मारकर उन्हें मुक्त कराते हैं। कृतिवास रामायण में राम और रावण का युद्ध चार बार होता है।

प्रकाशन : गीता प्रेस गोरखपुर

चंद्रावती रामायण (बंगला)

(रामायण गाथा)

चंद्रावती

सम्पादक : *डॉ. दिनेश चंद्र सेन*

डॉ. हिमेल बरकत

अंग्रेजी अनुवाद : *मंद्रकांता बोस तथा सारिका प्रियदर्शिनी बोस*

बंगाली महिला चंद्रावती द्वारा लिखित चंद्रावती रामायण का रामकथाओं में विशेष स्थान है। बंगाल की रामकथाओं में इस कथा का महत्व इसलिए भी अधिक है क्योंकि वहाँ के आदिवासी समाज की पीड़ा को इसमें सीता की वेदना के माध्यम से अंकित किया गया है।

बंगला में रचित यह अपूर्ण रामायण मूलतः मौखिक रामायण है जिसे बाद में लिपिबद्ध किया गया। 16 वी शताब्दी में (1575 ई.) लिखी गई इस रामायण में प्रधानपात्र सीता है। सीता का जन्म, विवाह, गर्भावस्था, मातृत्व, मृत्यु आदि तक इसका फलक विस्तृत है। चंद्रावती रामायण का आरंभ सीता के पूर्वजन्म की कथाओं से होता है। सीता को मंदोदरी की पुत्री के रूप में दर्षाया गया है। एक औषधि के माध्यम से सीता का जन्म होता है। सीता के अतिरिक्त इस रामायण में दूसरा महत्वपूर्ण महिला पात्र मंदोदरी है। मंदोदरी रावण की स्त्रीप्रियता के कारण दुखी रहती है। रावण के हरम में सैंकड़ों स्त्रियाँ हैं।

चंद्रावती रामायण में कैकेयी की पुत्री कुकुआ षड़यंत्र पूर्वक सीता से रावण का चित्र बनवाती है। गर्भवती सीता उसका मन रखने के लिए रावण का चित्र बनाती है। उसकी नींद लगते ही कुकुआ अवसर पाकर राम को वह चित्र दिखा देती है।

पंचमासेर गर्भसीता गो आलसे घुमाय।
अंगुलि हेलाइया कुकुआ रामेर देखाय।।

वाल्मीकि रामायण से भिन्न इस कथा में चंद्रावती ने लिखा है–

लक्ष्मीर अधिषने आईला गो अलक्षी जन्मील।

अमृत फलेर तिता बीजेर गो फुल जे फलिल।।

नायक राम की प्राय: आलोचना ही की गई है। राम को एक कमजोर पति, कमजोर राजा और कमजोर भाई के रूप में दिखाया गया है। राम की छबि एक ईष्यालु पति की हैं जो रावण के प्रति सीता को आकर्षित मान उसे निष्कासित कर देता है। सीता निर्वासन की कथा को विस्तार दिया गया है।

उन्मत्तो पागोल प्राय होइलेन राम/रक्तजबा आंकोबी रामेर गो
षिरे रत उठे/निषिकाय अग्निष्वास गो ब्रह्मरंध्र फुटो।

सीता के जन्म से लेकर उनके वन निर्वासन और पाताल प्रवेश को लेकर जो कथाएं प्रचलित हुई उनमें एक बड़ा योगदान चंद्रावती रामामयण का भी है। हिन्दी के अनेकानेक काव्यों में सीतायन की कथा चंद्रावती रामायण से प्रभावित है।

प्रकाशक : अहमी महमुदुल हक, मोबला ब्रदर्स, बंगलाबाजार, ढाका।

मेघनादवध (बंगला)

माइकल मधुसूदन दत्त

हिंदी अनुवाद : *मैथिलीशरणगुप्त*

1861 ई. में रचित 'मेघनाथ वध' को बांग्ला कविता का मुकुटमणि माना गया। माइकल मधुसूदन दत्त का महाकाव्य मेघनाद वध का मूल कथानक रावण के पुत्र के वध पर ही आधारित है तथापि उसका फलक सम्पूर्ण रामकथा तक विस्तीर्ण है और वाल्मीकि रामायण से बहुत भिन्न स्थापनाओं की सृष्टि करता है। बंगला महाकाव्य मेघनादवध की कथा का मूलस्त्रोत पद्मपुराण के पातालखंड के शेष और वात्सायन के संवाद का अनुवाद है किंतु ग्रंथ में नवीनता लाने की दृष्टि से व्यास और सूत से कथा प्रारंभ करके मूलग्रंथ से भिन्न रूप देने का प्रयास किया है। ग्रंथ के प्रत्येक अध्याय की पुष्पिका 'इतिश्री पद्मपुराणे पातालखंडे शेष वात्सायन संवादे मधुसूदनदासकृते' को देखने से पता चलता है कि यह ग्रंथ पद्मपुराण के पातालखंड का अविकल अनुवाद है। किंतु कवि ने अन्यान्य प्रसंगों को समाहित करने में मौलिकता का परिचय दिया है। वाल्मीकि रामायण से कुछ प्रसंग भिन्न प्रतीत होते हैं जैसे– पाँच गुप्तचरों से राम की प्रशंसा में भिन्न भिन्न बातें करना और छठे गुप्तचर से रजक द्वारा राम और सीता को घर से निकाले जाने की बात करना तथा उसकी माँ से सीता को शुद्ध एवं पवित्र कहलाना। वाल्मीकि रामायण में रजक का उल्लेख नहीं है किंतु वराहपुराण तथा रामाष्वमेध में इसका उल्लेख मिलता है।

'मेघनाथ वध' की रचनाधर्मिता की विशेषता मुख्यत: दलित साहित्य ही है। कवि ने इस काव्य में मर्यादा पुरुषोत्तम राम का मिथक तोड़ा है। उन्होंने रावणपुत्र मेघनाथ को नायक और राम को खलनायक के रूप में प्रस्तुत किया है। भाषा, भाव और शैली की दृष्टि से अनेक प्रयोग एवं नवीनताएं लक्षित होती हैं। माइकेल मधुसूदन दत्त ने बांग्ला कविता में शास्त्रीय छंद अनुशासन ही नहीं तोड़ा, बल्कि पुराने विश्वासों और रूढियों का भी प्रतिरोध किया।

मेघनादवध काव्य में माइकल मधुसूदनदत्त ने रामकथा का मौलिक स्वरुप ही बदल दिया है। इतिहास और आध्यात्म दोनों दृष्टि से उनका काव्य चिंता का विषय रहा है। आदिकवि वाल्मीकि की वंदना करने के साथ ही वे मेघनाद को 'पुरुषोत्तम महाबली' की उपाधि देते हैं और राम को मायावी मानव राम कहते हैं। निकुम्भिला यज्ञस्थल पर लक्ष्मण का प्रवेश भी बाहुबल से नहीं वरन मायाबल से होता है। विभीषण और लक्ष्मण प्रवेश करते हैं—

प्रबल मायाय बले पशिला नगरे वीर द्वये।
दुयार अषनि नादे, किन्तुकार काने पषिल आराव।
हाय! रक्षोरथी यत मायार छलने अंध केह ना।।

अचानक लक्ष्मण को माया से प्रकट होते देख मेघनाद परिचय देकर उसे अतिथि बनाते हैं और युद्ध के लिए शस्त्रसज्ज होने का अवसर माँगते हैं किंतु लक्ष्मण उस पर आक्रमण कर देते हैं और मेघनाद पूजा के पात्रों से ही अपनी रक्षा हेतु युद्ध करते हुए वीरगति को प्राप्त होता है। मेघनाद की पत्नी का नाम इसमें प्रमीला है। इसमें रक्षकुल का गान है। इस काव्य में 9 सर्ग हैं तथा 3 दिन और दो रात्रि का वर्णन है। गद्य और पद्य को मिलाकर बने अमित्राक्षर अतुकांत छंद में इस काव्य की रचना हुई है। पंक्ति के मध्य में विराम देने की प्रथा का आरंभ भी इसी काव्य से हुआ। महावीर प्रसाद द्विवेदी और मैथिलीषरण गुप्त माइकल मधुसूदन दत्त के प्रषंसक थे। मैथिलीषरण गुप्त ने मेघनाद वध का बंगला से हिन्दी में अनुवाद किया है।

प्रकाशक : लोकभारती प्रकाशन, दिल्ली

गुजराती

गिरधर रामायण (गुजराती)

गिरधरदास

उत्तर भारत में जो स्थान रामचरितमानस का है गुजरात में वही स्थान गिरधर रामायण का है। इसकी कथाओं का कीर्तन भी किया जाता है। सात काण्डों की इस रामायण की कथा कड़वां, वलण, ढाल आदि लोकधुनों एवं बिलावल, मारु, सारंग आदि रागों के साथ है।

गिरधर रामायण पर वाल्मीकि रामायण के अलावा हनुमन्नाटक, पद्मपुराण तथा अग्निपुराण का प्रभाव दिखाई देता है। राजा दशरथ के अनेक विवाहों का उल्लेख है। गिरधर रामायण में राम की सीता से प्रथम भेंट में उनका अनुराग प्रदर्शित है। श्रवणकुमार और दशरथ की कथा विस्तार से है।

पुत्र विजोगे प्राण तारा जजो सत्यवचन।
एवुं कही वे मरणपाम्या राय कम्प्या मन।।

असुर वृषपर्वा शुक्राचार्य से कहकर दशरथ के राज्य में वृष्टिबंध का प्रयोग करता है जिससे बारह वर्षों तक यहाँ वर्षा नहीं होती।

कैकेयी के हाथ से चील क्षीरचरु झपटकर ले गई। कौशल्या और सुमित्रा ने अपने चरु का चौथा भाग कैकेयी को दिया। उसी समय केसरी वानर की पत्नी अंजनी ऋष्यमूक पर्वत पर पुत्र प्राप्ति हेतु तप कर रही थी। चील ने वह क्षीरचरु उसके हाथों पर रख दिया जिसके खाने से हनुमान का जन्म हुआ। हनुमान द्वारा सूर्य को फल समझकर झलांग लगाने का प्रसंग इस रामायण को विशेष बनाता है।

सिंहनाद करी तळप ज भारी, उछलियो आकाश।
दिनकर ने फल जाणी पोते चाल्यो करवा ग्रास।।

अहिल्या ब्रह्मा की पुत्री थी। पत्नी रूप में प्राप्त करने के लिए गौतम ने द्विमुखी गाय की सात बार प्रदक्षिणा की। इस विवाह से इंद्र गौतम के शत्रु हो गए और उनका सतीत्व भंग किया। अहिल्या की पुत्री अंजनी को तॉक झॉक करने के कारण ऋषि ने बंदरी होने का शाप दिया। यही हनुमान की माँ बनी। वनवास के समय राम ने अत्रि और अनुसूया के साथ माँ रेणुका के दर्शन भी कराए।

हनुमान की राम से प्रथम भेंट संदेह और भय से युक्त थी। हनुमान ने रामलक्ष्मण को पर्वत पर आते देखा तो वृक्ष उखाड़कर उन पर फेंके किंतु राम ने उन्हें नष्ट कर दिया। तब हारकर वे रामलक्ष्मण की शरण में गए। बाली ने महिषासुर के पुत्र दुदुंभी का वधकर ऋष्यमूक पर्वत पर फेंका था जिससे मतंग ऋषि ने उसे शाप दिया था कि वह ऋष्यमूक पर्वत पर आते ही भस्म हो जाएगा। इसीलिए बाली ऋष्यमूक पर्वत पर नहीं जाता था। रावण की एक बहन क्रौंचा थी जिसने हनुमान को मुंह में रख लिया। हनुमान उसका पेट फाड़कर वापस आ गए। इंद्रजीत की पत्नी सुलोचना शेषनाग की कन्या थी।

सेतु निर्माण में यह तथ्य भी नवीन है कि शरभ नामक वानर ने सेतु बनते समय नीचे से उसे सहारा दिया। पत्थरों पर राम नाम नहीं लिखा था बल्कि राम का उच्चारण करते हुए पत्थरों को रखा गया था। मंदोदरी सीता को रावण की भार्या बनने का परामर्श देती है। मारीच को राम का बाण लगने पर लक्ष्मण का नाम न पुकारकर रावण का नाम पुकारता है।

लवकुश के हाथों श्रृंगी ऋषि का वध हो जाता है उस ब्रह्महत्या से निवारण के लिए वे सहस्त्र ब्रह्मकमल से शिव की पूजा करते हैं। गिरधर रामायण के सुंदरकाण्ड में विभीषण राम की स्तुति करते हैं—

जयराम राजीवनयन करुणाअयनजनसुखदायकं।
दुखदवन सीता रवन मंगलभवन त्रिभुवननायकं।।

अश्वमेध के अश्व के साथ जाते शत्रुघन को धर्म की शिक्षा देते हुए राम कहते हैं कि स्त्री, विप्र, साधुजन, मूर्छित तथा नपुसंक पर आक्रमण नहीं करना।

प्रकाशक : भुवन वाणी ट्रस्ट, लखनऊ (1893)

नाकर रामायण (गुजराती)

कवि नाकर

महाकवि नाकर ने (1516-1568 ई) रामायण का गुजराती में भाषान्तर किया। कवि की मौलिक प्रतिभा ने इसे एक नया ही रूप दे दिया। नाकर रामायण में अध्यायों को कडवुं (कड़ियां) कहा गया है। उत्तरकाण्ड की रचना किसी अन्य कवि ने की है। प्राप्त पांडुलिपि खंडित है।

नाकर की रामायण कथा में सात काण्ड हैं। नाकर की रामायण की फटी हुए प्रति बालकाण्ड के कडवुं 4 से प्रारंभ होती हैं जहाँ मोहिनी की कथा है। कडवुं 5 में अंजनीजन्म, उनका केसरी से विवाह और हनुमान जन्म की कथा हैं। कडवुं 6 में अंजना हनुमान से रामकथा सुनाने को कहती हैं। हनुमान क्रौंचवध और इक्ष्वाकु की वंशावली कहते हैं। कडवुं 7 में परशुराम द्वारा क्षत्रियों का वध और अपुत्र दशरथ को छोड़ देने की कथा हनुमान बताते हैं। कडवुं 8 में श्रवण वध की कथा हैं इसमें श्रवण की पत्नी सावित्री का उल्लेख हैं। ऋषिश्रृंग की कथा, दशरथ का यज्ञ, रामजन्म, विश्वामित्र का आगमन, वेदवती की कथा, सीताजन्म, धनुभंग, सीता विवाह की कथा हैं। कडवुं 28 में परशुराम का आगमन तथा उनकी माता का हत्या की कहानी हैं।

अयोध्याकाण्ड में राम बचपन में मंथरा को लात मारते हैं उसकी कथा,ऽराम वनवास,ऽभरतमिलन और भरत का पुन: अयोध्या लौटना तथा जयंत की कथा प्रमुख है।

अरण्यकाण्ड में शूर्पणखा के आने से सीताहरण की कथा ,राम का चक्रवाक पक्षियों को शाप देना कि वे रात्रि में अलग हो जाएगें, राम का शबरी से मिलना तथा कडवुं 14 से 19 में हरिश्चंद्र की कथा है जो संभवत किसी ऋषि द्वारा राम को सुनाई गई है।

किष्किंधाकाण्ड में 17 कडवे हैं जो राम सुग्रीव की मित्रता, राम की परीक्षा हेतु सुग्रीव द्वारा राम को अगस्ति पर्वत उठाने को कहना, राम द्वारा उसे उठाना, सीता की खोज हेतु वानरों का प्रयाण, राम का हनुमान को मुद्रिका देना की कथा बताते हैं।

सुंदरकाण्ड में हनुमान का लंका जाकर सीता की खबर लाने की कथा हैं। ऽहनुमान के लौटने पर जाम्बवान गरुड़ के माता की कथा कहते है। रावण द्वारा विभीषण के त्याग की कथा , ऋषि मातंग द्वारा नल को पत्थर तैरने का वरदान देना, रावण द्वारा सीता को राम का कटा मस्तिष्क दिखाने का प्रसंग है। अंगद का रावण की सभा में जाना और माया सीता से मिलने की कथा इत्यादि का चित्रण है।

युद्धकाण्ड की कथा वाल्मीकि रामायण अनुसार है केवल जब मेधनाद सर्पास्त्र छोडता है तब नारद आकर राम से गरुड़ के आह्वान की सूचना देते हैं।

उत्तरकाण्ड में अगस्त्य द्वारा रावण का चरित्र वर्णित किया गया है। इसमें सीता का भूमिप्रवेश और राम के स्वर्गगमन की कथा नहीं हैं। नाकर रामायण में जाम्बबान द्वारा गरुड़ की माता की कथा कही गई है।

नाकर रामायण में रावण और कुंभकर्ण के चरित्र को महान बताया गया है। हनुमान की भक्ति, किष्किन्धाकाण्ड का कवित्वमय वर्णन तथा लक्ष्मण के मूर्छित होने पर राम का करुण विलाप विशेष आकर्षित करते हैं।

विलाप करते हुए राम कहते हैं -

आलोट अवनी उपरे अन निहाली जोव। करुणा नीधी कष्टभरा राते लोचन रोव।।

हस्तलिखित प्रति ए एस दाही लक्ष्मी पुस्तकालय नाडियाड, गुजरात में

अध्यात्म रामायण (मलयाली)

(1495-1575)

तुंचथु रामानुजन एळुत्तच्छन

***अनुवादक :** डॉ. एन पी कुटअन पिल्लै*

16वीं शताब्दी के महान कवि तुंचथु रामानुजन एळुत्तच्छन मलयालम साहित्य के प्रसिद्ध कवि हैं। इनका वास्तविक नाम अज्ञात है। एळुत्तच्छन का अर्थ है—घराने का आचार्य। उत्तर रामायण का आधार यद्यपि वाल्मीकि रामायण है तथापि यह केवल अनुवाद न होकर रामायण की पुनर्सृजना है। इस ग्रंथ के छह कांड हैं। बालकांड, अयोध्याकांड, अरण्यकांड, किष्किन्धा कांड, सुन्दरकांड तथा युद्धकांड। अध्यात्म रामायण की रचना किलीपट्टू शैली (पक्षी गान) में केका तथा काकली छंद में की गई है ताकि इसे गाया जा सके। रामायण का आरंभ शुकी गीत से किया गया है– 'श्रीराम! राम! राम! श्रीरामचन्द्र! जय हो! राम! राम! राम!' पक्षी गीत मलयाली साहित्य का एक प्रकार है। इसमें कथा सुनाने वाली अथवा गाने वाली मादा प्राय: एक शुकी (तोती) होती है। भाषा और छंदविधान की दृष्टि से ग्रंथ अनुपम है। 60 प्रतिषत शब्द तो संस्कृत के ही हैं।

ब्रह्मांडपुराण के अन्तर्गत उत्तरखंड से अध्यात्मरामायण की कथा को लिया गया है। जीवन को सर्वोच्च स्थिति में पहुँचाने का भारतीय संकल्प इसमें स्पष्ट दिखाई देता है। भरत कौशल्या माता से कहते हैं कि राम को वन में भेजने में मेरा कोई हाथ नहीं है। यदि मैं अपराधी हूँ तो मुझे गाय मारने का पाप मिले। अथवा परस्त्री को बुरी दृष्टि से देखने का पाप मिले।

इस रामायण में काव्यसौंदर्य की अनुपम छटा है। - विश्वमोहिनी अहिल्या के रुपसौंदर्य को देखकर दुश्च्यवन (इन्द्र) भी कुसुमायुध के वश में पड़ गए। नव दाड़िमतुल्य अधरों, गेंद के सदृष्य उरोजों तथा सुन्दा तथा मधुर जघनों का आस्वादन करने का कौन-सा उपाय है, यह सोचते हुए शतमुख इन्द्र कमलबाण से

बिंधकर और उसकी पीड़ा के वशीभूत होकर सुन्दरी के रूप का ध्यान रखते हुए कामान्ध होकर अपना समय बिताने लगे।

अध्यात्म रामायण में राक्षसकुल की उत्पत्ति, रावण का जन्म, रावण-काल युद्ध, प्रहस्त का दौम्य, नरक वर्णन स्वर्ग विजय के साथ साथ सीता परित्याग, लवणासुर वध, शम्बूक वध तथा स्वर्गारोहण की कथाएं रोचक हैं। नाव से स्त्री बन जाने वाले केवट के प्रसंग को इस रामायण में छोड़ दिया गया है।

अध्यात्म रामायण का आयोजन 7 कांडों या अध्यायों में किया गया है–

बालकांड के आरंभ में विष्णु के अवतार भगवान राम के लौकिक और खगोलीय स्वरूप का वर्णन है। श्रीराम का बालपन और उनके द्वारा अहिल्या के उद्धार की कथा भी सम्मिलित है। अयोध्या कांड में श्रीराम के वनवास, उनके पिता दशरथ की मृत्यु का वृतांत है। अरण्यकांड में रावण द्वारा सीता का अपहरण तथा किष्किन्धाकांड में बाली का वध और सीता की खोज का वर्णन है।

सुंदर कांड में हनुमान द्वारा लंकादहन तथा लंकाकांड में राम और रावण का युद्ध, रावण वध और अयोध्या लौटने पर राम के राज्याभिषेक की कथा है। उत्तरकांड में सीता के निर्वासन, लव और कुश का जन्म और राम का वैकुंठ प्रस्थान का वर्णन है।

उत्तरकाण्ड के 5वें अध्याय (उप-अध्याय) में राम और लक्ष्मण के मध्य संवाद है जिसे राम गीता कहा जाता है।

अध्यात्म रामायण में प्रत्येक अध्याय तोते के बुलावे से शुरू होता है–

"हरमकलक्कु अन्बुला थाथे, वेरिकेडो, "हे तोता जो लक्ष्मी को प्रिय है, यहाँ आओ,

थमासा सीलम अगथेनम आसु नी, यह समझो की किसी कार्य में देरी करना अच्छा नहीं है

प्रकाशक : भुवनवाणी ट्रस्ट , लखनऊ

असमिया

कारबि रामायण

(छाबिन आलुन)

माधवकंदली

असम के आदिवासियों की कारबिभाषा में रचित रामायण छाबिन आलुन को कारबि रामायण भी कहा जाता है। असम के मध्य में कारबि आंगल नाम का एक पर्वतीय क्षेत्र है। इस पहाड़ को मिकिर पहाड़ और यहाँ के निवासियों को मिकिर कहा जाता है। अब वे लोग अपने को कारबि कहते हैं। यह जाति अपने को शिवजी का वंषज मानती है। प्राचीन मान्यताओं के अनुसार वराह भगवान और पृथ्वी माता का पुत्र नरक मिथिला से आकर प्रागज्योतिषपुर आया। उस समय वहाँ किरात वंशधर घटक का राज्य था। नरक ने किरातों को दक्षिण में खदेड़कर अपना राज्य स्थपित किया।

14 वी शताब्दी के कवि माधवकंदली ने असमिया भाषा में रामायण का पद्यानुवाद किया था। माधवकंदली बराही के राजा महामाणिक्य के राजकवि थे। उनका राज्य कारबि पहाड़ तक फैला हुआ था। वहाँ के कई कवियों ने रामायण का श्रवण गायन किया। उस रामायण को छाबिन आलुन (कारबि रामायण) कहा जाता है।

1976 में छाबिन आलुन का मूल (कारबि भाषा में) संक्षिप्त असमिया अनुवाद के साथ साहित्य सभा द्वारा प्रकाशित हुआ था। इस रानकथा में राम और लक्ष्मण को ही मुख्य पात्र बनाया गया है। राम लक्ष्मण का जन्म, सीता का जन्म, विवाह, सीताहरण, जटायु प्रसंग, महिरावण, रावण वध, सीता की अग्निपरीक्षा, हनुमान का अन्नग्रहण, लवकुश जन्म आदि प्रसंगों को लोक रुचि के अनुसार रचा गया है। मूल आधार वाल्मीकि रामायण ही है।

कारबि रामायण में सीता का नाम छिनता कहा गया है। रामलक्ष्मण के जन्म से लेकर रावणवध और सीता के पाताल जाने की कथा को आदिवासी प्रभाव के साथ देखा जा सकता है। रावण छिनता का अपहरण

करने जाता है तो छिनता से भिक्षा के स्थान पर पानी पिलाने का निवेदन करता है। छिनता हाथ में पानी की सुराही लिए झोपड़ी से बाहर निकलती है। रावण कहता है– ओ माता महारानी, राम और लक्ष्मण विष्णु के अवतार हैं। जहाँ वे रहते हैं वहाँ मेरा जाना उचित नहीं है। कृपया आगे आकर पानी पिलाइए। छिनता जैसे ही लक्ष्मण रेखा के आगे आती है रावण उनका हाथ पकड़कर रावण के वेश में आकर रथ पर सवार हो जाता है। और वहीं से वन के समस्त मंडल को चेतावनी देता है कि यदि किसी ने राम लक्ष्मण को छिनता के बारे में कुछ बताया तो वह जीवित नहीं बचेगा।

रामलक्ष्मण में कलह के प्रसंग को रोचक बनाया गया है। राम लक्ष्मण को डॉटते हुए कहते हैं– तुम छिनता को अकेले छोड़कर क्यों आए। वापस जाकर यदि छिनता न मिली तो तुम्हारी मृत्यु निश्चित है। छिनता के झोपड़ी में न मिलने पर वे क्रोध से तिलमिला उठते हैं।

कारबि रामायण में अनेक नवीन उदभावनाएं लक्षित होती हैं जिनका आदिवासी समाज ही दृष्टि से बहुत महत्व है। बाइस अध्याय की इस रामायण में आरंभ के चार अध्याय तो राम लक्ष्मण और छिनता (सीता) के पूर्वजन्म रहस्य और उनके जन्म की कथा पर केंद्रित है। कारबि समाज में संगीत की लोकप्रियता पर एक अध्याय पृथक है। राम का छिनता से विवाह, वनवास, सीता हरण, राम लक्ष्मण में कलह, जटायु की मृत्यु, सीता की खोज, बाली का वध तथा हनुमान की लंका यात्रा का वृतांत रोचक है। रावण के वध के पूर्व महिरावण का वध बताया गया है। सीता की अग्निपरीक्षा की कथा के बाद हनुमान द्वारा अन्नग्रहण का प्रसंग भी नवीन एवं मौलिक है। लवकुश का जन्म और सीता के पातालप्रवेश की कथा भी किंचित नवीनता के साथ प्रस्ततु की गई है।

कारबि रामायण में असमिया जनजाति की मान्यताओं के चित्र भरे पड़े हैं तथा संगीत के साथ इसे लोकरंग में प्रस्तुत किया जाता है।

प्रकाशक : भुवनवाणी ट्रस्ट, लखनऊ

माधवकंदली रामायण

(असमिया रामायण)

माधवकंदली

असमिया से हिन्दी अनुवाद : *नवारुण वर्मा (1980 ई.)*

संस्कृत से किसी भी अन्य भारतीय भाषा में अनूदित यह प्रथम रामायण है। इदसे सप्तकांड रामायण भी कहा जाता है। वाल्मीकि रामायण की ख्याति के कारण असम के राजा महामाणिक्य (1330-1370 ई.) ने अपनी भाषा में रामायण सुनने की इच्छा व्यक्त की। उनके राजकवि माधवकंदली ने राजा की इस इच्छा को पूरा किया। वाल्मीकि रामायण का अनुवाद करते हुए उन्होंने लिखा - वाल्मीकि रामायण का जो अर्थ अपनी बुद्धि के अनुसार समझा उसे ही संक्षेप पदों में रचा। समस्त रसों को कौन जान सकता है? पक्षी अपने पंखों के अनुसार ही उड़ सकता है, ठीक उसी प्रकार लोकव्यवहार की दृष्टि से कहीं कथा को बढा़या गया तो कहीं छोटा किया गया है। उनके द्वारा रचित रामायण के पाँच काण्ड ही उपलब्ध हुए। इसमें 5226 छंद थे। कहा जाता है कि किसी ने आदिकांड तथा उत्तरकांड को नष्ट कर दिया था। शंकरदेव ने 1550 ई. में उत्तरकांड तथा माधवदेव ने आदिकांड की रचना की।

सप्तकांड रामायण में राम, सीता और अन्य पात्रों का चित्रण नायक के रूप में न होकर सामान्य रूप में ही किया गया है। सूर्यवंश का विवरण, दशरथ के सात सौ विवाह, दशरथ को षनि का वरदान, दशरथ के बाण से सिंधु मुनि की हत्या और श्राप, दशरथ की स्वर्गयात्रा आदि प्रसंगों में नवीनता है। असम बंगला के वैष्णवों की अपार कृष्ण भक्ति ही इसका आधार है। इस रामायण पर कृतिवास रामायण का प्रभाव देखने को मिलता है। राम के जन्म से पूर्व रानियों के स्वप्न की कल्पना का प्रभाव रघुवंश से है।

कैकेयी को राजा दशरथ ने जो दो वरदान दिये थे उसकी कथा इसमें मिलती है। पहला वर तो शम्बरासुर के साथ युद्ध के समय मिला था और दूसरा वरदान राजा दशरथ ने कैकेयी के प्रेम की पराकाष्ठा देखकर तब दिया था जब कैकेयी ने दशरथ के व्रण का पीब को अपने मुख से चूस लिया था।

इस रामायण में राजा दशरथ को शनिदेव से मिले वरदान की कथा भी है। रोहिणी-शकट-भेदन के कारण अयोध्या में बारह वर्ष के अकाल का योग था। इस विभीषिका की काट इन्द्र के पास भी न थी। राजा दशरथ अपने दिव्य रथ तथा आयुधों के साथ युद्ध के लिए साथ रोहिणी नक्षत्र के पीछे जाकर खड़े हो गए। शनि को कृतिका नक्षत्र के पश्चात रोहिणी में प्रवेश के समय वे शनि के सम्मुख युद्ध के लिए प्रस्तुत हो गए और अपना अभिप्राय प्रस्तुत किया। असुरों के संहारक अस्त्रों से सज्जित दशरथ की निडरता, पराक्रम और पुरुषार्थ को देखकर शनिदेव प्रसन्न हुए और राजा दशरथ से वरदान माँगने को कहा। राजा ने कहा- हे सूर्यपुत्र, आप शकट भेदन न करें। शनि ने कहा- तथास्तु। तुम्हारे राज्य पर बारह वर्ष तक अकाल का प्रभाव नहीं होगा। यह प्रसंग पद्मपुराणकी कथा से मेल खाता है। इस रामायण में राम की कुश निर्मित पादुकाओं का उल्लेख भी है।

शरणागति के पहले विभीषण अपनी माता तथा कुबेर के पास अनुमति लेने जाते हैं। सम्पाति और सुपार्श्व के संवाद का प्रसंग भी विशेष है जिसके अनुसार सुपार्श्व बताता है कि एक राक्षस को उसने एक स्त्री का हरण करते ले जाते हुए देखा है। सम्पाति अपने पुत्र सुपार्श्व को दंडित करता है।

श्रीराम ने हनुमान से पूछा– हनुमान! लंका के गढ़ की स्थिति बताओ। उसकी चौढ़ाई और लम्बाई कितनी है। उसके संक्रम कितने हैं। हनुमान गढ़ का अध्ययन करके आए थे। उन्होंने बताया। चारों फाटकों पर दृढ़ किवाड़ हैं। चारों द्वार पर चार संक्रम हैं। द्वारों पर लोह यंत्र-संत्र लगे हैं। जिन पर दिन रात राक्षसों का सषस्त्र पहरा रहता है। गढ़ के चारों ओर खाई है। (पृ- 287) कुंभकर्ण द्वारा रावण को यह ध्यान दिलाना भी अत्यन्त महत्वपूर्ण है कि समुद्र पर सेतु बनाते समय ही तुमने राम की सेना को क्यों नहीं रोका। यदि सेतु ही नहीं बन पाता तो राम का लंका तक आना असंभव था।

युद्ध के दौरान मंत्र पढ़कर चुम्बक की सहायता से बाणों को निकालने की पद्धति का उल्लेख सप्तकांड रामायण में मिलता है। यही नहीं वज्रवाण बनाने की तैयारी में गाय की अस्थि, गवतेल (अरण्य तेल), हरिताल, गन्धक, अर्क, यवक्षार (सोडा, पोटेषियम) तथा लोहानली के प्रयोग का वर्णन भी इसमें किया गया है।

शंकरदेव ने अपने उत्तरकाण्ड में सीता वनवास से लेकर राम के स्वर्गारोहण तक की वाल्मीकीय रामायण के आधार पर ही कथा प्रस्तुत की है।

प्रकाशक : भुवन वाणी ट्रस्ट, लखनऊ

शत्रुंजय रामायण (असमिया)

(18 वी शताब्दी)

श्री रघुनाथ महंत

असमिया भाषा की महत्वपूर्ण रामकथाओं में शत्रुंजय का नाम विशेष है। 18वी शताब्दी में इसकी रचना रघुनाथ महंत ने की। शत्रुंजय रामायण एक खंडकाव्य है। इसका एक अन्य नाम हनुमतप्रधान भी है। इसमें हनुमान की कथा ही प्रधान है। इस रामायण में हनुमान का वीरत्व, ज्ञान बुद्धि, भक्ति एवं चातुर्य का अनोखा वर्णन है।

सर्वसुलक्षणा कमूरु की कन्या के प्रति आकृष्ट होकर वायुदेव ने विवाह का प्रस्ताव रखा किंतु मेरु और उनकी पुत्री ने प्रस्ताव को ठुकरा दिया। क्रोधित होकर वायु ने मेरु पर हमला बोल दिया। दोनो में भयानक युद्ध हुआ जिससे त्रिलोक कॉप गए। विष्णु ने दोनों का समझौता कराया। वायु मूरु पर्वत से सोने का एक श्रृंग उखाड़कर ले गया और दक्षिणी समुद्र में गिरा दिया। उस श्रृंग से स्वर्णलंका की सृष्टि हुई। वहाँ रावण और कुंभकर्ण का जन्म हुआ। उनके अत्याचार से सारा संसार पीड़ित हो गया। उनके ध्वंश के लिए देवताओं को वानर भालुओं के रूप में जन्म लेने का आदेश हुआ।

महाराज बाली दिग्विजय के लिए निकला। उनका हनुमान से साक्षात्कार हुआ। बाली ने हनुमान को पुत्र रूप में ग्रहण किया और दिग्विजय का दायित्व सौंपा। हनुमान ने अपनी शक्ति और कौशल से सभी वानर और भालू राजाओं को पराजित कर बाली के आधीन किया। बाली और हनुमान की मैत्री का यह प्रसंग अन्य रामायणों में नहीं मिलता। वायु और मेरु का युद्ध, लंका का निर्माण, रावण, कुंभकर्ण का जन्म, देवताओं को वानर होने का आदेश, बाली का दिग्विजय अभियान आदि प्रसंगों में रोचकता एवं नवीनता है।

पूर्वे प्रियव्रत राजा मनुर तनय, सात द्वीप सात सिंधु निर्मिया आछय।
सात तनयक बाण्टिदिला महारथ आठ दिशे, आठगोर दिलायोग पथ।।

(पहले मनु के पुत्र प्रियव्रत ने सात द्वीप और सात समुद्र का निर्माण किया। उन्होंने सात पुत्रों को सात द्वीपों का राजा बनाया।)। शत्रुंजय रामायण की रचना पयार छंद में है। युद्धकांड की यह कथा भी रोचक है कि वानरराज सुग्रीव जिस गज पर सवार थे उसका नाम शत्रुंजय था।

प्रकाशक : भुवनवाणी ट्रस्ट, लखनऊ

खुश्तर रामायण (उर्दू)

(रामायण नज़्म)

मुंशी जगन्नाथ खुश्तर (1864 ई.)

उर्दू की सबसे लोकप्रिय रामायण मुंशी जगन्नाथ खुश्तर ने 1864 ई. में लिखी। इसे रामायण नज़्म उर्दू हर्फ मुताबिक तुलसीदास के नाम से भी जाना जाता है। मिर्जाकासिम अली के तीन दर्जन चित्रों के माध्यम से कथानक को समझाने का प्रयास किया गया है। खुश्तर को तुलसी रामायण का उर्दू में तर्जुमा करने की प्रेरणा सरस्वती ने दी।

करे उर्दू में गर तू असको तज़्मी निहायत दिलनशीं हो और खुश आई
मजामीनों मआनी उसके हों सहल, दिलोंजाॅ से करे मकबूल हर दिल
मुस्तब हो जो वह बा नज़्मे रंगी हे नामा तेरा ता माहो परबीं।

खुश्तर की मसनबी को तर्जुमा नहीं कहा जा सकता क्योंकि उसमें पर्याप्त नवीनता एवं मौलिकता है। जनकपुर का दृश्य–

कि है एक हिन्द में शहरे जनकपुर, बहारे गुलबने हस्ती के मामूर।
बरंगे बूस्तां सर सब्जोशादाब, रबां चारों तरफ खुश चश्मए आब।
हर एक कूचा है उसका रश्के बूस्ता, बहारे बागे जन्नत उस पे कुरबां।।

राम का अवतार–

बराए कत्ले जिन्नो देवे अषरार हुआ है राम का दुनिया में अवतार

रावण द्वारा हनुमान को पकड़ने का आदेश–

सुनी रावण ने जब देवों की फर्याद किया अपने अच्छे लड़के को इरषाद।
कि लाना जिन्दा मैमूं को पकड़के सराया तां के आहन में जकड़ के।
कहा रावण ने जिस दम यह पिसर से चला दिलशाद वह हुक्मे पिदर से।।

प्रकाशक : नवलकिशोर प्रेस, कानपुर (1920 ई.)

उर्दू रामायण (उर्दू)

नवल सिंह प्रधान

अनुवाद : *कृष्ण बिहारी लाल पांडेय*

नवलसिंह प्रधान दतिया के राजा पारीछत (1801-1839) के आश्रित थे। वे निकट के ही ग्राम बलवंतपुर में रहते थे। हस्तलिखित पांडुलिपि से श्री कृष्ण बिहारी लाल पांडेय (दतिया) ने इसका लिप्यांतर किया तथा इसे पूर्णता प्रदान की। उनके द्वारा लिखित उर्दू रामायण की पुष्पिका इस प्रकार मिलती है—जहाँ तवारीख बतौर उर्दू जुबान में रामायण मेजर डंकिन मालकम साहिब बहादुर के हुक्मे मुख्तियाकार सिमथर के लाला लव नवल सींघ ने बनाई है। सन अठारा सौ चौअन सात ही अप्रैल में मुताबिक सम्वत 1911 चैत्र सुदी 9 शुकरे को तमाम हुई। इति श्री सरण रामानुजदास प्रधान नवल सिंह विरचिते उर्दू रामाइन संपूरन स्थापत।। मिती फागुन बदी 3 सम्वत 1918।।

उर्दू रामायण में राम की परम्परा में राजा अग्निवर्ण का उल्लेख होना इस तथ्य की पुष्टि करता है कि उर्दू रामायण का आधार कालिदास रचित रघुवंश है। कालिदास ने रघुवंश में जिस वंशावली का उल्लेख किया है उसमें रघुवंश के अंतिम राजा अग्निवर्ण हुए जो व्याभिचारी और अयोग्य हुए। वहीं वंश का अंत हो गया क्योंकि वे निस्संतान थे।

कथा का आरंभ शिव पार्वती के इस संवाद से होता है कि राम के अवतार का कारण क्या है? शिव जी बताते हैं कि सनकादिक ऋषि को श्रीनारायण के दर्शनों से रोकने के कारण उन्होंने जय विजय पहरेदारों को श्राप दिया था कि वे तीन जन्मों तक राक्षसों के वंश में जन्म लेते रहेंगे। वे दोनों दरबान सनकादिक के पैरों में गिर पड़े। तकसीर वार हो जाने पर उन्होंने हाथ जोड़कर कहा– जनाब, हमारा उद्धार कैसे होगा तब उन्होंने राजी होकर कह दिया–तुम्हारे वास्ते ऐसे नारायण अवतार लेकर अपने हाथों से माारकर तुम्हें हज पहुँचाएंगे। यही जय विजय हिरण्याक्ष और हिरण्यकषिपु हुए। यही जयविजय रावण और कुंभकर्ण हुए। इन्हें नारायण के अवतारों ने मारा। इसी तरह सीता की उत्पत्ति का प्रसंग आया है जब रावण ने अपने राज्य में रहने

वाले लोगों से कर माँगा तो उन्होंने अपने रक्त से भरा हुआ एक घड़ा भिजवा दिया। रावण ने इशारा समझकर उस घड़े को राज्य से दूर तिरहुत राज्य की सीमा में गड़वा दिया। जब राजा जनक ने यज्ञार्थ हल चलाया तो उस घड़े से सीता प्रकट हुई।

लेखक ने इस ग्रंथ को तवारीख (इतिहास) कहा है। इतिहास की तिथियों के माध्यम से रामायण के समय को बताने का यह प्रयास उनकी मौलिकता और खोजपरकता थी। पौष कृष्ण पंचमी को राम ने समुद्र से रास्ता माँगा। चौदस को रामेश्वर की स्थापना की। पौष शुक्ल द्वितीया को सेतु से चार दिन में सेना समुद्र के पार उतर गई। तृतीया के दिन सुबह से लंका की मोर्चाबंदी हुई। आठ दिन तक रावण अनभिज्ञ रहा। एकादषी को उसका एक गुप्तचर राम की सेना का पता लगाने आया। सुग्रीव ने दो दिन सैन्य व्यूह की रचना की और सबको तैनात किया। माघ कृष्ण प्रथमा को राम ने अंगद को दूत बनाकर भेजा। द्वितीया से सात दिन तक भीषण युद्ध हुआ। नवमी को मेघनाद युद्ध में उतरा। हनुमान ने द्वादषी को धुम्राक्ष और त्रयोदशी को अकम्पन को मारा। शुक्ल चतुर्थी से चार दिन चार रात कुंभकर्ण को जगाया गया। इस अवधि में युद्ध बंद रहा। कुभकर्ण का वध करने में राम को छह दिन लगे। राम और रावण का युद्ध अठारह दिन और अठारह रात तक चलता रहा। रावण की मृत्यु चैत्र शुक्ल चतुर्थी की रात में हुई।

इसी तरह का अन्य विवरण भी उर्दू रामायण में मिलता है। हनुमान ने ब्राहमण का रूप रखकर नंदीग्राम में राम के आने की खबर सुना दी। "भरत सौ मुसस्सल हाल रस्ता को बयान कर प्रागराज में भारद्वाज के आश्रम में उतरे बताए'। कहा था के पांचे के रोज यहाँ दाखिल होंगे।" मथुरा के राजा लवणासुर के अत्याचार करने पर शत्रुध्न उसे मारते हैं।

उर्दू रामायण का भाषा पक्ष रोचक है जहाँ मिश्रित शब्दावली का उपयोग किया गया है।

हस्तलिखित अप्रकाशित पुस्तक, हाथीखाना, दतिया

रामावतारचरित

(काश्मीरी रामायण)

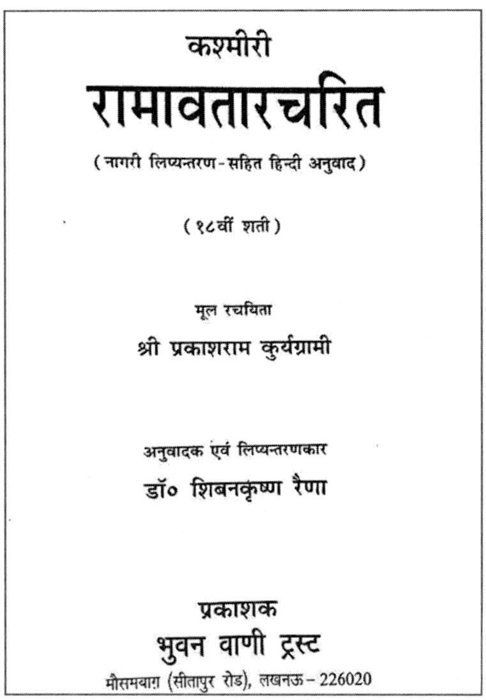
कश्मीरी

रामावतारचरित

(नागरी लिप्यन्तरण-सहित हिन्दी अनुवाद)

(१८वीं शती)

मूल रचयिता

श्री प्रकाशराम कुर्यग्रामी

अनुवादक एवं लिप्यन्तरणकार

डॉ० शिबनकृष्ण रैणा

प्रकाशक

भुवन वाणी ट्रस्ट

मौसमबाग़ (सीतापुर रोड), लखनऊ - 226020

पं. प्रकाशराम कूर्यग्रामी

काश्मीर का प्रतिनिधित्व करने वाली रामायण रामावतारचरित है जिसे 1847 ई. में पं. प्रकाशराम ने मात्र 28 वर्ष की आयु में रच दिया। पं. प्रकाश राम का नाम ही कहीं कहीं दिवाकर प्रकाश भट्ट के रूप में भी मिलता है। रामावतारचरित की हस्तलिखित प्रति पर सं. 1904 अंकित है। इन्हीं का एक लघुग्रंथ लवकुश चरित भी है जिसे प्रकाशक प्रायः रामावतारचरित के अंत में साथ ही प्रकाशित कर देते हैं। इसका आधार वाल्मीकि तथा अध्यात्म रामायण है। ग्रंथ के प्रारम्भ में कवि ने ईशवंदना इस प्रकार की है–

नमो नमो गजेन्द्राय एकदंतधराय च
नमो ईश्वर पुत्राय श्रीगणेशाय नमो नमः,
गोडन्य सपनुन शरण श्री राज गणीशस
करान युस छुं रख्या यथ मनुष्य लूकस,
दोयिम कर सतगोरस पननिस नमस्कार
दिथि सुय गोर पनुन येमि बवसरि तार।

(सर्वप्रथम गणेश की शरण में वंदन है जो इस मनुष्य-लोक की रक्षा करते हैं। पुनः गुरुदेव का वंदन जो भवसागर से पार लगाने वाले हैं।) तुलसी की तरह ही प्रकाशराम की भक्ति दास्य-भाव की है। शिवपार्वती संवाद से आरंभ इस रामायण के आठ काण्डों को 56 रोचक उपशीर्षकों में बॉटा गया है जैसे - विश्वामित्र के यज्ञ की रक्षा, भरत को खड़ाऊं देना, शूर्पणखा को सजा देना, जटायु से युद्ध, सीता का कैद होना, लंका की तरफ फौजकषी, कुभकर्ण के साथ जंग, मक्केश्वर का किस्सा आदि। लंका के विषय में एक रोचक कथा है। गरुड़ ने एक दिन कश्यप से कुछ खाने को माँगा। कश्यप ने सामने दिख रहे एक बड़े हाथी की तरफ इशारा कर दिया। गरुड़ ने अपने पंजे में उस हाथी को दबोचा और वृक्ष की एक डाल पर बैठकर खाने का

उपक्रम करने लगा। तभी वह डाल टूटने को हुई। पृथ्वी के धँसने की आशंका के कारण गरुड़ ने उस डाल को समुद्र में डाल दिया। वह स्थान लंका कहलाया। विश्वकर्माजी ने इसे नग में अंगूठी के समान बना दिया। इधर पार्वती ने शिवजी से कहकर विश्वकर्मा से अपने लिए एक भवन बनवाया। गृहप्रवेश के उत्सव में रावण भी अतिथियों में था। लंका के वैभव ने उसे मोह लिया और बाद में रावण ने शिव से लंका ही माँग ली। तब से शिव और पार्वती पर्वतों में घूमने लगे।

शिवजी ने जनक को धनुष इसी शर्त पर दिया था कि जो उसे चढ़ा सके, वही सीता के साथ विवाह करे। राम के वनवास जाने को रोकने के लिए नारद भी निवेदन करते हैं।

काश्मीरी उच्चारण के कारण पात्रों के नाम बदल गए हैं जैसे– इंद्रजीत-इंद्रजेठ, संपाति-सम्पाठ, जटायु-जटायन, कैकेयी-कीकी आदि। नल का नाम बल है जिसने धोबी के कपड़े धोने का पत्थर पानी में फेंक दिया था। ऋषि ने धोबी की शिकायत पर यह व्यवस्था की कि नल (बल) जो भी वस्तु पानी में फेंकेगा वह तैरती रहेगी। अशोकवन लंका में कवि उन सारे फूलों की चर्चा करता है जो काश्मीर में पाए जाते हैं। सीता के पृथ्वी में समाने की घटना को कवि ने काश्मीर के ही शंकरपुर ग्राम की घटना बताया है। (यहां के रामकुण्ड के बारे में किंवदन्ति है कि कोई आज भी वहाँ जाकर कहे कि सीता देख राम जी आए हैं तो कुण्ड के पानी में बुलबुले उठने लगते हैं)

इस रामायण में लंका में अंगद के स्थान पर हनुमान के पैरों को असुर हिलाने का असफल प्रयास करते हैं। रावण युद्धनीति का प्रयोग कर सुग्रीव को संधिपत्र लिखकर उसे लंका आकर मैत्री का प्रस्ताव देता है जिसे सुग्रीव ठुकरा देता है।

लंका में सीता को खोजते हनुमान को नारद रावणचरित सुनाते हैं। युद्ध के समय निराश रावण कैलाश यात्रा करता है। सीता को रावण की पत्नी अप्सरा मंदोदरी की पुत्री बताया गया है। राम के कीर्ति विषयक तर्क के आगे सीता कहती है कि रावण मेरे पिता हैं, मुझे उनकी इच्छा के विरुद्ध कुछ नहीं करना चाहिये।

लवकुश काण्ड में कवि प्रकाशराम ने कुछ मौलिक उदभावनाएं भी दी हैं। लव और कुश से युद्ध में राम, लक्ष्मण, भरत और शत्रुघन की मृत्यु हो जाती है। उनके मुकुटों को देखकर सीता विलाप करती है तब वशिष्ठजी अमृतवर्षा करके चारों भाइयों और सेना को जीवित कर देते हैं।

काश्मीर में अनेक रामायणग्रंथों का उल्लेख मिलता है जैसे– शंकर रामायण-पं. शंकर कौल (1870), आनंदरामावतार चरित- पं. आनंदराम राजदान (1888), विष्णुप्रताप रामायण-पंत्र विश्वम्भरनाथ कौल (1904), ताराचंद रामायण (1926), अमर रामायण (1950) आदि। इन रामायणों का प्रकाशन नहीं हुआ है और इसमें से कुछ हस्तलिखित रूप में सुरक्षित हैं।

भुवन वाणी ट्रस्ट, लखनऊ

तमिल

कम्ब रामायण (तमिल)

कवि चक्रवर्ती महर्षि कंबन

अनुवाद : *आचार्य ति. शेषाद्रि*

12 वी शताब्दी में महाकवि कम्बन ने तमिल भाषा में रामायण की रचना की। इसे इरामावतारम नाम से भी जाना जाता है। यह सर्वाधिक महत्वपूर्ण रामायण है। इस विशाल ग्रंथ में छह खंड तथा पटलम शीर्षक से 113 उपखंड हैं तथा 10500 पद्य हैं। वाल्मीकि रामायण के उत्तरकाण्ड को प्रक्षिप्त कहे जाने का एक प्रमाण यह भी है कि कम्ब रामायण में भी छह ही काण्ड हैं। चोल सम्राट के राजकवि तमिल के श्रेष्ठ कवि ओट्टक्कूत्तर ने रामकाव्य लगभग पूर्ण ही किया था कि कम्ब द्वारा लिखी रामायण की चर्चा सुनी। उसे पढ़कर इतने भावुक हुए कि अपने लेखन को तुच्छ मानकर उसे नष्ट करने लगे। कम्ब को मालूम चला तो वे उन्हें रोकने पहुँचे। किंतु युद्धकांड तक वे समाप्त कर चुके थे। माना जाता है कि यह बचा हुआ भाग ही कम्ब रामायण का उत्तरकांड है।

राम और उनके भाइयों के विवाह में सभी माताएं एवं स्त्रियां बारात में मिथिला जाती हैं।

कम्ब की रामायण में रावण सीता का स्पर्श नहीं करता। वह कुटिया सहित सीता को उठाकर ले जाता है। सुंदरकांड में सीता हनुमान को अशोक वाटिका में यथावत् स्थित उस पर्णकुटी को दिखाती है। यह इस ग्रंथ की मौलिकता है। कंब को इसका संदर्भ आध्यात्म रामायण में मिला। रावण ने सीता के पैरों तले की भूमि को नखों से विदीर्ण कर हाथों में उठा लिया और भूमि सहित सीता को पुष्पक विमान में रख लिया। कैलाश पर्वत को उठाने वाले रावण के लिए यह असंभव नहीं। रावण की मृत्यु के पूर्व ही मंदोदरी रोती हुई मर जाती है। वह विधवा नहीं हुई। उत्तरकांड के अनुसार सहस्त्रमुख रावण ने ब्रह्मा से कई वरदान प्राप्त कर रखे थे। उनका सेनाध्यक्ष बाण था। बाण के नेतृत्व में सहस्त्रमुख रावण ने सारे संसार को भयभीत कर रखा था। लंका के राजा विभीषण के पुत्र से सुग्रीव की पुत्री का विवाह हुआ था। कम्ब रामायण में सीता हनुमान

से कहते हैं कि राम के दिव्य कानों में तुम एक रहस्य की बात कहना– 'जब अपने मेरा पाणिग्रहण किया था तब अपना यह निश्चय सुनाया था कि इस जन्म में दो स्त्रियों का मैं मन से भी स्पर्श नहीं करुंगा। यह मेरे लिए वरदान वाक्य था।'

क्रम्ब ने शूर्पणखा प्रसंग का अति विस्तृत वर्णन किया है। लक्ष्मण और सीता की अनुपस्थिति में शूर्पणखा राम से प्रणय निवेदन करती है। अपने विवाह प्रस्ताव को युक्तिसंगत सिद्ध करने के लिए वह तर्क भी देती है। राम द्वारा अस्वीकार किए जाने पर वह चली जाती है पर विरहताप में छटपटाती रहती है। किंतु पुनः सीता को अपने प्रेम मार्ग में बाधक मानकर उसे उड़ा ले जाने की योजना बनाती है। जब लक्ष्मण को न देख वह सीता पर झपटती है तो झुरमुट से सीता की देखभाल कर रहे लक्ष्मण उसका पदाघात कर देते हैं। जब वह लक्ष्मण को ही उड़ा ले जाने का प्रयास करती है तो लक्ष्मण उसका अंग-भंग कर देते हैं।

रावण से युद्ध के पूर्व श्रीराम समुद्र के किनारे रामेश्वरम में शिवपूजन की योजना बनाते हैं। इसके लिए एक योग्य एवं विद्वान आचार्च पुरोहित की आवष्यकता थी। कथा है कि पुरोहित के रूप में रावण को ही आमंत्रित करने का विचार किया गया। जामवंत को यह दायित्व दिया गया कि वह रावण को इस यज्ञ हेतु आमंत्रण दे। जामवंत कुभकर्ण की ही तरह बड़े डीलडोल वाले थे। उनका समाचार सुन रावण स्वयं द्वार पर आया और जामवंत जी का अभिवादन किया। जामवंत ने कहा - राजन ! मैं श्रीराम का दूत बनकर आया हूँ। आपका इस तरह स्वागत करना उचित नहीं। रावण ने कहा - आप मेरे पितामह के भाई हैं। महल में पधारकर आसन ग्रहण करें।

जामवंत ने आसन ग्रहण किया तथा कहा- श्रीराम भगवान शिव के विग्रह का पूजन कर रहे हैं। पुरोहित के रूप में हमें एक शैवज्ञ ब्राहमण पुरोहित की आवष्यकता है। आप यह दायित्व स्वीकार करें ऐसा अनुरोध है।

रावण ने कहा– क्या यह आयोजन लंका पर विजय हेतु किया जा रहा है। जामवंत ने कहा हां। रावण ने कहा - यदि मैं आपको बंदी बना लूं तो। जामवंत ने कहा - संसार में मुझे निरुद्ध करने का सामर्थ्य किसी में नहीं है। जामवंत ने यह भी कहा कि मैं इस समय एक विशिष्ट यंत्र के साथ यहाँ उपस्थित हूँ। आपसे जो चर्चा कर रहा हूँ, उसे लक्ष्मण भलीभाँति देख और समझ रहे हैं। रावण ने मंत्रणा और विमर्श के बाद जामवंत के अनुरोध को स्वीकार कर लिया।

रावण वध के बाद श्रीराम पुष्पक विमान से अयोध्या लौटते हैं। त्रिजटा को सीताजी आशीर्वाद देती हैं कि तुम संकट रहित हो। अब तुम लंका में देवी के समान रहो।

पुष्पक विमान अंडाकार था और उसमें असीमित लोगों के बैठने की व्यवस्था थी। श्रीराम ने विभीषण से कहा कि तुम लंका पर राज्य करते हुए अपने देशवासियों की प्रशंसा के पात्र बनो। श्रीराम ने सुग्रीव, जाम्बवान, नील तथा हनुमान आदि सभी वानर समूहों को अपने-अपने स्थान पर लौट जाने को कहा तो वे सभी रोने लगे और दुखी हो गए। सुग्रीव आदि वानरों ने कहा कि हम आपका अयोध्या में राज्याभिषेक का उत्सव देखना चाहते हैं। इस उत्सव को देखकर ही हमारी थकान दूर होगी। श्रीराम ने उन सभी को विमान में बैठा लिया। भारद्वाज आश्रम में पुष्पक से उतरकर सबने भारद्वाज मुनि का आशीर्वाद लिया।

श्रीराम ने हनुमान जी को भाई भरत के पास जाने को कहा कि तुम जाकर हमारे आगमन की सूचना दो। मेरे समय पर न पहुंचने पर वह दुखी है। श्रीराम ने हनुमानजी को एक अंगूठी दी कि तुम भरत को यह दे देना।

श्रीराम नियत समयावधि में अयोध्या नहीं पहुंचे तो भरतजी ने शत्रुघन से कहा - श्रीराम नहीं आए हैं, इसलिए मैं जलती आग में कूदकर प्राण त्याग दूंगा। तुम राजा बन जाओ। छोटे भाई ने कहा कि क्या मैं निर्लज्ज होकर राजा बनूंगा। कौशल्या समाचार सुनकर विलाप करती हुई आईं।

इतने में भीड़ में हनुमानजी ने जोर से कहा- आर्य पधार चुके हैं। हनुमानजी ने आग बुझा दी और बोले कि अभी दिन बीत जाने में चालीस घड़ी शेष है। सूर्य उदयगिरि पर उदित न हो तब तक मेरी बात पर विश्वास कीजिए। कम्ब रामायण एक अत्यन्त महत्वपूर्ण और विविध संदर्भयुक्त रामायण है। यद्यपि उत्तर भारत की प्रचलित मान्यताओं से अनेक मतान्तर भी स्पष्ट दिखाई देता है।

प्रकाशक : भुवन वाणी ट्रस्ट, लखनऊ

भानुभक्त रामायण (नेपाली)

भानुभक्त

नेपाल में रामकथा पर आधारित सर्वाधिक लोकप्रिय ग्रंथ महाकवि भानुभक्त रचित नेपाली रामायण है। जिसका रचना समय 1853 ई. है। भानुभक्त संस्कृत के प्रकांड विद्वान कवि हैं। रामचरितमानस की ही तरह नेपाल के मंदिरों में भानुभक्त रामायण का कीर्तन एवं पाठ होता है। यह रामायण सात कांडों में है तथा इसमें 1317 पद हैं। भानुभक्त रामायण की कथा का आधार मुख्यत: अध्यात्म रामायण है। कथा का विकास शिवपार्वती संवाद के माध्यम से है। पार्वती राम के ब्रह्मत्व पर शंका करती है कि यदि वे ब्रह्म हैं तो नारी (सीता) वियोग में दुखी क्यों है ?

सीता रावणलै जसै हरि दियो टूलै विपत्मा परया।
इना यो सब देखियो त कसरी जान्नू इ ईश्वर भनी।।

नेपाली रामायण के राम ब्रह्म की तरह व्यवहार करते हैं। राम को ज्ञात है कि वे भू भार को हरने के लिए अवतरित हुए हैं। अपने ब्रह्मत्व का परिचय वे सीता और लक्ष्मण को भी देते हैं। विश्वामित्र भी राम को प्रणाम करते दिखते हैं।

गर्नन आदर भक्ति ले हजूर को सामने हुन्या छन् खड़ा।

नेपाली संस्कृति के अनुरूप राजकुमारों के जातकर्म, व्रतबंध एवं विवाह संस्कारों का वर्णन है। वर्णाश्रम रामराज्य का वर्णन भी भानुभक्त ने किया है। राम स्वयं ही बाली से धर्म की स्थापना हेतु अवतार की बात कहते हैं -

धर्म स्थापन गर्नलाइत यहाँ औतार भैले लिया।

भानुभक्त रामायण पर अध्यात्म रामायण का प्रभाव इतना अधिक है कि कहीं कहीं इसकी पंक्तियां ज्यों की त्यों नेपाली में मिलती है किंतु कथा नें मौलिकता है। अध्यात्म रामायण में राम की स्तुति 19 श्लोकों में की गई है जबकि नेपाली रामायण में इसे एक पंक्ति में ही पूरा कर दिया गया है।

पूजा स्तुति गरेर राम सित बिदा मागली पतिथ्यैं गइन।

अहिल्या उद्धार, सरस्वती द्वारा कैकई और मंथरा का हृदय परिवर्तन, लक्ष्मण और निषादराज गुह का दार्शनिक संवाद, खरदूषण वध होने पर रावण को ज्ञात हो जाना कि ब्रह्म का पृथ्वी पर अवतार हो चुका है, आदि प्रसंग तुलसी के मानस की भांति ही हैं। सुंदरकांड में दार्शनिक विवेचन कथा के अनुपात से बहुत अधिक विस्तार के साथ है। सीताहरण, लक्ष्मणमूर्छा, सीतात्याग आदि भावपूर्ण प्रसंगों का उल्लेख भर है। सीता को माया लक्ष्मी तथा जगदंबिका का रूप कहा गया है -

मूलशक्ति प्रभु की अनन्त गुण की सो दिव्यमूर्ती बनी।
माया मोरि सिता, भयेर रहनिन छोरी जनक की भई।।

बालकांड का आरंभ शिव पार्वती संवाद से हुआ है। पुत्रेष्टियज्ञ के बाद रामजन्म, विश्वामित्र आगमन, ताड़का वध, अहिल्या उद्धार, धनुष यज्ञ तथा राम विवाह का वर्णन है।

अयोध्याकांड में राज्याभिषेक की तैयारी, कैकेयी कोप, राम वनवास, दशरथ निधन, भरत मिलाप, अत्रि आश्रम का वर्णन है।

अरण्यकांड में विराध वध, शरभंग, सुतीक्ष्ण, अगस्त्य ऋषियों से मिलना, पंचवटी निवास, शूर्पणखा प्रसंग, मारीच वध, सीता हरण जटायु तथा शबरी उद्धार की कथा है। किष्किन्धाकांड में सुग्रीव मिलन, बाली वध, सीता की खोज तथा स्वयंप्रभा और सम्पाति की कथा है। सुंदरकांड में हनुमान का लंका जाना, अशोकवाटिका में सीता से भेंट लंकादहन का वर्णन है। युद्धकांड में वानरसेना के साथ राम का लंका प्रयाण, विभीषण शरणागति, सेतुबंध, राम रावणयुद्ध, विभीषण का अभिषेक, सीता की अग्निपरीक्षा तथा राम का राज्याभिषेक वर्णित है।

उत्तरकांड में रावण, बाली और सुग्रीव के पूर्वजन्म की कथा, सीता वनवास, अश्वमेध यज्ञ तथा राम लक्ष्मण के महाप्रस्थान की कथा है।

भानुभक्त रामायण में अनेक मौलिक उदभावनाएं की गई हैं तथा हास्य प्रसंग भी हैं - रावण चालू भाषा में सीता को मसालेदार सब्जी की तरह खा जाने को कहता है।

तरकारी भटुवा बनाउनु असल मीठा मसाला धरी।

श्री सूर्यविक्रम ज्ञवाली द्वारा हिन्दी में अनुवादित एवं सम्पादित भानुभक्त रामायण की भूमिका उत्तरप्रदेश के तत्कालीन राज्यपाल और विद्वान साहित्यकार श्री कन्हैयालाल माणिकलाल मुंशी ने लिखी।

प्रकाशन : भुवनवाणी ट्रस्ट, लखनऊ

हिन्दी भाषा और बोलियाँ

- रामायणकथा
- बरवै रामायण
- जानकी मंगल
- कुण्डलिया रामायण
- घटरामायण
- रामचन्द्रिका
- अवधविलास
- जानकीरामायण
- रामरसायन
- मैथिली रामायण
- राम प्रताप
- रामार्णव
- श्रीमद् देवकृत रामायण
- राधेश्याम रामायण
- रामस्वयंवर
- कुश रामायण

रामायणकथा

(15 वी शती)

विष्णुदास

सम्पादक : *पं. लोकनाथ द्विवेदी सिलाकारी*

पन्द्रहवी शताब्दी में हिंदी में विष्णुदास रचित रामायणकथा अब तक की सबसे प्राचीन और स्वतंत्र रामकथा है। आंरभिक हिन्दी में रामकथा का यह प्रथम व्यवस्थित काव्य है। कवि विष्णुदास गोपाचलगढ़ (ग्वालियर) के निवासी तथा तोमर राजवंश के राजा डोंगरसिंह के राजकवि थे। उनके रामायणकाव्य पर सं. 1442 तिथि अंकित है। सागर विश्वविद्यालय में इसकी एक पांडुलिपि मिलती है। विष्णुदास का उल्लेख मिश्र बंधुओं द्वारा रचित कृति मिश्रबंधु विनोद में भी मिलता है, जो कि पारम्परिक रूप से भारतीयों द्वारा हिंदी साहित्य के इतिहास की पहली कृति मानी जाती है।

दोहे, चौपाई, छंद और श्लोक का प्रयोग विष्णुदास ने तुलसीदास के 150 वर्ष पूर्व ही कर लिया था। रामायणकथा तीन काण्ड की राम कथा है। इसमें बालकाण्ड, सुंदरकाण्ड और उत्तरकाण्ड हैं। बालकाण्ड में प्रारंभ से किष्किन्धाकाण्ड तक की कथा, सुंदरकाण्ड में राज्याभिषेक तक की कथा तथा उत्तरकाण्ड में रावणवध तथा राम के स्वर्गारोहण तक की कथा वर्णित है।

आरंभ में देवता राक्षसों के आतंक से मुक्त होने की प्रार्थना ब्रहमाजी से करते हैं।

रावन सरवस भौ अति बरी, तेहि सम्पति देवनि की हरी।
सुरनि सतावै करत न संक, दुर्गम ठौर रहे गढ़ लंक।। (बालकाण्ड 3)

बालकाण्ड में 31 सर्ग हैं - हनुमान के लंका प्रस्थान तक की घटनाएं इसमें हैं। सर्ग के शीर्षकों को रोचक नाम दिये गए हैं यथा - श्रृंगी के आगमन के बारे में दशरथ की मंत्री से मंत्रणा, तारा का विलाप।

सुंदरकाण्ड में 13 सर्ग हैं- हनुमान का लंका अभियान, युद्ध का विवरण और रावण वध के बाद राम का राज्याभिषेक। उत्तरकाण्ड में 9 सर्ग हैं जिसमें राक्षसों की उत्पत्ति, अहिल्या की कथा, सीता निर्वासन, शूद्र का वध, लवकुश को राज्य सौंपना आदि कथा है।

चले कुंवर ता तीरथ न्हाइ, रिषि बहुरे मारग दिषराइ।
चलत चलत जमना पौहचीयौ, ढीवर बोलि नाव चढ़ि लीयौ।।

भाषा बुंदेली है। छंदों की संख्या 3410 है। कुछ श्लोक वाल्मीकि रामायण के ही हैं। चौपाई, दोहा और छंद में कथा का प्रवाह है। काव्य के प्रत्येक सर्ग का विस्तार अलग-अलग है और ऐसा प्रतीत होता है कि लोकप्रिय प्रसंगों को अधिक महत्व दिया गया है। रामराज्य की अवधारणा के सूत्रों को कवि ने सुंदर अभिव्यक्ति दी है।

रोग शोक आपदा न होई, विधवा नारि न दीखत कोई।
परजा चरन सकल विधि धरै, परधन लोंाी न कोउ धरे।।
मीत्र अराज होइ नहिं काल, नित मांगे धन बरसे माल।
कछू अनीत न होइ अकाज सात दीप में पाजत राज।।

अंतिम सर्ग में राजसभा में विमर्श करते समय ही आकाशवाणी के द्वारा उन्हें ज्ञात होता है कि उनके स्वर्ग प्रस्थान का समय आ गया हे और वे लव और कुश को राज्य सौंप देते हैं। काल का दूत के रूप में आना, दुर्वासा ऋषि प्रसंग के पश्चात राम स्वर्गारोहण करते हैं। यह कथा 90 छंदों में विस्तार से वर्णित है। सुन्दरकाण्ड में राम और रावण के बीच सीधे संघर्ष की कहानी है। इसका विस्तार अधिक है। भाषा की दृष्टि से भी इसका अधिक महत्व है। रामायन कथा के सभी पात्र अवतारी हैं - इंद्र, सूर्य और पवन क्रमश: बाली सुग्रीव और हनुमान के रूप में अवतरित हुए हैं।

सीता माया करि अवतार, रामचन्द्र त्रिभुवन अवतार।

प्रकाशन : हिन्दी साहित्य भवन, प्रयागराज (1972)

बरवै रामायण

गोस्वामी तुलसीदास

तुलसीदास रचित इस लघुरामायण का वैभव महत्वपूर्ण है। बरवै रामायण का रचना विधान सातकाण्डों की योजना पर ही है तथापि कुल 15 पृष्ठों की इस लघु रामायण की रोचकता मनमोहक बरवै छंद के कारण है। इसका रचनाकाल सं0 1669 है तथापि इस लधु रचना में छंदों का संकलन अधिक प्रतीत होता है और इसीलिए इसकी कोई निश्चित अवधि नहीं कही जा सकती।

बरवै अर्द्धसममात्रिक छंद है। इसके प्रथम और तीसरे चरण में 12 मात्राएं तथा द्वितीय एवं चतुर्थ चरण में 7 मात्राएं होती है। समचरणों के अंत में जगण (लघु गुरु लघु) होता है।

कथा स्फुट प्रकृति में है। मंगलाचरण नहीं है। बालकांड में 11 छंद (सीता राम के सौंदर्यवर्णन के साथ धनुषयज्ञ की कथा का संकेत मात्र है), अयोध्याकांड में 8 छंद (कैकेयी क्रोध, वनयात्रा, वनवासी चर्चा), अरण्यकांड में 6 छंद (शूर्पणखा कूट, स्वर्ण मृग, सीता वियोग), किष्किन्धाकांड में मात्र 2 छंद (सुग्रीव राम मैत्री), सुन्दर कांड में 6 छंद (सीता राम विरह वर्णन, लंका कांड में 1 छंद (सेना वर्णन) तथा उत्तरकांड में 27 छंद (चित्रकूट महिमा, शान्त रस वर्णन) हैं। इस तरह बरवै रामायण में कुल 69 बरवै हैं।

चंपक हरवा अंग मिलि अधिक सोहाइ।
जानि परै सिय हियरे, जब कुंमभिलाइ।।

(गले में चंपक माला उनके अंग की कांति से मिल जाती है, यह तभी समझ में आता है जब उस माला के सुमन कुम्हिला जाते हैं)

राम भरोस नाम बल रामसनेहु। जनम जनम रघुनंदन, तुलसी देहु।।
बड़े नयन कुटि भृकुटी भाल बिसाल। तुलसी मोहत मनहि मनोहर बाल।।

(बालक श्रीराम के नेत्र बड़े-बड़े हैं, भौंहें टेढ़ी हैं, ललाट विशाल (चौड़ा) है, यह मनोहर बालक मन को मोह लेता है।)

बालकांड में प्रभु राम के मधुर मुस्कान पर यह छंद अदभुत है।

तुलसी बंक बिलोकनि, मृदु मुसकानि।
कस प्रभु नयन कमल अस, कहौं बखानि।।

प्रभु की चितवन तिरछी है, अधर पर मन्द-मन्द मुस्कान खेल रहीं हैं, किन्तु इन नैनों को कमल कैसे कहूं? क्योंकि कमल तो रात्रि में मुरझा जाते हैं किंतु हरि के नयन सदा खिले रहते हैं।

लंकाकाण्ड से केवल एक ही बरवै है जिसमें सेना का वर्णन है। बालकाण्ड के प्रारंभ में सीता और राम के सौंदर्य का वर्णन है। यहाँ न रामजन्म का उल्लेख है, न विश्वामित्र आते हैं, न अहिल्याउद्धार का प्रसंग है। एक ही छंद में धनुषभंग हो जाता है -

नृपनिरास भये निरखत नर उदास। धनुष तोरि हरि सब कर होठ हरास।।

बरबै रामायण में भरत का नाम एक बार भी नहीं आया। शूर्पणखा प्रसंग, हेमहरिण प्रसंग तथा मारीच वध के लिए एक एक छंद है। लंकाकाण्ड से केवल एक ही बरबै है जिसमें सेना का वर्णन है। उत्तर कांड में आत्म निवेदन भक्ति तथा राम नाम महिमा का निरूपण किया है।

विविध वाहिनी बिलसति सहित अनंत। जलधि सरिस को कहै राम भगवंत।।

केवट गंगा पार बिना पैर धोए नहीं करा रहा था। उसे भय है कि इनके चरण- धूलि से कहीं मेरी नाव कहीं नारी बन गई तो मेरा और मेरे परिवार का क्या होगा।

तुलसी जनि पग धरहु गंग मह सांच।
निगा नांग करि नितहि नचाइहि नाँच।।

भला साथ में दूसरी नारी देख कर मेरी पत्नी रोज नंगा कर नाच नहीं नचायेगी?।

कहा जाता है कि बरवै छंद की उत्पत्ति तुलसीदास के मित्र कवि रहीम ने की थी। उनके आग्रह पर तुलसी ने इस छंद का प्रयोग किया।

कवि रहीम बरवै रचे पठये मुनिवर पास।
लखि तेइ सुंदर छंद में रचना किए प्रकास।।

प्रकाशक : गीताप्रेस, गोरखपुर

जानकी मंगल

गोस्वामी तुलसीदास

गोस्वामी तुलसीदास जी द्वारा रचित इस लघुग्रंथ जानकी मंगल (सं. 1643) में जैसा कि नाम से ही स्पष्ट है कि इसमें जानकी सीता तथा पुरुषोत्तम राम के विवाह मंगल का मधुर शब्दों में वर्णन किया है। 216 छंदों में 192 अरुण और 24 हरिगीतिका छंद हैं। ग्रंथ का आरंभ मंगलाचरण से और अंत मंगलकामना से होता है। जनकपुर में स्वयंवर की तैयारी से आरंभ करके विश्वामित्र द्वारा राम और लक्ष्मण को अयोध्या से जनकपुर तक लाने, यज्ञ रक्षा करवाने, धनुषभंग करने एवं सीता के विवाह तक की कथा है। लग्नपत्रिका तथा तिलक सामग्री लेकर जनक पुरोधा महर्षि शतानंद के अयोध्या जाने, दशरथ द्वारा बारात लाने और सीता राम के विवाह की कथा है। बारात के वापस जाने पर रास्ते में परशुराम से भेंट एवं अयोध्या वापसी की कथा भावमया है। रामचरितमानस का प्रभाव इतना है कि कहीं कहीं तो ज्यों के त्यों शब्द आ गए हैं। मानस में सीता राम विवाहवर्णन से बहुत अन्तर दिखाई देता है। वेणीमाधवदास के अनुसार - तुलसीदास ने 1641 में वाल्मीकि रामायण की प्रतिलिपि की थी। संभवत: उसी का प्रभाव जानकीमंगल में देखने को मिलता है। इसमें परशुराम लक्ष्मण संवाद है ही नहीं।

पंथ मिले भृगुनाथ हाथ फरसा लिए, डाटहिं आँखि देखाइ कोप दारुन किए।
राम कीन्ह परितोष रोष रिस परिहरि, चले सौंप सारंग सुफल लोचन करि।
मंगलाचरण में वे गणपति सहित समस्त देवों की वंदना करते हैं।
गुरु गनपति गिरिजापति गौरि गिरापति। सारद सेष सुकबि श्रुति संत सरल मति।।
हाथ जोरि करि बिनय सबहि सिर नावौं। सिय रघुबीर बिबाहु जथामति गावौं।।

(गुरु, गणपति, गणेश जी, शिव जी, पार्वती जी, वाणी के स्वामी बृहस्पति अथवा विष्णु भगवान, शारदा, द्वेष, सुकवि, वेद और सरलमति संत - सबको हाथ जोड़कर विनयपूर्वक सिर नवाता हूँ और अपनी बुद्धि के अनुसार श्री रामचन्द्र जी और जानकी जी के विवाहोत्सव का गान करता हूँ। (जानकी मंगल 1-2)

तहँ बस नगर जनकपुर परम उजागर। सीय लच्छि जहँ प्रगटी सब सुख सागर।।
जनक नाम तेहिं नगर बसै नरनायक। सब गुन अवधि न दूसरे पटतर लायक।।

(वहाँ (तिरहुत देश में) जनकपुर नामक एक प्रसिद्ध नगर बसा हुआ था, जिसमें सुखों की समुद्र लक्ष्मी स्वरूपा श्रीजानकीजी प्रकट हुई थीं। उस नगर में जनक नाम के एक राजा निवास करते थे, जो सारे गुणों की सीमा थे और जिनके समान कोई दूसरा नहीं था।)

भयउ न होइहि है न जनक सम नरवइ। सीय सुता भइ जासु सकल मंगलमइ।
नृप लखि कुँअरि सयानि बोलि गुर परिजन। करि मत रच्यौ स्वयंबर सिव धनु धरि पन।

(जनक के सामन नरपति न हुआ, न होगा, न है जिनकी पुत्री सर्व मंगलमयी जानकी जी हुईं। राजा ने राजकुमारी को वयस्क होते देख अपने गुरु और परिवार के लोगों से परामर्श कर यह शर्त रखकर स्वयंवर रचा कि जो शिव जी का धनुष चढ़ा देगा, वही कन्या से विवाह करेगा)

पनु धरेउ सिव धनु रचि स्वयंबर अति रुचिर रचना बनी।
जनु प्रगटि चतुरानन देखाई चतुरता सब आपनी।।
पुनि देस देस सँदेस पठयउ भूप सुनि सुख पावहीं।
सब साजि साजि समाज राजा जनक नगरहिं आवहीं।।

(राजा ने शिव-धनुष चढ़ाने की शर्त रखकर स्वयंवर रचा, जिसकी सजावट अत्यन्त सुन्दर थी, मानो ब्रह्मा ने अपना सम्पूर्ण कौशल प्रत्यक्ष करके दिखा दिया। फिर देश-देश में समाचार भेजा गया, जिसे सुनकर राजा लोग प्रसन्न हुए और वे सब के सब अपना साज सजाकर जनकपुर में आये।)

रूप सील बय बंस विरुद बल दल भले। मनहुँ पुरंदर निकर उतरि अवनिहिं चले।
दानव देव निसाचर किंनर अहिगन। सुनि धरि-धरि नृप बेष चले प्रमुदित मन।

(वे सुन्दरता, शील, आयु, कुल की बड़ाई, बल और सेना से सुसज्जित होकर चले, मानो इन्द्रों का यूथ ही पृथ्वी पर उतरकर जा रहा हो। दैत्य, देवता, राक्षस किन्नर और नागगण भी स्वयंवर का समाचार सुन राजवेष धारण कर-करके प्रसन्नचित्त से चले।)

प्रकाशक : गीताप्रेस गोरखपुर

कुण्डलिया रामायण

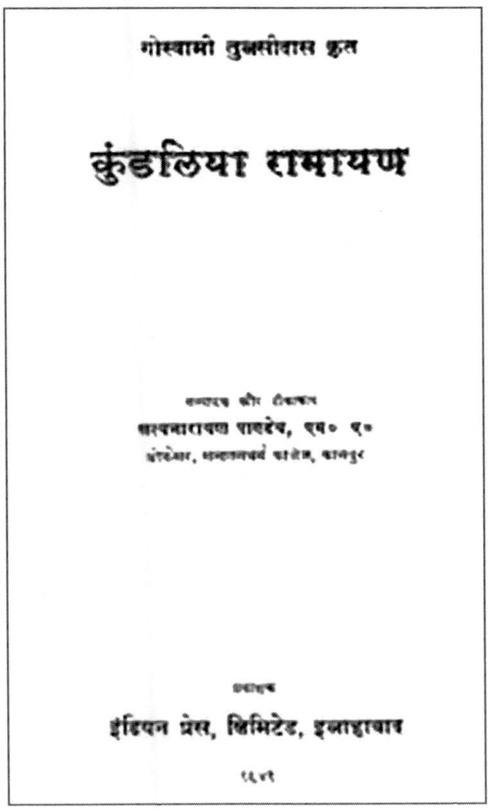
गोस्वामी तुलसीदास कृत

कुंडलिया रामायण

इंडियन प्रेस, लिमिटेड, इलाहाबाद

तुलसीदास

सम्पादक : *सत्य नारायण पाण्डे*

महावीरप्रसाद द्विवदी ने इस ग्रंथ को तुलसीदास की कृतियों में सम्मिलित किया है। कुण्डलिया छंद का सूत्रपात तुलसीदास से ही माना जाता है। छप्पय छंद से मिलते हुए इस छंद में थोड़ा-सा परिवर्तन है। छप्पय के रोला छंद में आदि की दो पंक्तियों के स्थान पर एक दोहा जोड़कर और दोहे का आदिषब्द छंद के अंत में लाकर और दोहे का अंतिम चरण रोला के आदि में दोहराकर तुलसीदास ने एक अभिनव छंद की सृष्टि की है। ये छंद भी आठ प्रकार के हैं तथा इसमें दोहा, रोला, सार तथा उल्लासा का अलग अलग तरह से मिश्रण है।

मानस में भी कुण्डलिया छंद के सूत्र दिखते हैं।

चौपाई - *मुदित देवगन रामहिं देखी, नृप समाज दुहुँ हरष बिसेखी।*

छंद - *अति हरष राज समाजु दुहुँ दिसि दुंदुभी बाजहिं घनी।*
बरषहिं सुमन सुर हरषि कहि जय जयति जय रघुकुलमनी।
एहिं भाँति जानि बरात आवत बाजने बहु बाजहिं।
रानी सुआसिनि बालि परिछन हेतु मंगल साजहिं।।

दोहा - *सजि आरती अनेक बिधि मंगल सकल सवांरि।*
चली मुदित परिछन करन गजगामिनी वर नारि।।

उक्त उदाहरण में चौपाई के अंतिम चरण का हरष छंद के आदि चरण में दुहराया गया है। छंद का अंतिम शब्द साजहिं दोहे के आदि में सजि के रूप में आया है। कुण्डलियां रामायण कुण्डलिया छंद में एकमात्र प्रबंध रचना है। इसमें सात काण्ड हैं। बाललीला, माताओं के प्रेम आदि भावों की अदभुत, तीव्र और मनोहर व्यंजना इसमें देखने को मिलती है। अयोध्या से वन जाते निषाद से भेंट का चित्रण भी मनमोहक है। लक्ष्मण को शक्ति लगने का प्रसंग विस्तार से है। कुण्डलिया रामायण की कथावस्तु पर मानस के साथ प्रसन्नराघव, अध्यात्म रामायण आदि का प्रभाव भी है। कोई नवीन घटना इसमें नहीं है तथापि घटनाओं के चयन में मानस

से अन्तर दिखता है। इसमें अयोध्या से वन जाते समय निषाद से राम की भेंट होने का उल्लेख नहीं है। पुष्पवाटिका लीला, जनक के निराशा-पूर्ण वचन आदि पर कुण्डलिया रामायण पर जयदेव के प्रसन्नराधव का प्रभाव स्पष्ट है। जनक को लक्ष्मण का ओज-पूण उत्तर हनुन्नाटक से लिया गया है। राम-वन-गमन के समय निषाद से भेट "अध्यात्मरामायण के अनुसार है। कुण्डलिया रामायण में राम के सीताहरण की सूचना जटायु से ही मिलती है। कुण्डलिया रामायण में कलियुगी राजाओं का वर्णन करते हुए वे कहते हैं-

"दान न कोनेहु काल देव गुरु पितू न मानहिं।
श्रीमद् ते मति अन्ध बेद के पंथ न जानहिं।।

सीताजी के मुख के लिए जब उन्हें कोई उपयुक्त उपमान नहीं मिलता, तो वे कहते हैं -

सीता मुख सा मुख कहीं?

भरत के प्रेम की पराकाष्ठा के लिए उनका यह पद भी बहुत सुन्दर है -

मसक अंत किमि पावई गगन उड़े करि नेम का।
तुलसीदास सठ क्यों कहे राम भरत के प्रेम का।।

राम और भरत के प्रेम का वर्णन करने में कवि उसी तरह से असमर्थ है, जैसे एक मच्छर चाहे जितना उड़ता रहे, आकाश को पार नहीं कर सकता।

कुण्डलिया रामायण के सम्बन्ध में यह भी कहा जाता है कि यह ग्रंथ सोरो निवासी एक अन्य तुलसीदास नामक कवि की रचना है। (रामअयन- डॉ. राजेश श्रीवस्तव पृ.-194)

प्रकाशक : इंडियन प्रेस लिमिटेड, इलाहाबाद (1941)

घटरामायण

तुलसी साहब

हाथरस के तुलसीसाहब निर्गुंण संत मत के एक सिद्धसाधक और साहित्य के क्षेत्र में चर्चित विद्वान हुए हैं। इनका समय 1800 से 1900 सं0 माना गया है। आचार्य रामचन्द्र शुक्ल सहित प्राय: सभी इतिहासकारों ने इनके बारे में चर्चा की है। इन्हें किंवदंतियों में गोस्वामी तुलसीदास का दूसरा जन्म कहने का प्रयास भी किया गया है। घट रामायण में सीधे-सीधे रामकथा का कोई क्रम नहीं मिलता तथापि निर्गुण भक्ति और राम के भक्ति भाव का चिंतन इसमें मिलता है।

'लखि अलष अंडन खलक खंडा पलक पर घट घट कही।'

घटरामायण रामकथा न होकर सम्पूर्ण सृष्टि के आध्यात्मिक पल्लवन की कथा है। संकेत रूप में कहीं कहीं पुराणों, धर्मकथाओं एवं चरित्रों का संदर्भ मिला है।

घट में स्वर्ग एवं नरक हैं दोई, घट में राजा हैं बलि वाबन।
घट में सीता रघुपति रावन।
ये री घट मांहि तो रामायन गाई ग्रंथप बनाई के।
पिंड पिंड ब्रह्माण्ड दिखाया तुलसी लै लाई के।।

यहां रामायन का अर्थ राम का अयन नहीं, उस अगम्य का अयन है जिसे लोग राम के रूप में जानते हैं। कहा जाता है कि तुलसीसाहब ने इस ग्रंथ की रचना सं. 1618 में कर दी थी किंतु काशी के पंडितों तथा जनसमुदाय के विरोध के कारण इसे छिपा दिया और लोगों को भ्रम में रखने के लिए सं. 1631 में प्रकाशित किया।

संवत सोला सो इकतीसा रामचरित कीन्ह पद ईसा।
ईस कर्म औतारी भावा, कर्म भाव सब जगहिं सुनावा।
जग में कगरा लाना भाई, रावण राम चरित्र बनाई।
पंडित भेस जगत सब मझारी, रामायन सुनि भये सुखारी।
अंधा अंधे विधि समुझावा, घट रामायन गुप्त करावा।।

सन्त मत की सैद्धान्तिक साधना के गूढ़ मर्म में प्रवेश करके उससे सम्बद्ध रहस्यों की व्याख्या यहाँ तार्किक, स्पष्ट, मर्मस्पर्शी तथा बोधगम्य बनाकर समझाना इस कृति का मूल मन्तव्य है।

घट रामायण में ब्रहमा जी और लोमश ऋषि का संवाद रोचक है - तुम एकादसी का व्रत करो तुम्हारी मुक्ति होगी। लोमश ऋषि कहते है कि 1000 वर्ष हमने एकादसी व्रत किया किन्तु हमें मक्खी का जन्म मिला।

पहला व्रत रविवार का किया जिससे जन्म चील मिला
फिर मंगलवार का किया जिससे जन्म सुवर का मिला
और व्रत तीज किया जिससे जन्म कुत्ता का मिला
और प्रदोष का व्रत नियम से किया जिससे जन्म गधे का मिला
और बितीपात बिधि से किनहा जिससे जन्म बंदर का लिनहा
नौमी और अष्टमी का व्रत किया जिससे जन्म चूहा का मिला
और अनंत चौदस का व्रत किया जिससे जन्म ऊट का मिला
और चतुरथी का व्रत किया जिससे जन्म भैंस का मिला
और भी व्रत किये पर मुक्ति नही मिली

ब्रह्मा जी कहते है कि तुम गाय का दान करो इससे तुम्हारी मुक्ति जरुर होगी।

तब लोमस ऋषि कहते है -

कि गाय तो बहुत दान की जिससे जन्म बकरी का मिला
और ब्राह्मण भोज किया जिससे जन्म बिच्छू का मिला
और अनेक पुण्य विधि से किये जिससे जोनि-जोनि दुख मिले
जो आपने कहा वो सब किया पर मुक्ति नही मिली

तब ब्रहमा जी ने कहा - हे लोमश ऋषि ! मै विचारपूर्वक कहता हूँ कि संतो की शरण मे जाने से मुक्ति मिलेगी।

तीर्थ व्रत सब झूठ है इससे नही मिलेगी मुक्ति।

प्रकाशक : वेलवेडियम स्टीम वर्क्स, इलाहाबाद

रामचन्द्रिका

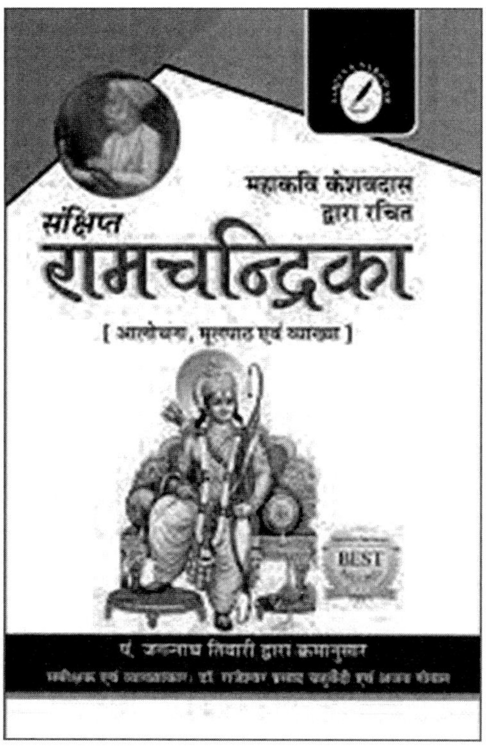

महाकवि केशवदास

व्याख्याकार : *डॉ. राजेश्वर प्रसाद चतुर्वेदी*

रामचन्द्र पद पद्म वृन्दारक वृन्दानिंदनीयम्।
केशवमति भूतनया लोचन चंचरी कायले।।

(राम के चरणकमलों में केशव की मति रुपिणी सीता के नेत्र, भौंरे का आचरण करते हैं।)

आचार्य केशवदास का जन्म 1546 ई. में ओरछा में हुआ था। उनके पिता का नाम काशीनाथ था। ओरछा के राजदरबार में उनके परिवार का बड़ा मान था। केशवदास स्वयं ओरछा नरेश महाराज रामसिंह के भाई इन्द्रजीत सिंह के दरबारी कवि, मन्त्री और गुरु थे। इन्द्रजीत सिंह की ओर से इन्हें इक्कीस गाँव मिले हुए थे।

1601 ई. में रचित रामचन्द्रिका रीतिकालीन कवि केशवदास की अदभुत रचना है। कथा का प्रमुख आधार वाल्मीकि रामायण है। इसकी कथा 39 प्रकाश में विभक्त है। आरंभ में गणेशवंदना है। दूसरे प्रकाश में विश्वामित्र द्वारा राम को अपने साथ ले जाने के प्रयोजन की कथा है। सुमति और विमति का संवाद भी रोचक है।

वाल्मीकि मुनि स्वप्न में दीन्हो दर्शन चारु।
केशव तिनसों यों कह्यो क्यों पाऊं सुख सारु।।
मुनिपति यह उपदेश दै जब ही भये अदृष्ट।
केशवदास तही करयो रामचन्द्र जू इष्ट।।

तथापि रामचन्द्रिका पर अध्यात्मरामायण, हनुमन्नाटक, प्रसन्नराधव आदि का भी प्रभाव परिलक्षित होता है। इसके अतिरिक्त रामचन्द्रिका महात्म्य का वर्णन भी है। इसे रामचरितमानस के उत्तरकाण्ड का प्रभाव माना

जा सकता है। स्वयंवर प्रकरण का सारा वर्णन तथा रावण बाणासुर संवाद जयदेवकृत प्रसन्नराघव नाटक के प्रथम अंक से प्रभावित है। उनके आराध्य राम निर्गुण और सगुण दोनों हैं।

पूरणपुराण अरु पुरुषपुराण परिपूरण बतावै न बतावैं और उक्ति को।
दरशन देत जिन्हें दरशन समुझै न नेति नेति कहैं वेद छाँड़ि आन युक्ति को।।

रावण के दरबार में प्रतिहार के कथन में उसके उपर्युक्त हावभाव अभिव्यक्त हो रहे हैं -

पढौ विरंचि मौन वेद जीव सोर छाँड़ि रे।
दिनेस जाइ दूरि बैठि नारदादि संग ही न बोलु चंद मंद बुद्धि इन्द्र की सभा नहीं।।

केशवदास ने रामजन्म की कथा 11 वें प्रकाश में अगस्त्य ऋषि द्वारा प्रकट की है। दशरथ के दरबार में विश्वामित्र के आगमन से कथा का आरंभ है। ब्राह्मण के रूप में जनकपुर से आया एक पथिक सीय स्वयंवर की कथा का वर्णन करता है। मानस में तुलसीदास ने जहाँ अनेक राजाओं द्वारा शिवधनुष को तोड़ने का प्रयास दिखाया है वहीं केशवदास के राम जनक की आज्ञा पाकर धनुष देखने जाते हैं और उसे उठाकर खंड खंड कर देते हैं।

बालिवध में कृष्णावतार की झलक मिलती है। लक्ष्मण-परशुराम संवाद, वाल्मीकि रामायण और रामचरितमानस में राम और लक्ष्मण ही उपस्थित हैं जबकि रामचन्द्रिका में चारों भाइयों की उपस्थिति दिखाई गई है। इसके अतिरिक्त रावण बाणासुर संवाद, राम परशुराम संवाद, शूर्पणखा संवाद और रावण अंगद संवाद भी बहुत रोचक और नाटकीयता पूर्ण हैं।

आरंभ से लेकर रावणवध तक की कथा रामचन्द्रिका के पूर्वार्द्ध के 20 प्रकाशों में आई है। उत्तरार्द्ध में रामभरत मिलाप, अयोध्या आगमन राज्याभिषेक, शम्बूकवध, सीता निष्कासन, लवकुश जन्म, लवणासुर वध, लक्ष्मण लवयुद्ध, सीता और राम के मिलन की कथा है।

केशवदास की रामचन्द्रिका में अदभुत नाटकीयता है।

रावण - रे कपि कौन तू ?
हनुमान - अच्छ को घातक, दूत बली रघुनंदन जू को
रावण - को रघुनंदन रे ?
हनुमान - त्रिसिरा खरदूषन दूशन भूषन भू को
रावण - सागर कैसे तरयौ ?
हनुमान- जैसे गोपद
रावण - काज कहा ?
हनुमान - सिय चौरहिं देखौं

रामचन्द्रिका में भक्ति और आध्यात्मिकता का प्राय: अभाव दिखता है तथापि रामकथा के नवाचार की दृष्टि से यह अद्वितीय कृति है।

अवधविलास

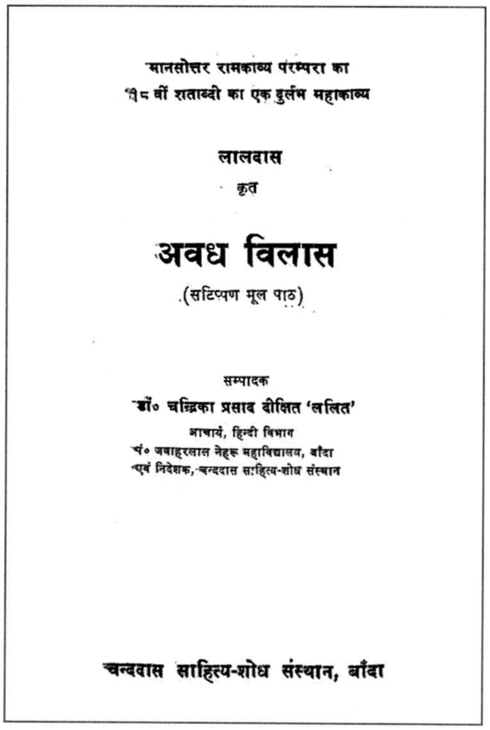
मानसोत्तर रामकाव्य परम्परा का
१८ वीं शताब्दी का एक दुर्लभ महाकाव्य

लालदास
कृत

अवध विलास
(सटिप्पण मूल पाठ)

सम्पादक
डॉ० चन्द्रिका प्रसाद दीक्षित 'ललित'
आचार्य, हिन्दी विभाग
पं० जवाहरलाल नेहरू महाविद्यालय, बाँदा
एवं निदेशक, चन्ददास साहित्य-शोध संस्थान

चन्ददास साहित्य-शोध संस्थान, बाँदा

महाकवि लालदास

तुलसीदास की मानस के ठीक 100 वर्ष बाद सं. 1731 में अवधविलास की रचना हुई। इसमें रामजन्म से लेकर राम वनवास तक की कथा का वर्णन है। इसमें सीता द्वारा संस्कृत भाषा सीखने का प्रसंग भी है। रामजन्मभूमि के विध्वंश की घटना 1528 ई. में हुई इस दृष्टि से यह ग्रंथ अधिक महत्वपूर्ण है। कवि लालदास की गणना सिद्ध कवियों में की जाती है।

गूढ़काव्य जयदेवकृत तुलसीसूर बखान।
केशव विद्यापति विकट लाल सरल मनमान।।
औधविलास समुद्र है साधुसाधु तट जाहि।
रतन कथा रघुवीर की लाल बहुत ता माहि।।

इस बृहद एवं दुर्लभ रामकाव्य में 20 विश्राम हैं। सर्ग, कांड अथवा अध्याय न कहकर यहाँ विश्राम कहा गया है।

जो यह अवधविलास को गावै करि विश्राम।

मौलिक उदभावनाओं के साथ कथा का केंद्र अवध ही रखा है। कवि ने रामजन्म, सीताजन्म तथा रावण के जन्म की कथा के साथ उनके बालचरित्र को भी वर्ण्य विषय बनाया है। रामसीता के परिणय प्रसंगों को भी कथा में यथोचित स्थान दिया गया है।

मानस के अयोध्याकांड तक की घटनाएं इसका मूल कथानक है। यह ग्रंथ न तो व्यक्ति प्रधान है और न ही घटना प्रधान। वरन अवध के ही विलास को प्रदर्शित करने वाला गीतात्मक प्रबन्धकाव्य है। रावणवध इसका लक्ष्य नहीं है। जैसे- सरयू की उत्पत्ति, शिव का नृत्य आदि। रामजन्म से लेकर अयोध्याकाण्ड तक की घटनाएं ही प्रमुख हैं। परम्परागत कथावस्तु की प्रख्यात घटनाओं को रसात्मकता एवं रसिकोपासना के दार्शनिक आधार पर ही चयन किया है। अवतार के प्रति अवमानना बताते हुए उन्होंने लक्ष्मण परशुराम प्रसंग को नहीं रखा है। भरत मिलन के प्रसंग को भी यह कहकर छोड़ दिया है—

रोवत मरन भरत की बातें कहि न उदास होत मन यातै।

वनवास की सभी घटनाओं को भी वे मायावी मानकर उनकी उपेक्षा करते हैं। इस महाकाव्य का प्रमुख प्रयोजन अयोध्या में राम की लीला का वर्णन है। उनके अनुसार राम केवल अयोध्या में ही हैं-

मो मत राम गये नहिं कतहुँ, और कबिन की कही कहत हूँ।

सरयू की उत्पत्ति के पूर्व राग रागनियों के नाम भेद गिनाएं हैं। श्रृंगी ऋषि के आश्रम में विविध व्यंजनों की तालिका तथा रामविवाह के अवसर पर राजा जनक द्वारा की जा रही तैयारियों का विशद वर्णन है। इतिवृत्तात्मक अंशों का बाहुल्य है।

- अवधविलास नाम के और भी ग्रंथ मिलते हैं। कवि हरसहाय द्वारा लिखित अवधविलास हस्तलिखित है और 1864 ई में लिखा गया है। इंद्रजीत कृत अवधविलास की प्रति उपलब्ध नहीं है।
- रानी विष्णुप्रसाद कुवरि ने अवधविलास की रचना 1883 ई में की। इस ग्रंथ में रामकथा के छह रेखाचित्र हैं। ग्रंथ का आधार तुलसी का मानस और रानी विष्णुप्रसाद कुंवरि के पिता रघुराज कृत रघुराज स्वयंवर है।

प्रकाशक : चंद्रदास साहित्य शोध संस्थान, बांदा

जानकीरामायण

(1856 ई.)

महाकवि लालदास

महाकवि लालदास का वास्तविक नाम चूड़ामणिदास था। वे महाराजाधिराज रामेश्वरसिंह (1898-1929) के दरवार में राजकवि थे। मैथिली भाषा में रचित जानकीरामायण में सीताजी के तात्विक रूप का विवेचन करते हुए उन्हें शक्तिस्वरुपा कहा गया है। सीताजी के तीन रूप हैं- शब्दब्रह्ममयी, यज्ञभूमि में हल के अग्र भाग से अवतरित शक्ति तथा अव्यक्त आदिशक्ति भगवती। सीता को कृषि की अधिष्ठात्री देवी भी कहा गया है।

सीता त्रिगुण प्रकृति निधान, कारण सृष्टिक सैह निदान।
रामजानकी ज्योति स्वरुप, भेद रहित से युगल अनूप।
राम रूप सीता सिय राम, कहल अभेद वेद सुखधान।
स्मरणे अछि रामक अवतार, कति कपटिक देखल व्यापार
अयला रामचन्द्रकबन जखन, शूर्पणखा कां देखल तखन।

महाकवि पंडित लालदास की जानकीरामायण सीता के जीवन पर आधारित है।

सीता त्रिगुण प्रकृति प्रधान, कारण सृष्टिक सैह निदान
स्वर्ग-तपक से सिद्धि स्थान, महती विद्या विद्या ज्ञान
ऋद्धि सिद्धि सभ गुणमयिवेश, निराकार पुनि गुणक न लेश
सकल सृष्टि में व्यापित रहथि, ज्ञानी तनिकहि चिन्मयि न हथि
कुण्डलिनी सृष्टिक आधार, जगत चराचर तनिक विहार
योगी जन तनिकहि धय ध्यान, होथि सुखीलहि तत्त्व ज्ञान
जखन-जखन हो धर्म्मक ग्लानि, पाप प्रचार शुभक हो हानि
तखन-तखन शक्तिक अवतार, दुष्ट निहत हो बारम्बार

प्रकृति पुरुष लक्ष्मी हरि जैह, सीता राम रूप थिक सैह
राम जानकी ज्योति स्वरूप, भेद रहित से युगल अनूप
राम रूप सीता सिय राम, कहल अभेद वेद सुखधान
हिनक तत्त्व बूझथि बुध जैह, काल ग्रास सौं छूटथि सैह
यद्यपि सीताराम अचिन्त्य, थिकथि चिन्त्य पुनि से दुहू नित्य
सवहिक साक्षी अन्तर जान, सैह लोक कर्त्ता गुणवान
सकल चराचर भरणो करथि, सैह प्राण पुनि हरणो करथि
योगी जन जे पावथि सिद्धि, शक्ति जानकी योगे वृद्धि।

जानकी रामायण में सीता का अर्थ 'धरती पर हल से जोती हुई रेखा' होने से 'भूमिजा' बताया है और 'कृषि की अधिष्ठात्री देवी' भी कहा है। विदेहराज जनक की उत्तराधिकारी होने से कारण उन्हें 'परम वैदेही' और परम जानकी भी है। इस रामायण में सीता को 'जनानां कुले जाता' कहा गया है। जानकी रामायण मूल रूप से मैथिली में है।

कवि की रचना की सबसे बड़ी विशेषता ये है कि वे विश्व के पहले ऐसे कवि थे जिन्होंने जानकी को आराध्य बनाकर रामायण की रचना की। इसमें आठ काण्ड हैं। आठवें 'पुष्कर काण्ड' में जनक जननी सीता को गौरवान्वित किया गया है। महाकवि लालदास जी के बारे में कवि दामोदर लालदास ने लिखा है-

'वाणी वीणापाणि पद पंकज रसिक रसाल
जय मिथिला गौरव हमर कवि चूड़ामणि लाल'

प्रकाशक : मैथिली अकादमी पटना (1980 ई.)

रामरसायन

(1882 ई.)

रसिक बिहारी

***सम्पादन :** काशीनाथ मिश्र*

बुंदेलखंड के कवि जानकीप्रसाद रसिक बिहारी ने अवधी भाषा में इस प्रबंधकाव्य की रचना 1882 ई0 में की। रसिकबिहारी जी अयोध्या से तीर्थाटन पश्चात मेवाड़ में उदयपुर के कानोड़ नामक स्थान पर श्रीमद रावतजीसाहब श्री नाहरसिंह के यहाँ रुके। उसी समय उन्होंने इस ग्रंथ की रचना की जिसमें 11000 छंद हैं। इसकी हस्तलिखित प्रतिलिपि पं. साधुप्रसाद तिवारी, रीवा के पास प्राप्त हुई। वाल्मीकि रामायण का अनुवाद दोहा चौपाई हरिगीतिका छंद में किया गया है। रामरसायन की भगवदप्रेरणा की चर्चा उन्होंने काव्य में की है।

यातेलखि उपकार, कलिजगजीव उधार हित।
लघु मति के अनुसार, रामकथा कछु रचित हौं।।
पूरब ग्रंथ प्रमान, संस्कृत और भाषा विविध।
सब सम्मत उर आन रामरसायन ग्रंथ किय।। (प्र वि 9.10)

कथा का विभाजन काण्ड में न होकर विधान में किया है। कुल आठ विधान हैं। प्रथम विधान में प्राचीन व्यवस्था और प्रमाण, द्वितीय विधान में अवध का वर्णन यज्ञ, हनुमान, रामलक्ष्मण का जन्म रघुचरित्र, रावण का वृतांतसीता जन्म तथा शुक्रचरित्र का वर्णन है। तृतीय विधान में विश्वामित्र का आना, जनकपुर में वाटिका का प्रसंग विस्तार से है। धनुषभंग सीता स्वयंवर आदि कथा है। चतुर्थ विधान में राम का वनगमन, चित्रकूट वर्णन, पंचवटी आदि के प्रसंग हैं। पंचम विधान में सीताहरण, सुग्रीव मिलाप, लंकादहन है। षष्टम विधान में रावण से राम का युद्ध, सप्तम विधान में राम का राज्याभिषेक है। सत्संग वर्णन, द्विजसुत संजीवनी वर्णन, महारावण वध, हनुमत पर्यटन वर्णन, गौरंग कथा वर्णन, अश्वमेध यज्ञ, सुरथ युद्ध वर्णन तथा वीरमणि युद्धवर्णन में नवीनता है। आठवे विधान में हिण्डोल विहार, मिथिला विहार, सुरलोक विहार में नई अवधारणा

का प्रदर्शन होता है। इस रचना पर अनेक ग्रंथों का प्रभाव दिखाई देता है। अठारह प्रमुख सखा, प्रत्येक के 108 दल, एक दल में 500, सभी युथप के 54000 सखा ऐसा गणित काव्य वैभव भी दिखाई देता है।

मुख्य सखा ये जानिए, पुनि इनके स्वाधीन। अष्टोत्तर शत प्रति सखा यूथप सखा प्रवीन।
प्रति यूथप आधीन है सखा पंचशत जानि। पुनि सेवक सब सखन के इतने न्यारे जानि।

जानकी की आठ सखियों के नाम चन्द्रकला, उर्वशी, सहोद्रा, कमला, विमला, चन्द्रमुखी, मेनका और रम्भा बताकर कवि मौलिक सृजन के अपने अधिकार का प्रयोग भी करते दिखाई देते हैं। फिर इन सभी सखियों की भी सखियाँ और अनुचरियों के नामों की लम्बी सूची रामरसायन के कथा पक्ष का ही अंश है। भाषा और छंद विधान का कौशल अदभुत प्रभाव छोड़ता है।

एक समै जप तप निरत नारद सों यह बात।
वाल्मीक बूझत भये पुनि पुनि करिप्रनिपात।।
जब भरत अरु शत्रुध्न दोऊ जाइ मातामह घरै।
भे रहत सुख सों अस्वपति नानाहि सों लहि आदरै।।
कहुँ चील वलकल दरभ कहुँ कहुँ दंड सिन आसन लसैं।
कहुँ बरे अन मृग बाघ बंदर इक न एकनते बसे।।
सुनि यह रामचरित करि पूरन वक्तार को।
दीजे वसन विचित्र मनि भूषन कहि धेनु धन।।
एक समै सुभ अवसर जानी, दई रजाय सुनैना रानी।
कुलपति पूजन सदा सुहायो होत समे सो अति नियरायो।।

प्रकाशक : पंचशील प्रकाशन, जयपुर

मैथिली रामायण

(1880 ई.)

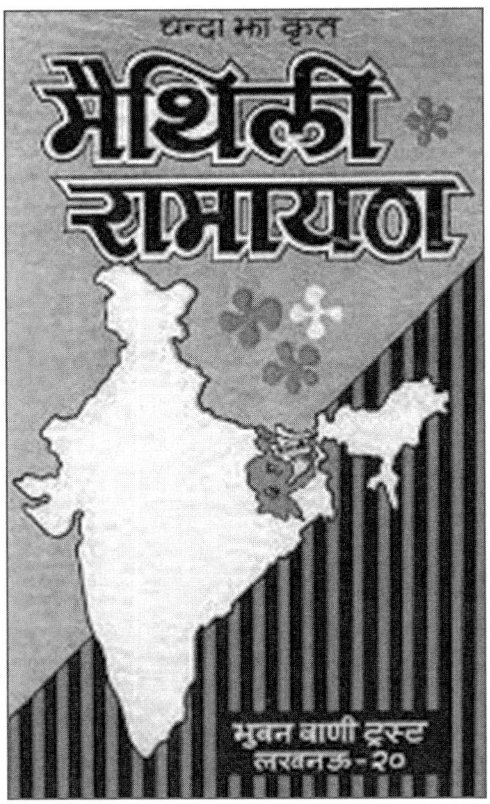

चंदा झा (चंद्रनाथ झा)

कवि चन्दा झा (1831-1907) द्वारा रचित मैथिली भाषा रामायण का आधार वाल्मीकि रामायण, अध्यात्म रामायण तथा रामचरित मानस है। अवध में जो सम्मान तुलसीदास का है वही सम्मान मिथिला भाषा में कवि चंदा झा का है। मिथिला भाषा रामायण में भाषा और भाव दोनों ही स्तर पर यत्र तत्र मौलिकता प्रयोग देखने को मिलते हैं। सात काण्डों में रचित इस मिथिला रामायण में अनेक भाँति मौलिक उदभावनाएं व्यक्त की गई हैं।

बालकांड में मंगलाचरण के पश्चात सूत शौनक संवाद, नारद ब्रहमा संवाद एवं शिव पार्वती संवाद का वर्णन यह स्पष्ट कर देता है कि कवि व्यासपरम्परा, वाल्मीकि परम्परा और तुलसी परम्परा तीनों को साथ लेकर चलना चाहते हैं। अयोध्या कांड के आरंभ में भी नारदजी विष्णु का संदेश लेकर राम के पास आते हैं।

मिथिला क्षेत्र का काव्य होने के कारण सीताजी के चरित्र को विशेष रूप से रेखांकित किया गया है। मिथिला के घर-घर में पूज्य सीता की अग्निपरीक्षा को राम द्वारा ली गई सतीत्व परीक्षा के रूप में नहीं देखा जाता। रावण के द्वारा हरण की गई सीता एक छाया रूप थी।

रघुनन्दन माया के जान मन में कयल तखन प्रभुध्यान।
सीता अनलगता बहराथु माया सीता छाया जाथु।।
रावण मारीच के पास पहुँचा तो वह मुनियों की भांति ब्रह्माज्ञान में डूबा हुआ था।
मुनिसन कयल सकल व्यवहार निर्गुण ब्रह्म ध्यान विस्तार।

चंदाझा ने बहुत सुंदरता के साथ कुछ मौलिक प्रयोग किए हैं। रावण शुक्राचार्य से मंत्र लेकर साधना करता है जिसे राम असफल कर देते हैं। तारा के विलाप के समय राम का उपदेश दिया जाना भी विशेष है। उत्तरकांड

में बताया गया है कि श्वेत द्वीप में रावण जब पराजित हुआ था तो उसने राम के हाथों मरने की कामना की थी। शम्बूक प्रसंग में वे कथा में नवीनता लाते हैं। यहाँ शम्बूक का वध राम नहीं लक्ष्मण करते हैं।

लक्ष्मण रामक आज्ञा पाए। शूद्र एक वन देखल जाए।
विप्रक सन करइत आचरणा। लक्ष्मण-कर तनिकर भेल मरणा।।
मैथिल बोली में रामकथा का प्रवाह रोचक है।
रथ में जोड़ घोड़ बड़ जोर चलल दशानन चिन्तित भोर।
जत मारीच समुद्रक पार पहुचलाह सत्वर अविचार।।

मधुबनो के चंद्रमणि दत्त द्वारा मिथिलाभाषा रामायण 1265 ई में लिखे जाने का उल्लेख मिलता है।

प्रकाशन : भुवनवाणी ट्रस्ट, लखनऊ

राम प्रताप

(सं.1906) (राम कथा)

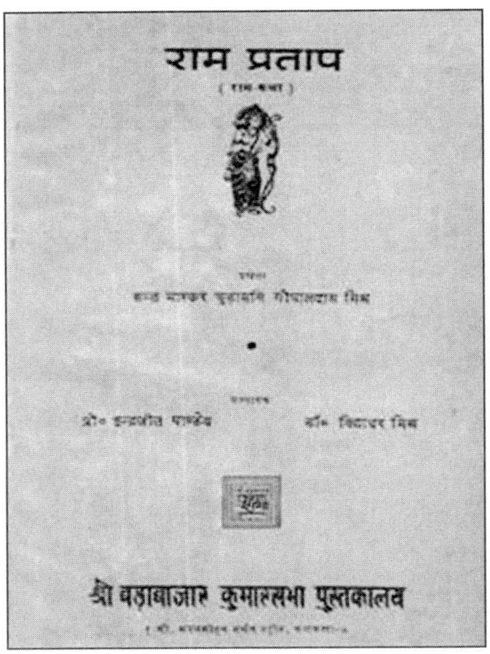

संत भास्कर चूड़ामणि गोपालदास मिश्र

सम्पादक : *प्रो. इंद्रजीत पांडेय, डॉ. विद्याधर मिश्र*

संत भास्कर चूड़ामणि गोपालदास मिश्र ने रामप्रताप ग्रंथ में रामावतार से लेकर लवकुशकाण्ड तक 61 अध्यायों में कथा को विभाजित किया गया है। ब्रज, अवध तथा मैथिली भाषा के लगभग 72 प्रकार के छंदों का प्रयोग मिलता है। इसकी प्रथम हस्तलिखित प्रति सं. 1842 की है। इस ग्रंथ का पूर्वार्द्ध गोपालदास ने तथा उत्तरार्द्ध उनके पुत्र माखन ने पूर्ण किया है।

बरनि कवि गोपाल ग्रंथहिं नियो सुतहिं निदेष।
बंदि चरन सरोज माखन भनैहित सो तेस।।

अहिल्या उद्धार के लिए राम किसी की प्रतीक्षा नहीं करते हैं। उनके शिला रूप को अपने पैरों से स्पर्श करा देते हैं। साक्षात होती अहिल्या ऐसे उठ बैठती है जैसे गहरी नींद से जागी हो। केवट प्रसंग में तुलसीदास कवितावली में जहाँ उसे स्वाभिमान बनाकर 'कटिलौं जलथाह दिखाई हौंजू' का प्रयोग करते हैं, वहीं गोपाल कवि का केवट विनम्र है। वह अपने आराध्य को कंधे पर चढ़ने का आग्रह करता है। -

'हौ मति अंध न धंध करो, ममकंध चढ़ौ, उहिं पार करौंजू।

ताड़का प्रसंग में राम नारीवध हेतु मुनि से प्रश्न करते हैं-

नारि हतै जस कौन सुनो मुनि, जानतहौ सब वेद पुराने।
पातक पंजन लेत बने सिर और कहो सु सवै हम माने।।

एक मौलिक उदभावना करते हुए कवि ने राजा जनक से शिवजी की पूजन करवाई है और शिव के द्वारा ही राजा को स्वयंवर करने का आदेश भी दिलवाया है। सीता द्वारा केवल गौरी की ही नहीं वरन शिव और पार्वती दोनों की ही पूजा का प्रसंग वर्णित है। स्वयंवर प्रसंग में रावण और बाणासुर के मध्य संवाद कराकर दोनों के

अहंकार को भी खंडित होते बताया गया है। परशुराम जी के आने पर उनसे राम के अतिरिक्त लक्ष्मण, भरत और शत्रुधन का संवाद भी दिखाया गया है। भरत के संवाद में मौलिकता लक्षित होती है। कवि का चमत्कार यह भी है कि इसी अवसर पर वह भगवान शिव को भी कथा में प्रवेश करा देता है। शूर्पणखा प्रसंग में सीता स्वयं ही शूर्पणखा को लक्ष्मण के पास जाने को कहती हैं। रामप्रताप ग्रंथ में यज्ञशाला में अवस्थित सुवर्ण प्रतिमा वाली सीता का बहुत ही भावुक वर्णन किया है ।

पंकजमलीन राग रंग हू की छबि छीन, जोति मनिहीन डोले मौन सुक सारिका।
म नही हरष मुनि सुनिबै को वेदधुनि, मोरि मोरि जाति मुख रिषिन की नारिका।
भनत गोपाल रघुनाथ जू के साथ आजु, सोहती कनकहूं की जनककुमारिका।

रावण स्वप्न में ही अपने भविष्य को देखकर भयभीत हो जाता है तथा हर हर पुकारने लगता है।

स्वयंवर में रावण बाणासुर संवाद है। कैकेयी दशरथ संवाद पर रामचन्द्रिका का प्रभाव है। ग्रंथ के समापन में गीता का प्रभाव दृष्टव्य है-

जुग जुग मास धर्मनास होत जब जब।
तब तब भक्त हेत लेत अवतार हैं।।
माखन कहत पनुय पालिकैं कलुष घालि।
जनपन पालि हरें भूतल के भार हैं।।

प्रकाशक : श्री बड़ाबाजार कुमार सभा पुस्तकालय, कलकत्ता (1990 ई.)

राम
राम
राम
राम

रामार्णव

बाबा झामदास

***सम्पादन :** डॉ. अर्जुनदास केसरी (तीन खंडों में)*

रामचरित अर्णव एहि नामा। सुनहिं संत पावहिं मनकामा।

बाबाझाम द्वारा रचित रामार्णव को झामदास रामायण के नाम से भी जाना जाता है। रीवा के नरेश महाराज रघुराजसिंह के समय (17-18वी शती) लिखे ग्रंथ रामार्णव (1761 ई.) के रचयिता बाबाझामदास है। इनके गुरु ब्रह्मदेव थे। इनके हस्तलिखित ग्रंथ में पाँच कांड हैं- बालकाण्ड, अयोध्याकाण्ड, अरण्यकाण्ड, किष्किन्धाकाण्ड और सुंदरकाण्ड। 445 पृष्ठों की इस रामायण को सर्वप्रथम रामगरीब वर्णवाल ने लिपिबद्ध किया और इसकी हस्तलिखित प्रति मिर्जापुर में सीताराम भदोह के पास तथा नागरी प्रचारणी सभा, काशी में सुरक्षित है।

झामदास रामायण में अनेक मौलिक प्रसंग मिलते हैं। ब्रह्मा-नारद संवाद, शिवोमा संवाद, भुवन विन्यास, जम्बूद्वीप वर्णन, षटद्वीप वर्णन, भानुवंष वर्णन, रामावतार निरुपण, जनकवंष वर्णन, परशुराम की तपस्या, सीताराम विवाह, रामराज्य आदि में नवीनता लक्षित होती है।

लघुविशाल पुर के नर नारी, सब कोउ रघुपति संग सिधारी।
खुले राम अपवर्ग केवारा जड़ चेतन मन मुदित सिधारा।
सुग्रीवहि देइ वानर भालू, चले संग सब सुखी बिषालू।
अंत रहित पुर मह जो कोऊ, रघुपति संग चले सब सोऊ।।
सुमनवाटिका वृंद द्वार द्वार प्रति शोभियत।
निरखति अति आनंद मनो सुषमा के आवरण।।

सुंदरकाण्ड सर्वाधिक आकर्षित करता है। इसका आकार मानस के सुंदरकांड से तीन गुना है।

गत वेगि सागर पार मरुत कुमार कूल निहारेउ।
नाना नभग बहुरंग रव करु कर्ण करत सुखारेउ।।
बहुवृक्ष फूलित फलित बहुधा करु बिहार मृगांगना।
करि झाम राम सुकाम कपि अवलोकि सुखपूरित मना।।

दोहा, सोरठा, चौपाई, हरिगीतिका, भुजंग, प्रयाति, तोमर आदि छंदों में रचित शान्तरस का यह अवधी भाषा में रचित ग्रंथ रामार्णव विशेष रूप से कथावाचन के लिए है। सुगठित कथानक, पात्रों की भव्य योजना, रसों का सफल प्रयोग भवानुगामिनी भाषा का प्रयोग तुलसी के पश्चात कम ही कवियों में देखने को मिलता है। झामदास का नाम इस दिशा में लिया जा सकता है। इसमे रामजन्म से लेकर स्वर्गारोहण तक की समस्त कथा वर्णित है। इसका अयोध्या काण्ड प्राप्त नही है, शेष काण्डों की कथावस्तु इस प्रकार है।

दु:खिता पृथ्वी का गो रूप धारण कर ब्रह्म लोक जाना, दशरथ का पूर्व वृतान्त, पुत्रेष्टि यज्ञ, रामजन्म, बाल लीला, विश्वामित्र के साथ गमन, दशरथ शोक, ताड़का बध, अहिल्या उद्धार, मिथिला प्रवेश, पुष्पवाटिका प्रसंग, जनक की प्रतिज्ञा, जनक शोक, लक्ष्मण क्रोघ, धनुष भंग, परशुराम प्रसंग, विवाह, बालकाण्ड की कथा है।

अरण्यकाण्ड में राम की ऋषियों से भेंट, अस्थि समूह देखकर राम का कोप, सुतीक्षण, अगस्त्य, जटायु मिलन, शूर्पणखा विरूपीकरण, खरदूषण बध, रावण द्वारा सीताहरण का निश्चय, राम द्वारा सीता का अग्नि में प्रवेश कराना, कनंक कुरंग आगमन, लक्ष्मण द्वारा इसके रहस्य का उद्घाटन, मारीच बध, रावण के सम्मुख सीता का अपना वृतान्त बताना, सीता हरण, जटायु की मृत्यु, अशोकवाटिका में सीता के सम्मुख रावण का प्रणय निवेदन वर्णित है। किष्किन्धा काण्ड में राम सुग्रीव मिलन, बालि बध, तारा प्रबोध, सुग्रीव का राज्याभिषेक, राम का प्रवर्षण, गिरि निवास, लक्ष्मण कोप वानर प्रेषण, सीता की खोज, वानरों से स्वयंप्रभा एवं सम्पाती की भेंट इत्यादि विवरण है।

सुन्दरकाण्ड में हनुमान द्वारा सागर पार करना, त्रिजटा स्वप्न, हनुमान का मुद्रिका समर्पण, लंकादहन, सीता सन्देश सुनकर राम का वियोग वर्णन तथा लंका काण्ड में राम का सागर तट आगमन, मन्त्र वाक्य, विभीषण अभिषेक, सेतुबंधन, शुक सारंग प्रसंग, सीता के सम्मुख माया मय राम का बंध, वानर राक्षस युद्ध, लक्ष्मण शक्ति, संजीवनी प्रसंग, कुंभकरण नारान्तक, महोदर विकुभ बध, मायामयी सीता का बध, मेघनाद बंध, लक्ष्मण का रावण से युद्ध, लक्ष्मण को शक्ति लगना, रावण का वध, मंदोदरी विलाप, सीता शपथ, अयोध्या प्रत्यागमन, भरतादि बन्धुओं से भेंट है।

उत्तरकाण्ड में राज्याभिषेक, रावण के जन्म की कथा, हनुमान का जन्म, सीता परित्याग, लवकुश जन्म, शम्बूक बध, सीता का भूमि में प्रवेश, राम का स्वर्गरोहण इत्यादि घटनाएं हैं।

काव्य की पुष्पिका इस प्रकार है— इति मद्राम चरित्रे रामार्णवे सकल पाप शमने विमल विज्ञानान्य भक्ति प्रदायके उमा माहेश्वर संवाद सप्तार्णवे स्वर्गारोहणं नामेक विषस्तरंगे। इति श्री उत्तरकाण्डकथा रामायण भाषा लिखतं सम्पूर्ण। शुभअस्तु। सिद्धवस्तु मंगलमस्तु श्री सं. 1976। आषाढ़कृष्ण नावाम्यातिषुरविवार।

प्रकाशक : लोकरुचि प्रकाशन, सोनभद्र

श्रीमद् देवकृत रामायण (2009)

संत होरामदेव

श्रीमददेवकृत रामायण में नौ कांड हैं। पारम्परिक सात काण्डों के अतिरिक्त आदिकाण्ड तथा लवकुशकाण्ड भी इस रामायण का कथानक हैं। आदिकाण्ड में अनेक नवीन कथाओं से हमारा साक्षात्कार होता है। रावण की षिक्षादीक्षा और उसके द्वारा किए जा रहे आतंक, भारद्वाज मुनि द्वारा कुंभकरण को अनुसंधान की षिक्षा, नारान्तक को आश्रम में उदंग ऋषि का उपदेश तथा रावण का चकवा वेणु के ऊपर कर प्रहार के साथ दशरथ जन्म, विश्वामित्र का कैकेय देश जाना, मेघनाद और इंद्र संग्राम आदि नवीन कथाएं हैं। बालकाण्ड में अश्वमेध यज्ञ, रामजन्म, राम का गंगा स्नान, ताड़का वध, सीता स्वयंवर, परशुराम लक्ष्मण संवाद, बारात आदि का वर्णन है। वशिष्ठ के गीतोपदेष के अन्तर्गत ज्ञान की सात अवस्थाएं बतायी गई हैं। अयोध्याकाण्ड में राम के सदगुण, वनगमन, केवट मिलन, भरत मिलाप, चित्रकूट के प्रसंग हैं। अरण्यकाण्ड में तुंभरण असुर का वध, जयंत को दंड, सीता अनुसुइया संवाद, पंचवटी का शूर्पणखा प्रसंग, सीताहरण, अयोमुखी राक्षसी, कबंध वध, शबरी आदि प्रसंगों का वर्णन है। लक्ष्मण की षंकाओं के निवारण के रूप में श्रीराम जी के उपदेश को रामगीता के रूप में प्रस्तुत किया गया है। किष्किन्धाकाण्ड में हनुमान बाली के प्रसंग हैं। सुंदरकाण्ड में हनुमान द्वारा लंका में सीता की खोज, मेघनाद से युद्ध, लंकादहन, विभीषण रावण संवाद, सेतुबंध आदि हैं। लंकाकाण्ड में हनुमान रावण थप्पड़मार युद्ध, नील तथा लक्ष्मण का मूर्छित होना विशेष है। अनेक राक्षसों के युद्ध वध की घटनाएं, रावण, अहीरावण और महीरावण का वध इसी काण्ड में है। उत्तरकाण्ड में गरुड़ काकभुशुण्डि आदि का प्रसंग विस्तार से हैं तथा लवकुशकाण्ड में लवणासुर वध, लवकुश राम युद्ध और राम का महाप्रयाण वर्णित है।

पाँच वर्ष की आयु में रामादि भाईयों का विद्याध्ययन आरंभ हुआ। पन्द्रह वर्ष की आयु में राम और लक्ष्मण को विश्वामित्र वन में लेकर गए। तभी ताड़का का वध हुआ।

इस रामायण में कुछ रोचक तथ्य उभरकर आते हैं। सुग्रीव की पुत्री पद्मरागा से हनुमान का विवाह हुआ। उनका पुत्र मकरध्वज था। चार समुद्रों के जल से राम का राज्याभिषेक हुआ। गोमती, बद्रथी, संदिका, बालकुनि नदियां राम के समकालीन थीं। रावण का भाई त्रिषिरा तिर्षिरापैलेई में रहता था। रामेश्वर में वानरसेना ने 5 दिन में सेतु निर्माण किया। धनुषकोटि सेतु का प्रारंभ स्थान था। रावण के राजमहल में 70 द्वार थे। उसके दस सिर उसकी दस राजधानियों के लिए थे। रावण के विमानों का कारखाना गुरुलपोथा में था। सीता का अपहरण कर रावण वेरागनटोटा (विमान उतरने का स्थान) ले गया। मंदोदरी के महल में कुछ समय रखकर उसे सीता कोटुक (सीता का किला) भेज दिया और उसके बाद अशोकवाटिका में रखा। रावण का वध दुनुविला में हुआ जहाँ राम ने रावण को ब्रह्मास्त्र से मारा था। रावणवध के पश्चात रावण का शव तीन दिन तक यहंगला, लंका में दर्शनार्थ रहा। लक्ष्मण ने अन्त्येष्टि की। विभीषण का राज्याभिषेक लक्ष्मण ने केलानिया में किया। सीता ने अग्निपरीक्षा दिवरुमपोला में दी थी।

इस रामायण में रामायणकालीन स्थानों तथा वर्तमान में उसके रूप को भी ध्यान रखा गया है। 734 पृष्ठों की इस बृहद रामायण में रामचरितमानस की ही तरह दोहा चौपाई शैली का प्रयोग किया गया है।

प्रकाशन : स्वामी परमहंस राजयोग आश्रम, मेरठ (2015)

राधेश्याम रामायण

(1907 ई.)

राधेश्याम कथावाचक

बरेली उत्तर प्रदेश में 1890 में जन्मे पं. राधेश्याम का नाम रामलीला की लोकप्रियता में सबसे अधिक महत्वपूर्ण है। उन्होंने तुलसीदास के रामचरितमानस सहित लोक में व्याप्त रामकथाओं के प्रसंगों का अपनी रामायण में चयन किया। उसे सरलतम भाषा में गीत-संगीत में ढालकर इतना लोकप्रिय बनाया कि सम्पूर्ण उत्तरभारत में राधेश्याम रामायण रामलीला की पहली पसंद बन गई। न केवल उसके रंगमंच के प्रभाव वरन उसके साहित्यिक एवं सांस्कृतिक योगदान को रामकथा के क्षेत्र में महत्वपूर्ण माना जाता है। इसकी लगभग पौने दो करोड़ प्रतियां देश विदेष के रामकथा प्रेमियों के पास बिकी। पारसषैली के नाटककारों में उनका साहित्यिक अवदान महत्वपूर्ण है। 8 काण्ड और 25 खण्ड वाली इस राधेश्याम रामायण को एक विशेष प्रकार की गायनशैली में मंचन किया जाता है। बालकाण्ड में जन्म, पुष्पवाटिका, धनुषयज्ञ, विवाह। अयोध्याकांड में दशरथ का प्रतिज्ञा पालन, कौशल्या माता से बिदाई, वनयात्रा, सूनी अयोध्या और चित्रकूट में भरत मिलाप। अरण्यकाण्ड में पंचवटी, सीताहरण। किष्किन्धाकाण्ड में राम-सुग्रीव मैत्री, सुंदरकाण्ड में अशोकवाटिका, लंका दहन, विभीषण की शरणागति। लंकाकाण्ड में अंगद-रावण संवाद, मेघनाद का शक्ति प्रयोग, सती सुलोचना, अहिरावण वध और रावणवध की कथा है। उत्तरकाण्ड में राजतिलक तथा लवकुश काण्ड में सीता वनवास, रामाश्वमेध, लवकुश की वीरता और सतवन्ती सीता की विजय है। राधेश्याम रामायण में सीता के चरित्र को सर्वोपरि माना गया है। इसकी गेयता बेमिसाल है। कबंध का प्रसंग राधेश्याम रामायण में नहीं है, जटायु से कारुणिक भेंट के पश्चात राम सीधे षबरी के पास पहुँचते हैं। राधेश्याम कथावाचक ने शबरी के लिए भिलनी शब्द का प्रयोग किया है।

उसी गीध के गुणों का करते हुए बखान।
पहुँचे भिलनी के यहाँ करुणानिधि भगवान।।

भिलनी इस तरह मिली इनसे जिस तरह धर्म धर्मात्मा से
या यों कहिये इस तरह मिली जीवात्मा ज्यों परमात्मा से।।
सुंदर पत्तों ते आसन पर अपने प्रभु को बैठाती है
मेहमानी के कुछ बेरों को डलिया में भर कर लाती है।
प्रेमिनि का सच्चा प्रेम देख राधौ जी हाथ बढ़ाते हैं
जूठे बेरों को बेर बेर खुश हो कर भोग लगाते हैं।
ला बेर बेर क्यों बेर करे यह बेर सुधा से बढ़ कर हैं
मक्खन मिसरी से भी अच्छे, ताकतवर मधुर मनोहर हैं।

लक्ष्मण डलिया से अनिच्छा से एक बेर उठाते हैं, खाते नहीं जब राम नहीं देख रहे हैं, तब चुपचाप पीछे की ओर उछाल देते हैं। पर राम अंतर्यामी हैं, उनकी आँखों से यह चोरी कैसे छुपी रह सकती थी। राधेश्याम कथावाचक कहते हैं कि लक्ष्मण ने जो बेर उछाल कर पीछे फैंक दिया था, उसका क्या हुआ यह मैं आगे बताऊँगा, क्योंकि वही बेर तो द्रोणगिरि पर जा कर गिरा और रामचंद्र की इच्छा से संजीवनी बूटी बना और जब लक्ष्मण को शक्ति लगी, वे मूर्छित पड़े हए थे, तब इसी बेर की बूटी ने लक्ष्मण के प्राण बचाये थे। शबरी भीलनी राम सुग्रीव के निवास का रास्ता बताती है। विभीषण का यह कथन भी बहुत सुंदर है–

दो एक संदेश हमारे भी कह देना हठी दशानन से,
जिसने कि किया था पद प्रहार मुझ पर उठकर सिंहासन से।
मैं मूर्ख और विद्रोही हूँ वह तो सब बात समझता है।
अब देखें लंकानगरी की किस प्रकार रक्षा करता है।
यह भली भाँति जतला देना उस महाभिमानी रावण को
घर भर में एक विभीषण ही रह जाएगा बस तर्पण को।

राधेश्याम कथावाचक को नेपाल सरकार से कथावाचस्पति की उपाधि मिली, कीर्तनकलानिधि, काव्यकलाभूषण, श्रीहरिकथाविशारद और कविरत्न भी वे कहे जाते थे। वे अपने समय के लोकप्रिय कवि और पारसी रंगमंच के एक चर्चित नाटककार रहे हैं।

प्रकाशक : श्रीराधेश्याम पुस्तकालय, बरेली

रामस्वयंवर

(सं. 1926)

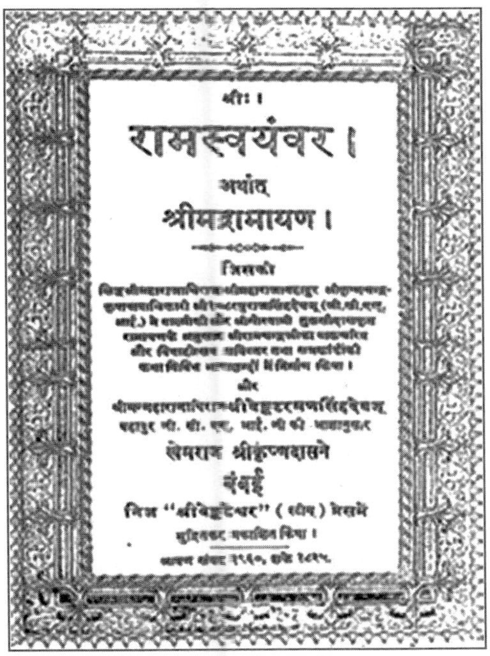

श्रीः ।

रामस्वयंवर ।

अर्थात्

श्रीमद्रामायण ।

जिसको

और

खेमराज श्रीकृष्णदासने

बंबई

निज "श्रीवेङ्कटेश्वर" (स्टीम) प्रेसमें

मुद्रितकर प्रकाशित किया ।

महाराज रघुराज सिंह

सम्पादक : *ब्रजरत्नदास*

रीवा के नरेश महाराज रघुराज सिंह रसिक सम्प्रदाय के भक्त कवि हैं। वे रामानुजदास के साम्प्रदायिक शिष्य मुकुंदाचार्य के मत्रोपदिष्ट शिष्य थे तथा उनका रामस्वयंवर ग्रंथ काव्य प्रतिभा का सुंदर उदाहरण है। जहाँ रामकथा में सब सीता स्वयंवर की बात करते हैं वहीं रघुराज कवि इसे रामस्वयंवर के रूप में देखते हैं। कथानक का मूल स्वरुप वाल्मीकि रामायण जैसा है किंतु कथा कहने की उनकी शैली रामचरित मानस जैसी भावपूर्ण है। बालकांड में पौराणिक आधार की कथाओं जैसे ऋष्यश्रृंग कथा, अंगदेष के वर्णन प्रसंग में कामदेव के भस्म होने की कथा, वरुषा मलदा प्रसंग में इन्द्र के पापरहित होने का वृतांत उसी प्रकार का है। राम विवाह के प्रसंग को बहुत विस्तार से दिया है। रसिक सम्प्रदाय में दुखद घटनाओं का वर्णन प्राय: नहीं किया जाता। जिसके कारण यहाँ राम वनवास, सीताहरण आदि का दुखमय वर्णन वर्जित है। सीताहरण के स्थान पर माया सीता हरण की कल्पना की गई है। वाल्मीकि रामायण में रावण राम के ब्रहमास्त्र के वार से स्वाभाविक रूप में मरता है किंतु यहाँ रावण का एक सिर कटने पर वह पुनर्जीवित हो उठता है। रामवनवास का कारण भी देवताओं द्वारा प्रेषित सरस्वती का मंथरा की जिह्वा पर बैठना बताया है। दशरथ की बुद्धि पर भी सरस्वती का प्रभाव था जो उन्होंने भरत की अनुपस्थिति में राम के अभिषेक के बारे में विचार किया। कैकेय और मिथिला के नरेशों को भी नहीं बुलाया। राम के जन्म से लेकर स्वयंवर तक बहुत विस्तार से चौबोला तथा अन्य छंदों का प्रयोग किया है। तथापि सीताहरण से अयोध्या वापसी और राज्याभिषेक तक की कथा संक्षेप में कही गई है। अवधवर्णन, अश्वमेधयज्ञ विचार, जनकपुर का वर्णन, भरत का काश्मीर जाना तथा राम के वनगमन को सुंदर काव्य विस्तार दिया है। लंका में चारों फाटक का युद्ध रोचक है।

जूथप जूथप सकल कपि धाए करि किलकारि।
मानहुँ एकहिं छनहिं मँह लंका लेत डकारि।।
पतितदीन मोहि जानि अति पावन पतित दयाल।
मो रसना त नाथ ही निरम्यो ग्रंथ रसाल।।
रामस्वयंवर ग्रंथ को जोबाँचे मतिधाम।
परसि चरन तिन को करत जन रघुराज प्रनाम।।

राम विवाह प्रसंग में अयोध्या से बारात प्रस्थान करने से लेकर सीता के दुल्हन रूप में अयोध्या वापसी तक के रीतिरिवाजों को इसमें सम्मिलित करने का प्रयास किया गया है। वस्तुओं की गिनती जैसे हाथी घोड़ों के भेद आदि में अधिक रुचि दिखाई प्रतीत होती है।

प्रकाशक : काशी प्रचारिणी सभा (सं. 1981)

(लाला दौलतराम द्वारा हस्तलिखित प्रति दरबार पुस्तकालय, रीवा में उपलब्ध है।)

कुश रामायण

डॉ. राजेश श्रीवास्तव

कुश रामायण का मूल आधार पौराणिक वांग्मय से प्राप्त रामराज्य के क्रियान्वयन की गाथा है। भारतीय संस्कृति में रामराज्य की अवधारणा का विशेष महत्व है। यह विश्व की एकमात्र ऐसी व्यवस्था है जिसे आदर्ष राजनीति का आधार माना जाता है। एक ऐसी व्यवस्था जिसमें सभी नागरिक स्वस्थ और आनंदपूर्वक रहते हों, जहाँ न्याय और शुचिता का भाव हो।

दैहिक दैविक भौतिक तापा, रामराज काहूँ नहीं व्यापा।

रामराज्य की इस अवधारणा को पूर्णतः क्रियान्वित एवं लोकप्रिय बनाने का कार्य राम के ज्येष्ठ पुत्र कुश ने किया। कुश ने ही अपने भाई लव के साथ वाल्मीकि के निर्देष पर रामायण का गान कर उसे जनप्रिय बनाया और फिर अपनी माता सीता को न्याय दिलवाने में सार्थक पहल की।

रामराज्य की भूमिका राम की वनयात्रा में उनके ऋषियों मुनियों के सत्संग से आरंभ हो जाती है। वे लक्ष्मण, भरत और अन्य मित्रों को आदर्ष राजनीति के लक्षणों से अवगत कराते रहते हैं। वन में राम की भूमिका न केवल एक तपस्वी की होती है वरन वे राजनीति के सूत्रों का भी चिन्तन करते रहते हैं। तापस वेश में उनके आध्यात्म का दर्शन होता है तो व्यवहार में वे समाज में एकता, समानता और न्याय के लिए कार्य करते दिखाई देते हैं। राम का यही व्यवहार कुश में भी दिखाई देता है।

कुश राम की प्रतिमूर्ति हैं। पूर्ववर्ती मथाओं में भरत को राम की ही प्रतिच्छाया कहा गया है। भरत की छबि राम की भाँति तथा शत्रुध्न की छबि लक्ष्मण की भाँति ही है किन्तु छबि एवं गुणों का यह प्रतिषत कुश में एकाकार हो जाता है। कुश रामराज्य का विस्तार करते हैं। वे कुषावती को राजधानी बनाकर अयोध्या को एक नया स्वरुप देते हैं। पिता राम के स्वप्न को साकार करने में कुश और उनके भाई लव का महती योगदान है। कथा के सूत्र यहीं नहीं रुकते, कुश के पुत्र अतिथि के माध्यम से वह व्यवस्था पूर्ण होती है जिसे रामराज्य कहा जाता है।

डॉ. राजेश श्रीवास्तव ने अथक श्रम एवं शोधान्वेषण कर कुश रामायण की रचना की है। गद्य और पद्य में रचित इस रामायण में सर्वथा शोधपरक नवीन नूतन जानकारी हैं। रघुवंश की परम्परा के साथ अयोध्या के विस्तार और कुश के वंश का अभिनव चित्रण प्रभावी है। कुश राम की ही प्रतिमूर्ति हैं तथा उनके सहोदर लव की भूमिका लक्ष्मण से कहीं कम नहीं है। कुश रामायण की कथा ग्यारह पर्वों में विभाजित है जिसमें कुशवंदना, रघुवंशपर्व, रामपर्व, ऋषिपर्व, साकेतपर्व, अश्वमेधपर्व, कुषपर्व, युद्धपर्व, राज्यपर्व, अतिथिपर्व और कुषगान का वर्णन है। अनेक कथा प्रसंग मौलिक हैं तथा उनके सूत्र पुराणों तथा उपनिषदों से लिए गए हैं।

कोटिसूर्य समस्वरुपं श्रीरामभद्र छबि विद्युतम्।
तिलक भाल, तुलसी-माल राघव सियनन्दनम्।
नमामि रामम् रघुवंशनाथम चंद्रबदन विभूषणं।
रघु अज दशरथ राम कुलभूषण श्रीकुष वन्दनम्।। 1।।
वेगवती हो चली धार जलवर्षा से धरती झूमे।
पर्वतराज धरा से उठकर मेघवर्ण गगन चूमे।
रमा रूप सिय-सी पिय के नवरति वामा मुद्रिका
मेघ का आंचल हटाकर झांकती हो चम्पिका।। 2।।
ज्यों ज्ञान का भ्रम मूढ़ लेकर माया से ही घिर रहे
संसार के कुचक्र में भवसागर में त्यों तिर रहे।।
दिवस रात्रि का भेद कराता माया का ही चक्र धरा
बरस बरस कर मेघ बहे पर ज्ञान सरोवर नहीं भरा।। 3।।
अंधकार अज्ञान निराशा आपस में हैं ये सहचर
अंधकार का काम नहीं है जहाँ रहे सविता दिनकर
सूर्य प्रचण्ड अखण्ड अलौकिक गगनधरा का है स्वामी
अल्पबुद्धि मंदबुद्धि निर्बुद्धिमान मैं भा्रंतिमान हूँ प्रतिगामी।।। 4।।
लोक अलोक विलोकि धरा जल वात अग्नि है उर्ध्वगगन
हूॅ दीन हीन अति मूढ़ मीन सम याचक एकल नीर लगन
शिव जनक न समझे राम को मैं रामगुण कैसे कहूॅ
वे अगुण गुण सगुण निर्गुण उनके सद्गुण कैसे कहूॅ।। 5।।
चित चकोर बन भटक गया था जीवन की इस झंझा में
रामभद्र आदित्य से मिलना संभव कैसे संझा में
दिव्य किरण भास्कर मेरे मानस के सहगामी हों
सूर्यवंश के रामपुत्र कुश हृदयमान हों, स्वामी हों।।6।।

गंधर्वस्वरुपा देवकन्या यक्षिणी मधुकामिनी
मृगनयनी कमलबदनी पद्मिनी गजगामिनी
चपल चंचल चारु चिबक कलकंठ मुक्तमणि मुद्रिका।
नूपुर कंकण ध्वनि कर्णप्रिय सुंदरिसुर चम्पिका।। 7।।
प्रजाराधन सत्यप्रतिज्ञा राज्यप्रतिष्ठा धारी है
गो द्विज धेनु दीन की रक्षा सदा लोक हितकारी है।
जैसे जैसे सरिता तिरकर सिंधुधाम को जाती है
वैसे सारी गौणकथाएं रामायण बन जाती हैं।।8।।
सूर्यवंश के कुश जहाँ हों वहीं सूर्य की गति रहे।
ज्ञानधर्म सद्भाव प्रेम की मानस की सद्मति रहे।
धर्मध्वजा का मान ज्ञानगुरु ऋषियों का सम्मान रहे।
सत्य रहे सद्गति रहे संध्यापूजन गान रहे।।9।। (कुशवंदना के अंश)

प्रकाशक : शब्द प्रकाशन, अलीगढ़ (उ.प्र)